- 通过招标采购项目后评价这样的"事后"监管措施，发现问题并及时整改，以此促进"事前"工作的合规性，提升招标采购管理水平，防微杜渐、未雨绸缪，严格执行招标投标法规制度，进一步规范招标投标主体行为。

- 推动招标采购项目后评价工作，能有效提升国有资产监督管理水平，提高国有资金使用效率，优化营商环境。

- 本书详细阐述了招标采购项目后评价的指标体系、评价模型及工作方法，通过对中城天工经典实操案例的剖析，为各主体的招标采购项目后评价工作提供有效指引。

- 招投标领域"事后"监管最有效的手段
- 推动国有企业招标工作合规管理的有效监管工具

招标采购后评价工作指引

主　　编：党小博　刘艳阳

副主编：王宇珊　丁沛瑶

编　　委：高　磊　黄博华　徐俊良　郭　鑫
　　　　　杨贤旺　闭婷婷　李行权　赵洪忠

顾　　问：苗郁东　杨　侃　张海鹰　楼　彧

首都经济贸易大学出版社

Capital University of Economics and Business Press

·北 京·

图书在版编目（CIP）数据

招标采购后评价工作指引 / 党小博, 刘艳阳主编
. -- 北京 : 首都经济贸易大学出版社, 2022.8
ISBN 978-7-5638-3381-8

Ⅰ.①招… Ⅱ.①党…②刘… Ⅲ.①采购—招标—
评价—中国 Ⅳ.①F284

中国版本图书馆CIP数据核字（2022）第114631号

招标采购后评价工作指引
主　编　党小博　刘艳阳
副主编　王宇珊　丁沛瑶
Zhaobiao Caigou Houpingjia Gongzuo Zhiyin

责任编辑　晓　云
封面设计　砚祥志远·激光照排
　　　　　TEL: 010-65976003
出版发行　首都经济贸易大学出版社
地　　址　北京市朝阳区红庙（邮编100026）
电　　话　（010）65976483　65065761　65071505（传真）
网　　址　http://www.sjmcb.com
E - m a i l　publish@cueb.edu.cn
经　　销　全国新华书店
照　　排　北京砚祥志远激光照排技术有限公司
印　　刷　唐山玺诚印务有限公司
成品尺寸　170毫米×240毫米　1/16
字　　数　405千字
印　　张　23.75
版　　次　2022年8月第1版　2022年8月第1次印刷
书　　号　ISBN 978-7-5638-3381-8
定　　价　75.00元

前　言
Preface

　　招标投标是国际上市场经济实体普遍采用的工程、货物、服务采购的一种惯例交易方法，是商品经济高度发展的产物，是在应用技术、经济的方法和市场竞争机制的作用下，有组织开展的一种择优成交的方式。1980年10月，国务院公布《关于开展和保护社会主义竞争的暂行规定》，提出对一些合适的工程建设项目可以试行招标投标。经过40多年的发展和不断完善，招投标作为一种成熟的交易方式逐步在工程建设、政府采购、国际招标、军工涉密采购等领域得到了广泛实施。多年实践充分证明，招投标模式是一种相对公平合理、富有竞争性的采购方式，同时也是市场经济的重要调节手段，它不仅能帮助招标人选择到满意的供货商和承包人，而且能够优化资源配置，形成优胜劣汰的市场竞争机制。实施招标投标制度既是一项"阳光工程"，又是从源头上节约成本的一项重要举措。

一、招标采购背景

　　在40多年的发展历程中，中国的招标采购工作管理制度走过了从初步建立、尝试探索、快速发展到相对规范这几个阶段。1999年8月30日第九届全国人民代表大会常务委员会第十一次会议审议通过的《中华人民共和国招标投标法》（自2000年1月1日起实施），以及2002年6月29日第九届全国人民代表大会常务委员会第二十八次会议通过的《中华人民共和国政府采购法》（自2003年1月1日起实施），意味着中国招标投标领域以及政府采购领域规范化发展的质变，《中华人民共和国招标投标法》第1条明确规定了"为了规范招标投标活动，保护国家利益、社会公共利益和招标投标活动当事人的合法权益，提高经济效益，保证项目质量，制定本法"。《中华人民共和国政府采购法》第1条明确规定了"为了规范政府采购行为，提高政府采购资金的使用效益，维护国家利益和社会公共利益，保护政府采购当事人的合法权益，促进廉政建设，制定本法"。2011年11月30日中华人民共和国国务院第613号令予以公布（自2012年2月1日起实施）的《中华人民共和国招标投标法实施条例》（迄今经过三次修订），以及2014年12月31日中华人民共和国国务院第658号令予以公布（自2015年3月1日起实施）的《中华人民共和国政府采购法实施条例》，是对《中华人民共和国招标投标法》《中华人民共和国政府采购法》的进一步具体化和细化，具有更强的可操作性和针对性，并针对政府采购、工程招投标领域所出现的新情况、新问题，充实和完善了有关规定，对于整顿和规范我国政府采购和工程招投标市场秩序、预防和惩治腐败、维护社会公平正义具有重大意义。这两部条例的颁布和实施，实现了五大方面的提升，代表着中国招标投标领域进入了快速发展、规范化发展的新阶段：

1. 总结了《中华人民共和国招标投标法》《中华人民共和国政府采购法》在招投标行业的发展成果和良好实践，并借鉴了发达国家的部分成熟经验，推进与国际惯例逐步接轨；

2. 强化了制度创新，充分发挥法规在具体实施层面的强大引导作用；

3. 对招投标各环节的具体实施工作进行了细化和规范，是对我国招投标法律体系的一次全面总结、补充和系统提升；

4. 针对招投标领域中的突出问题、疑难问题进行了相关的界定和细化规定；

5.进一步明确了招投标领域种种违规、违法行为所承担的行政责任、民事责任和刑事责任，强化了国家法制工具的威慑力。

二、招标采购行业发展现状

自《中华人民共和国招标投标法》颁布之后，从国务院到国家发展和改革委员会、建设部、财政部、商务部等国家部委，再到地方各级行政主管机构、国有企事业单位，陆续出台了相应的规章制度、规范要求及行业标准，推动着招投标这个专业领域工作的不断发展和完善。迄今为止，招标采购工作相关的监管工作、制度更新和完善依然是比较频繁的，这显示了从行政主管机构到市场经济环境等不同方面的强大的推动力、创新力，更凸显了该领域工作在国家经济建设中的重要地位。

然而在招标采购工作实践中，由于招标人受巨大经济利益的驱使或某些招标人管理水平欠佳、外部干扰、营私舞弊等，招标工作经常会在不同层面出现不同程度的问题，有些属于规范性问题，有些则属于违法违纪行为，这些问题的主要表现形式包括招标采购过程不规范、招标人主体责任缺失、应当招标而不招标、错误选择招标方式、设置不合理条件阻碍市场竞争、利益输送、围标串标、虚假招标、监管工作不力、招标档案管理不规范等。招标采购工作的规范性，不仅仅体现一个企业的经营绩效和经营管理水平，同时也是相关领导干部的工作作风和责任意识的充分反映。我们经常能从媒体上看到一些政府领导干部、国有企事业单位领导干部接受纪检部门调查的通报，相当比例的违法违纪案例中，都包含"利用职务便利和影响力为他人在工程承揽等方面谋利，收受巨额财物""利用工程项目等资源大搞利益输送""大肆插手工程项目建设"等行为。这些问题都在不断地困扰着行政主管机构、投资人和建设方甚至是纪检监察部门，很多国有企业、事业单位的领导人对于招标采购工作都很头疼，因为：管，缺乏专业人员、团队、管理机制；不管，又会陷入乱象丛生、危机四伏的境地。

三、监管工作的现实问题

我们应当认识到，国家机关、国有企事业单位的招标采购工作，既关系到其经济效益和企业发展前景，又关系到国有资金使用的规范性、国有资产的保值增值，更是社会舆论、民众及各利益相关方关注的焦点。随着国家相关法律、法规以及规范性文件的不断颁布、实施及修订，国家对于使用国有资金进行的招标采购活动将采用越来越严格的监管手段，逐步强化事前、事中、事后的全流程监管体系。在纪检监察部门的反腐和巡视工作中，招标采购领域也一直是监管和审查的重点。招标采购过程的"不可逆"性，使得事前缺乏专业性的招标采购活动，经常面临事中事后无法补救的局面，不规范的招标采购行为往往对国家、对机关和企事业单位、对招标工作管理者、对市场竞争者、对和谐的社会经济秩序都会造成不同程度的破坏和伤害。因此对招标采购行为进行全流程的后评价工作，逐步成为提升招标采购管理工作水平、预防贪腐、不断促进招标采购工作质量的有效"事后"监管手段，某些国有企业已经开始以不同的方式展开了相关工作。

然而实践中，招标采购工作的后评价或者监管工作逐步暴露出一些问题，这些问题主要包括：

1. 各系统、各行政主管机构、各级地方政府甚至各企业都纷纷出台了一些部门规章、规范性文件，在各自的管辖范围内对招投标活动进行了规范和监督。然而，由于受自身行业和地域的局限以及规章的实施力度有限等因素的影响，这些部门规章、规范性文件呈现碎片化的状态，很多文件和精神都没有被深入贯彻和执行，因此难以起到整体的规范作用。

2. 现行有关招投标的法律、法规、部门规章等文件中原则规定多、具体细则少；部门规定多、适用规范少；想解决问题，但是缺少指导监督管理的实施工具和方法。

3. 缺乏统一的评价标准。针对同一领域的招标采购工作，不同的地方，不同的行业，都有可能采用不同的方法和指导意见，造成在绝大多数领域，招标采购工作的监督管理并未形成一个标准化的后评价机制。

4. 缺乏共同认可的标准化用语，中城天工在和部分委托方进行沟通的过程中就发现了这一问题，很多委托方在用不同的用语表达相同的工作诉求。

5.市场环境、招标工作的方式都在不断变化。招标采购领域不断产生很多新问题，因此评价的模型和方法也需要不断调整和完善，这些具体工作，是招标采购工作的监督管理者非常头疼的问题。

四、中城天工的思考

对于"事后"监管来说，已发生的全过程招标采购工作就是"历史"。英国著名史学家卡尔说："历史就是与现实不断的对话。"这一著名命题，是对"历史"最好的概括和诠释。历史是客观的，历史没有退格键——存在过，就永远地存在于时空之中。历史是科学的，论从史出，只有以严肃的治学态度认真挖掘和正确对待每一个史料，通过综合判断，才能得出科学的结论。历史是现实的，关注现实才是我们关注历史的真正目的，历史研究的起点并不是着眼过去，而是要放眼现在，解决当下人们所关心的问题。历史是需要反思的，所谓史能明智，以史为鉴，使我们在历史的长河中实现自我认识和自我超越，不再犯同样的错误。总之，历史如同甩不掉的影子，蓦然回首，它总是静静地在我们面前流淌。卡尔对于历史和现实二者关系的论述，很好地阐释了后评价工作的意义。定期进行招标采购工作不同层面的后评价工作，梳理、发现相关问题，并及时进行整改或完善，可以不断地提升行政监管水平、优化招标采购决策、规范各级企事业单位招标采购工作以及提高招标采购管理工作的质量和水平。

中城天工（即中城天工工程咨询有限公司）要强调的是：后评价工作的意义，并不是为了追究责任，而是通过"事后"监管，促进"事前"工作水平和工作规范性的提升，保障招标采购工作的公平与公正，维护招标投标正常秩序；同时也不是为了惩治领导干部，而是要通过"事后"监管，促进制度的完善和机制的建立，从而警示、防止、杜绝优秀的干部误入歧途，保护国家经济建设中难能可贵的骨干领导队伍，防微杜渐，共同提升国有资产的监督、管理水平，维护国家的经济利益。在《论语·学而》中，曾子曰"吾日三省吾身"，说明了做人应当秉持的学习与自我完善的态度。中城天工认为，对于招标采购这一重要工作的自我完善和监管，更应当如此。

中城天工正是本着这一初衷，组织了公司的核心业务骨干、外部专家、国企高层领导，耗时近一年时间，在深入钻研国家相关法律、法规以及规范性文件要求基础之上，结合中城天工多年的工程招标代理、政府采购代理专业工作案例以及数个珍贵的国资委直管中央企业、大型国有集团性企业的招标采购工作后评价项目实操经验，编写了这一部《招标采购后评价工作指引》。结合系统的理论研究，融入了在大型国有企业招标采购工作后评价项目实践中的深入思考和研究收获，在国内首次将招标采购工作后评价工作进行了系统性的理论、方法与实践的阐述。中城天工衷心希望本书的面世，能对招标采购相关行政主管监督部门、大型国有企业事业单位、政府采购部门提供一些有益参考，并且能对同行在相关业务的实践中提供一些借鉴和帮助！

Contents ——————————— **目 录**

第一章 | 招标采购工作概述

第一节 招标采购工作的定义

一、招标采购工作的概念综述

招标采购工作广义上讲，是指采购方或其委托的招标代理机构作为招标人，事先提出采购的条件和要求，邀请众多企业参加投标，然后由采购方按照规定的程序和标准一次性地从中择优选择交易对象，并与提出最有利条件的投标人签订协议的过程。其责任主体主要包括招标人、招标代理机构、投标人。整个过程要求遵循公平、公开、公正和诚实信用的原则。一个完整的招标采购过程由发布招标公告（投标邀请）、投标、开标、评标、定标、合同授予等阶段组成。

狭义上看，招标与采购又有所不同，采购方式多种多样，招标采购只是其中一种。招标采购是采购中最常见的一种形式，同时也是政府采购最通用的方法之一。采购活动主要受《中华人民共和国民法典》中相关法律法规的约束，而招标活动还另受《中华人民共和国招标投标法》《中华人民共和国政府采购法》等法律法规的约束。招标是一种标准化的采购方式，它对采购过程有较为严格的要求和监督，非招标采购形式的约束条件较少，具体表现在多种形式中。当然，除了采购之外，招标也可以作为销售的一种方式，如土地招标、进口配额招标、特许权招标等。

随着经济全球化进程的持续加速，各国之间的经济联系越发密切，招标采购已成为一种成熟的交易方式，其重要性和优越性在经济活动中日益被各国和各种国际经济组织广泛认可，其最大优点就是能够充分体现"公开、公平、公正"的市场竞争原则，通过招标采购，让众多投标人进行公平竞争，从而达到提高经济效益和社会效益、提高招标项目的质量、提高国有资金使用效率、推动投融资管理体制和各行业管理体制改革的目的。

二、本书对招标采购工作的界定

招标采购工作主要依据《中华人民共和国招标投标法》《中华人民共和国招标投标法实施条例》《中华人民共和国政府采购法》《中华人民共和国政府采购法实施条例》《中华人民共和国民法典》等一系列法律法规，招标采购必须遵循严密规范的法律程序，从确定招标采购范围、招标方式、招标组织形式直至选择中标人并签订合同的招标投标全过程每一环节的时间和顺序都有严格而规范的限定，不能随意改变。

我国社会主义市场经济的基本特点是要充分发挥竞争机制作用，使市场主体在平等条件下公平竞争，优胜劣汰，从而实现资源的优化配置。招标采购是一种重要的市场经济活动形式，根据不同划分角度可有多种分类方法。招标采购活动根据市场主体性质及资金性质的不同，可分为政府采购、工程招标、涉密招标、国际招标等；根据招标采购方式的不同，可分为公开招标、邀请招标、竞争性磋商、竞争性谈判、询价、单一来源等；根据招标人是否具有招标采购技术能力，可分为自行招标和委托招标；根据招标采购的内容，可分为工程招标、货物招标和服务招标。

本书运用招标采购基本理论和相关法律法规，针对招标采购中的问题进行系统的研究，从而初步构建招标采购工作的指标体系，进而更好地指导招标采购工作实践。

第二节　招标采购工作的起源与发展

一、招标采购工作的起源

（一）国际范围

招标采购起源于18世纪末的西方资本主义国家。作为一种规范经济活动的方式，它的产生与社会政治形态密不可分。

18世纪末至19世纪初，西方国家首先进入资本主义社会，在工业化之前的资本主义市场经济称为自由市场经济，即近代市场经济。在近代市场经济早期，市场交易以私人采购为主。私人采购是指采购人（自然人或法人）为了满足生产或生活的需要，使用自有资金采购的交易行为。私人采购与政府采购在资金性质上有着本质的不同，私人采购使用的是人们自己的钱，自然会精打细算。随着社会工业化的发展，工业品及原材料的买进卖出量逐渐增大，政府资金的流动率和周转次数大幅提升，加之政府干预经济政策，逐渐出现了政府采购，且随着工业化渗入的加强，政府广泛运用经济手段和法律手段干预国民经济活动，重要手段之一就是政府通过财政收入和财政支出兴办公用事业，政府采购的范围和数量也因此不断增加。

18世纪末期，英国政府办公人员在购买公共文具时，出现了严重的贪污腐败现象。对此，1782年英国政府成立文具公用局，规定凡属于各个机关公文之印刷、用具之购买均归其司掌，作为特别负责政府部门所需办公用品招标采购的机构。随着政府采购规模的扩大，其后来发展为物资供应部，主要负责政府采购活动的招标投标活动，对于政府工程采购，英国财政部颁布了一系列相关文件和操作规程，包括法律法规及一般指导性文件，作为政府机构发包工程时的参考依据，这也是近代政府采购制度的开端。

（二）国内范围

我国最早采用招商比价（招标采购）方式承包工程的是1902年张之洞创办的湖北制革厂，五家营造商参加开价比价，最终结果为张同升以1 270.1两白银的开价中标，并签订了以质量保证、施工工期、付款办法为主要内容的承包合同。

1918年，汉阳铁厂的两项扩建工程曾在汉口《新闻报》刊登广告，进行社会公开招标。1929年，当时的武汉市采办委员会曾公布招标规则，规定公有建筑或一次采购物料大于3 000元以上者，均须通过招标决定承办厂商。

但是，由于我国当时特殊的封建和半封建社会形态，招标投标在我国近代并未像资本主义国家那样以一种法律制度形式得到确定和发展。

二、国外招标采购工作的发展状况

招标采购工作最早出现于政府采购活动中，而政府采购制度起源于18世纪的欧洲。到了20世纪末，招标采购工作随着世界贸易组织的建立而出现了较大的发展变化，其更具开放性和国际性。

1782年，英国政府成立文具公用局，随着政府采购规模的扩大，其后来发展为物资供应部，此为近代政府采购制度的开端。

1830年，英国政府正式明令实行招标投标制度。随着经济的发展，英国政府采购制度已完全走向法制化，并陆续颁布一系列法律法规。

美国是世界上实行政府采购制度较早的国家之一。1809年，美国通过了第一部要求密封投标的法律。1861年，美国通过了一项联邦法案，规定超过一定金额的联邦政府采购必须使用公开招标方式，并要求一项采购至少需要3个投标人。

　　美国在南北战争期间，60%～80%的预算用于购买军用物资，但在军需采购过程中也出现了严重的贪污腐败现象。为有效遏制此类情况，当时的北方政府采取"招标比价"的方法来规范军需采购。

　　1868年，美国国会又确定了公开招标和公开投标的程序。20世纪30年代，美国颁布了对其招标采购发生重大影响的《联邦政府采购法》和《购买美国产品法》，充分发挥了政府采购的宏观调控作用，在"大萧条"时期使美国经济得到复苏。

　　在国防军事物资采购方面，1947年国会通过《武装部队采购法》确立了国防采购的方法和程序，并将军事采购的责任赋予国防部的后勤局，在军事国防领域内实现了集中政府采购。1949年，美国国会通过《联邦财产与行政服务法》（*Federal Property and Administrativc Service Act*），该法为联邦服务总署（General Services Administration，GSA）提供了统一的采购政策和方法，并确立了GSA为联邦政府的绝大多数民用部门组织集中采购的权力。所以，自1949年起美国确立了集中采购的管理体制。直到今天，GSA仍然保留着为联邦政府的民用部门集中采购的责任。

　　美国通过不断完善招标投标的法律来规范招标投标活动，使其招标投标的经济和社会效益不断增加，成为世界上招标投标制度比较完善和规范的国家之一。

　　法国的政府采购制度可以追溯到它的公共征收和公共征调制度。19世纪，由于法国进行运河、道路、铁路等重要工程建设，大量进行公共征收，依据法国法律公共征收是政府为了公共利益目的，按法定的形式和实行公平补偿原则，以强制形式采购私人不动产。20世纪60年代，法国出现的公共行政合同，是完整意义上的政府采购合同，采购主体、招标采购方式、采购程序等方面与政府采购完全一致，采购对象包括货物、工程与服务。

　　在建设工程领域，1913年，国际咨询工程师联合会（FIDIC）成立；1957年，国际咨询工程师联合会首次出版了标准的土木工程施工合同条件，后经4次修订，于1988年对订正的第4版编制注释，即《土木工程施工合同条件应用指南》；1977年，国际咨询工程师联合会（FIDIC）和欧洲建筑工程国际通用联合会（FIEC）以各国实践为基础，编制了土木工程施工国际通用合同条件，它以招标承包制为基础规定了工程承包过程的管理条件，目前广泛应用于国际工程市场。

随着1995年1月1日世界贸易组织（WTO）正式开始动作，国际贸易迅速发展，世界上发达国家和地区的政府采购规模越来越大。根据大数据统计，20世纪初全球每年政府采购金额高达数千亿美元，占国际贸易总额的10%以上。伴随着贸易国际化进程的加快，各国间经济交流频繁，逐步形成了国际政府采购制度。越来越多的国家和地区签订了WTO的《政府采购协议》（GPA），各国际政治经济共同体也出台了相应的法律和政策来规范招标投标活动，如欧盟的《公共合同指令》（Public Contracts Directive 2014/24/EU）、《公用事业指令》（Utility Contracts Directive 2014/25/EU）和《特许权指令》（Concessions Directive 2014/23/EU）等，招标采购活动作为一种市场交易方式在国际范围内迅速发展。

三、国内招标采购工作的发展状况

我国最早的招标采购出现于1902年，张之洞创办湖北皮革厂，采用招标比价的方式承包工程，由五家制造商参加开标比价，并最终签订承包合同，这被认为是我国招标采购历史的发端。但是由于受到当时半殖民地半封建社会形态的限制，招标采购这一市场交易方式并未得到立法推行。

从中华人民共和国成立初期到党的十一届三中全会召开前，我国实行高度集中的计划经济体制，无论是使用财政资金的政府采购活动还是企业的日常经营活动，都由行政主管部门直接负责，计划性强，招标活动因此也一度被中止，招标投标制度缺乏存在的现实意义。

直至党的十一届三中全会召开，做出实行改革开放的新决策，我国才实现了从高度集中的计划经济体制到充满活力的社会主义市场经济体制的历史性转变，极大地解放和发展了社会生产力，经济交易活动日益频繁，招标投标才得恢复发展。

（一）尝试探索阶段

从改革开放初期到社会主义市场经济体制改革目标的确立，这一阶段为我国招标采购工作发展的探索阶段。

1978年12月，党的十一届三中全会召开，中国开始实行对内改革、对外开放的政策，促进我国的招标投标事业得以恢复发展与完善。在党的领导下，国务院及有关部门也积极地进行了尝试与探索。

1979年，我国土木建筑业最先参与国际竞争，以招标投标方式在中东、亚洲、非洲和港澳地区开展国际工程承包业务，取得了国际工程投标的经验与信誉。

1980年10月17日，国务院发布《关于开展和保护社会主义竞争的暂行规定》，规定"在社会主义公有制经济占优势的情况下，允许和提倡各种经济成分之间、各个企业之间，发挥所长，开展竞争。对一些适宜于承包的生产建设项目和经营项目，可以试行招标、投标的办法"，由此揭开了中国招标投标发展的新篇章。

随着国务院《关于开展和保护社会主义竞争的暂行规定》的公布，吉林省和深圳市于1981年开始工程招标投标试点。深圳国际商业大厦工程（52 000平方米），经招标节省投资964.4万元，工期缩短半年，工程质量达到优良，取得了显著的经济效益和社会效益。继深圳、吉林招标投标试点工作之后，1982年7月，原水利电力部在鲁布革引水工程中首次进行国际招标投标，鲁布革水电站引水系统工程是我国第一个利用世界银行贷款并对外公开招标的国家重点工程，这项工程按世界银行要求，对引水隧洞工程的施工及主要机电设备实行了国际招标。引水隧洞工程标底为14 958万元，参加投标的企业有8家，日本大成公司以8 463万元（比标底低43%）的价格中标，工期缩短120天。这些招标投标试点的成功，在中国工程建设领域引起很大的反响，极大地推动了我国工程建设项目管理方式的改革和发展。

1983年6月7日，原城乡建设环境保护部出台《建筑安装工程招标投标试行办法》（以下简称《办法》），这是我国第一部规范招标投标的部门规章。《办法》规定"凡经国家和省、市、自治区批准的建筑安装工程，均可按本办法的规定，通过招标，择优选定施工单位。持有营业执照的国营建筑企业和集体所有制施工单位，均可通过投标，承揽工程任务"，并分别对建筑安装工程招标投标活动的招标、投标、定标三个方面进行了详细阐述，促进了我国建筑安装工程招标投标工作的发展。《办法》还规定："建筑安装工程的招标和投标，一般按城市或地区进行；国家的重大建设项目和有特殊技术要求的工程，可以跨地区招标和投标。"这说明了招标投标工作的区域性问题，使国家重大建设项目和有特殊技术要求的工程质量得到保证。

在原城乡建设环境保护部1983年印发的《建筑安装工程招标投标试行办法》的基础上，充分吸收各地区、各部门试点经验，原国家计委于1984年11月20日印发《建设工程招标投标暂行规定》，大力推行工程招标承包制，规定："列入国家、部门和地区计划的建设工程，除某些不适宜招标的特殊工程外，均按本规定进行招标；建设工程的招标和投标，不受地区、部门限制。工程项目主管部门和当地政府，对于外地区、外部门的中标单位，要一视同仁，提供方便。"此规定分别从招标、投标、评标、定标及监督管理方面对建设工程的招标投标活动规范性进行说明。

第一个专职国际招标代理机构——中技国际招标公司于1984年成立，是由原对外经济贸易部批准成立的中国第一家从事国际、国内招标采购业务的中央商贸企业，是国家最早利用外资引进国外先进技术和成套设备的重要窗口，创下我国利用外资引进技术和重要技术装备的诸多第一。

1985年9月18日，国务院发布《国务院关于口岸开放的若干规定》（国发〔1985〕113号），决定成立中国机电设备招标中心，采用国内招标逐步取代层层审批办法，这是改进机电设备进口审查和管理工作的一项重要措施，也是流通领域中的一项重要改革。1985年10月，北京机电设备招标公司成功组织了国内首例进口机电设备招标——北京加气混凝土厂蒸压釜设备招标采购。该项目是我国第一例进口机电设备招标项目。

1987年，天津机电设备招标公司组建了来自天津、北京、河北等地的多个大专院校和科研单位以及部委的专家组成的52人的专家委员会，是我国正式组建的第一个评标专家委员会。该专家委员会任命当时的天津大学名誉校长、学部委员史绍熙为主任。

20世纪80年代中期以后，国家相关行政主管部门陆续进行了一系列改革，逐步消除了推行招标投标制度的体制性障碍。但此时招标采购市场交易属性尚未得到充分体现，招标采购的组织大多还是由有关行政主管部门直接负责。随着招标范围的不断扩大，涉及行业越来越多，招标采购工作缺乏统一标准，使不同行业之间的招标投标活动缺乏平衡；招标方式的选择及评标程序同样缺乏标准，对招标方式的适用范围和标准尚未形成统一的规范性指导文件，在评标方面缺乏基本的评标程序，也没有规定具体评标标准。因此，在实际的招标采购活动中很难实现择优选择的目标。这一阶段我国的招标投标主要侧重在宣传和实践，还处于探索阶段。

（二）快速发展阶段

从确立社会主义市场经济体制改革目标到《中华人民共和国招标投标法》和《中华人民共和国政府采购法》颁布，这一阶段为我国招标采购工作的快速发展阶段。

1992年10月，党的十四大提出，我国经济体制改革的目标是建立社会主义市场经济体制，进一步解除了招标投标制度发展的体制束缚。

1992年11月9日，原国家计委发布了《关于建设项目实行项目业主责任制的暂行规定》，规定项目业主的主要职责之一是："负责组织工程设计、监理、设备采购和施工的招标工作，审定招标方案，自主确定设计、监理、设备和施工的投、中标单位。"

1994年6月，原国家计委牵头启动列入八届人大立法计划的《中华人民共和国招标投标法》起草工作。

从1995起，在全国各地陆续开始建立建设工程交易中心，它把管理和服务有效结合起来，初步形成以招标投标为龙头，相关职能部门相互协作的具有"一站式"管理和"一条龙"服务特点的建筑市场监督管理新模式。常熟市建设工程交易中心于1997年4月成立，是全市建设工程发承包交易活动的管理和服务中心。惠州市建设工程交易中心经市政府批准（市编委惠市编〔1998〕17号），于1998年11月18日挂牌成立。

从1996年起，一些地区开始按照国际上的通行做法开展政府采购试点工作，财政部也陆续颁布了《政府采购管理暂行办法》等部门规章，以推动和规范政府采购试点工作。实践表明，推行政府采购制度在提高财政支出管理水平、节约财政资金、规范政府采购行为、促进廉政建设等方面效果比较显著。

1996年11月8日，原国家经济贸易委员会印发《机电设备招标投标管理办法》和《机电设备招标机构资格管理暂行办法》并予以公布，自1997年1月1日起施行，为国内及国际的机电设备招标提供了法律依据。

1997年11月1日，全国人大常委会审议通过了《中华人民共和国建筑法》，在法律层面上对建筑工程实行招标发包进行了规范，对建筑工程的承包与发包进行了明确且具体的规定。此后根据2011年4月22日第十一届全国人民代表大会常务委员会第二十次会议《关于修改〈中华人民共和国建筑法〉的决定》进行了第一次修正，根据2019年4月23日第十三届全国人民代表大会常务委员会第十次会议《关于修改〈中华人民共和国建筑法〉等八部法律的决定》进行了第二次修正。

这一阶段招标采购活动当事人市场主体地位进一步加强，对外开放程度进一步提高，专门规范国际招标的规定明显增多，国际招标的范围扩大，招标品类由机电产品逐步扩展到施工、监理及设计等；招标的领域和采购对象也进一步扩大，除计划、建设、经贸、化工、交通、铁道、广电等行业部门外，电力、水利、工商、煤炭、机械等行业部门也相继制定了专门的招标投标管理办法；除工程施工、材料设备、设计等招标外，还推行了工程监理招标。

这一阶段对招标投标活动的规范进一步探究。除了制定一般性的招标投标管理办法外，有关部门还针对招标代理、资格预审、招标文件、评标专家、评标等关键环节，以及串通投标等突出问题，出台了专门的管理办法，大大增强了招标投标制度的可操作性。

（三）里程碑阶段

《中华人民共和国招标投标法》和《中华人民共和国政府采购法》的颁布及正式实施，是我国招标采购工作发展的里程碑。

1999年8月30日，《中华人民共和国招标投标法》（以下简称《招标投标法》）经第九届全国人民代表大会常务委员会第十一次会议审议通过，2000年1月1日起实施。《招标投标法》是我国第一部规范公共采购和招标投标活动的专门法律，是我国招标投标制度发展史上的里程碑，标志着我国招标投标制度进入了一个新的发展阶段。

在中华人民共和国境内进行招标投标活动，均适用《招标投标法》，该法也对必须进行招标的工程建设项目包括项目的勘察、设计、施工、监理以及与工程建设有关的重要设备、材料等的采购作出了明确规定。

2002年6月29日由全国人民代表大会常务委员会审议通过了《中华人民共和国政府采购法》（以下简称《政府采购法》），自2003年1月1日起施行。这对于规范政府采购行为，提高政府采购资金的使用效益，维护国家利益和社会公共利益，保护政府采购当事人的合法权益，促进廉政建设，都有着重要意义。

《政府采购法》的颁布施行，标志着我国全面实施政府采购制度，政府采购完全步入了法制化、规范化轨道。

（四）规范完善阶段

《招标投标法》和《政府采购法》的颁布及正式实施后，我国招标采购工作进入到规范完善阶段。

随着《招标投标法》的颁布，招标采购工作的规范和完善首先在建设工程领域推行。

2000年10月18日，住房和城乡建设部印发《建筑工程设计招标投标管理办法》（住房和城乡建设部令第33号），这是我国建筑工程设计招标投标领域的规范性管理办法。

2003年6月12日，国家发展和改革委员会、建设部、交通部、原信息产业部、水利部、民用航空总局、国家广播电影电视总局联合印发《工程建设项目勘察设计招标投标办法》（2号令），这是我国工程建设项目勘察设计招标投标领域的规范性管理办法。

2004年7月6日，国家发展和改革委员会、建设部、铁道部、交通部、原信息产业部、水利部、民用航空总局联合印发《工程建设项目招标投标活动投诉处理办法》（11号令），这是我国工程建设项目招标投标领域投诉处理办法的规范性管理办法。

2005年1月18日，国家发展和改革委员会、建设部、铁道部、交通部、原信息产业部、水利部、民航总局等联合发布《工程建设项目货物招标投标办法》，这是我国工程建设项目货物招标投标领域的规范性管理办法。

国家发展和改革委员会先后印发《必须招标的工程项目规定》（发改委第16号令）、《必须招标的基础设施和公用事业项目范围规定》（发改法规〔2018〕843号）。

为进一步做好《必须招标的工程项目规定》和《必须招标的基础设施和公用事业项目范围规定》的实施工作，规范规模标准，2020年10月19日，国家发展和改革委员会办公厅印发《国家发展改革委办公厅关于进一步做好〈必须招标的工程项目规定〉和〈必须招标的基础设施和公用事业项目范围规定〉实施工作的通知》（发改办法规〔2020〕770号），对依法必须招标的工程建设项目范围、规范规模标准作出规定。

根据《招标投标法》和《政府采购法》，国务院及各相关部门结合本部门、本行业的特点和实际情况制订了相应的招标投标管理的部门规章、规范性文件及相关政策性文件。

国家财政部陆续出台《政府采购进口产品管理办法》（财库〔2007〕119号）、《政府采购非招标采购方式管理办法》（74号令）、《政府采购货物和服务招标投标管理办法》（18号令）、《政府采购促进中小企业发展暂行办法》（财库〔2011〕181号）、《政府采购代理机构资格认定办法》（财政部令第61号）、《政府采购货物和服务招标投标管理办法》（财政部第87号令）、《政府采购质疑和投诉办法》（财政部令第94号）、《财政部 民政部 中国残疾人联合会关于促进残疾人就业政府采购政策的通知》（财库〔2017〕141号）、《政府采购促进中小企业发展管理办法》（财库〔2020〕46号）等，为政府采购的规范性奠定了坚实的法律基础，促进了政府采购在我国的深入发展。

国家交通运输部先后印发《水运工程建设项目招标投标管理办法》（中华人民共和国交通运输部令2012年第11号）、《公路工程建设项目招标投标管理办法》（中华人民共和国交通运输部令2015年第24号）、《铁路工程建设项目招标投标管理办法》（中华人民共和国交通运输部令2018年第13号）。

工业和信息化部发布的《通信工程建设项目招标投标管理办法》（中华人民共和国工业和信息化部令第27号）自2014年7月1日起施行。原信息产业部2000年9月22日公布的《通信建设项目招标投标管理暂行规定》（中华人民共和国信息产业部令第2号）同时废止。

水利部发布的《水利工程建设项目招标投标管理规定》（水利部令第14号发布），自2002年1月1日起施行。

国家发展和改革委员会、工业和信息化部、建设部等八部委颁布印发的《电子招标投标办法》（八部委第20号）自2013年5月1日起施行，标志着互联网技术在招标投标领域的应用开始从信息发布拓展到业务协同。

为深刻践行《电子招标投标法》，国家部委先后印发《公共资源交易平台管理暂行办法》（国家十四部委2016年第39号令）、《公共资源交易评标专家专业分类标准》（发改法规〔2018〕316号）、《关于对公共资源交易领域严重失信主体开展联合惩戒的备忘录》（发改法规〔2018〕457号）。

国务院先后印发《中华人民共和国政府采购法实施条例》（国务院令第658号）、《中华人民共和国招标投标法实施条例》（国务院令第613号）、《政府投资条例》（国务院令第712号）、《优化营商环境条例》（国务院令第722号）、《保障农民工工资支付条例》（国务院令第724号）、《保障中小企业款项支付条例》（国务院令第728号），促进了国内招标投标事业的完善和发展。其中，《招标投标法实施条例》和《政府采购法实施条例》作为两大法律的配套行政法规，对招标投标制度做了补充、细化和完善，进一步健全和完善了我国招标投标制度。

与此同时，随着中央各部委政策的颁布实施，地方人大及其常委会、人民政府及其有关部门也结合本地区的特点和需要，陆续制定了招标投标方面的地方性法规、规章和规范性文件。

总的看来，这些规章和规范性文件使招标采购活动的主要程序和重点环节实现了有法可依、有章可循，构成了我国整个招标采购市场的重要组成部分，形成了覆盖全国各领域、各层级的招标采购制度体系，对扩大招标投标领域，创造公平竞争的市场环境，规范招标采购行为，发挥了积极作用。随着招标投标法律体系和行政监督、社会监督体制的建立健全以及市场主体诚信自律机制的逐步完善，招标投标制度必将获得更加广阔的运用和健康、持续的发展。

四、新形势下招标采购工作发展状况

（一）招标采购工作面临的新形势

随着电子商务和项目管理信息化的迅速发展，招标投标行业和社会各界已经广泛和迫切地意识到，运用电子信息技术改造传统纸质招标投标形式，即进行电子招标投标，是进一步有效规范招标投标工作，使其公开、公平、公正开展，转变招标投标行业发展方式，促进行业健康、科学发展的必然趋势。

2020年初，新冠肺炎疫情在全球范围内暴发，给世界经济形势带来了持续性的不利影响。各国限制人员流动、关闭营业场所等各类全民防控措施对抑制疫情传播发挥了重要作用，但也对正常生产、生活秩序与国家经济运行带来了不利影响，产生了高昂成本。由于招标投标活动的开标评标环节须遵守公开、公平、公正原则，要求招标代理机构、评标委员会、监督人、招标人代表及所有投标单位授权代表共同参与，不可避免地会产生人员聚集。因此，在新冠肺炎疫情防控状态下，各地招标采购活动均有不同程度的延缓或暂停，拖延了项目招标采购的进度，同时使一些公共基础设施建设项目不能及时投放到使用中，对人们的生活造成了很大影响。

在电子商务和项目管理信息化的迅速发展与疫情状态的持续影响下，招标采购工作迎来了新的变化，将传统招标投标模式与互联网大数据融合，实现电子化招标投标已成必然趋势。

（二）创新型采购交易模式——电子招标投标

1.电子招标投标模式的概念

电子招标投标是平台与平台经济学相结合的模式，具有平台经济学意义。电子招标投标是以数据电文形式完成的招标投标活动。通俗地说，就是部分或者全部抛弃纸质文件，借助计算机和网络完成招标投标活动。电子招标投标是以网络技术为基础，把传统招标、投标、评标、合同等业务过程全部实现数字化、网络化、高度集成化的新型招标投标方式，同时具备数据库管理、信息查询分析等功能，是一种真正意义上的全流程、全方位、无纸化的创新型采购交易模式。具体模式见图1-1。电子招标投标发展至今，共有交易平台、公共服务平台、行政监督平台三大平台。

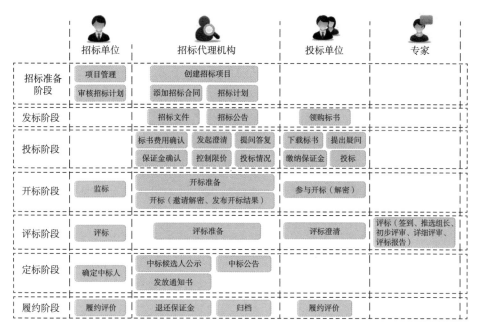

图1-1 电子招标投标模式

交易平台是以数据电文形式完成招标投标交易活动的信息平台。公共服务平台是满足交易平台之间信息交换、资源共享需要，并为市场主体、行政监督部门和社会公众提供信息服务的信息平台。行政监督平台是行政监督部门和监察机关在线监督电子招标投标活动的信息平台。具体模式见图1-2。

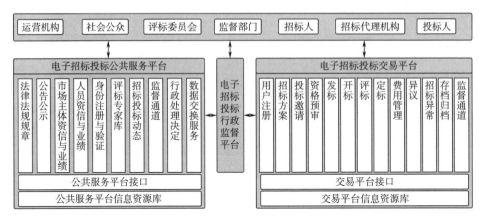

图1-2　电子招标投标的三大平台

2.电子招标投标模式的优点

电子招标投标充分挖掘互联网的工具属性，其不仅是以互联网为工具的业务载体，更是服务于所有相关用户的系统性、多元化形式，很大程度上满足了招标采购的目的与要求。新形势下，电子招标投标模式呈现出以下优点。

（1）提升招标采购工作效率。电子招标投标在工作形式上辅以计算机系统及云平台技术，极大地提高了招标采购工作效率。具体表现如下：代入数据由平台自动进行数据统计分析，形成结果汇总表单，很大程度上避免了招标投标过程中的算术性错误，能够减少项目操作过程中低级错误的发生；将业务运用、流程审批、财务管理、外围管理等功能统一集成到一个系统，把业务人员的时间和精力从烦琐的事务性工作中彻底解放出来，使其更关注于最需要智慧和专业经验的工作；可提供强大的价格自动比对、实时报价排名、即时网络商谈等手段，大大缩短了人工商谈时间和招标周期；可实现在项目结束后进行一键归档，系统自动将项目数据按阶段分别整理归类；全部过程文件由系统云存储，方便后期相关人员对项目资料的查阅及整理。

（2）规范招标采购工作行为。电子招标投标系统根据《招标投标法》《政府采购法》及其实施条例、《电子招标投标办法》及《中华人民共和国电子签名法》等，严格执行法律法规中规定的各招标采购方式工作流程，将招标投标中的流程标准通过信息技术手段加以固化，以规范操作程序，避免执行偏差，减少项目操作过程中低级错误的发生，从而提升招标人及社会招标代理机构的工作能力，有效规范招标采购工作行为。

（3）节省招标投标经济成本。电子招标投标是以网络信息技术为支撑进行招标投标业务的协同作业模式。全流程的电子化招标投标，节约了大量因制作标书等原因而浪费的纸张；网络的实时性和开放性打破了传统意义上的地域差别和时空限制，可有效降低参与招标投标活动的各市场主体的舟车劳顿，从而降低企业交易成本；电子化招标投标可实现投标人远程参与开标，评标专家远程在线评标，招标人或其委托的招标代理机构通过网络终端进行操作，节约了大量人工成本及办公成本。

（4）促进市场资源共享。电子招标投标能让信息开放，将传统招标投标信息化、电子化，通过电子招标投标平台和其他系统实现互通互联，可实现资源共享，吸引更多的投标人投标，招标人在寻找意向投标人时有更多的选择，从而促进行业健康、科学发展。可以提高信息的流通性，能让信息开放，极大增加了企业招标投标活动的便利性，这在目前疫情的大环境下是相当适用的。

（5）有利于营造廉洁透明的市场环境。招标投标领域的腐败在我国是反腐重点，但在传统模式的招标投标环境下，腐败问题未能得到根本性的解决，围标串标、采用虚假材料谋取中标、联系卖标、行贿受贿的现象依然普遍存在。在电子招标投标模式下，招标投标活动中涉及的所有环节均可在网上进行，各个流程节点公开透明，交易各方均可通过企业Ukey秘钥登录系统，实时了解掌握与其相关的各类公开信息，且在招标投标过程中采用统一的交易系统，各投标主体参与的过程是完全一致的，减少了人为主观因素对招标投标活动的干扰，避免了因信息不对称造成的暗箱操作，实现了招标投标的阳光运行。

在评标阶段，信息化技术可对标书雷同信息进行识别比对和详细分析，有效地锁定违规线索。恶意低价中标、围标、串标等违规行为都能准确地得到相应的反馈结果，并且该系统还能通过投标数据的积累不断完善数据库，形成大数据精确分析，使违规行为无处藏身，很大程度上增进社会公平，营造法制社会和廉洁透明的市场环境。

（6）有利于行业诚信体系的建设。电子招标投标系统中的信誉评分以企业诚信库为支撑，弄虚作假的企业一经确认，将被列入系统黑名单库，并上网公示，系统将对其自动关闭信息通道，使其在以后的投标活动中无法获得网上报名资格，这无疑加大了投标企业的违规成本，使得投标企业更加珍爱投标信用记录；同时，通过投标单位对建设单位的信息反馈，有效遏制建设单位的信用问题，如工程款的恶意拖欠，有利于提高建设单位的诚信体系建设；电子招标投标系统还可以完善评委评价体系，对评审专家进行打分及评价，有利于监督评委的专业能力和职业操守。

（7）有利于相关行政管理部门的管理。电子招标投标市场发展的最终目标，是在全国范围内建立起交易平台、公共服务平台、行政监督平台三大平台。交易平台在系统中具有重要的基础性作用，公共服务平台的数据源于交易平台系统，行政监督平台是行政监督部门和监察机关在线监督电子招标投标活动的信息平台。

电子招标投标平台在业务流程中直接采集相关信息和数据，数据关联紧密，联动效应强。公共服务平台通过计算机云储存技术，可完整记载并存储交易平台用户行为及其留存的完整数据，通过监控点的设置，对违规操作实时预警、及时纠正，行政监管平台可以进行全流程无缝隙有效监管，从而极大地方便了招标投标监管部门、纪检部门对招标投标活动的实时监控和后续检查，保证招标投标监管适时准确、全面到位。同时，科学合理地固化相应办事流程，特别是对政府投资项目，可以规范办事程序，强化监督管理，有利于相关行政管理部门"事中""事后"的监督管理。

（8）有利于响应国家特殊背景下的政策。2020年初新冠肺炎疫情的暴发，赋予了电子招标投标另一个具有时代性的现实意义，即在避免人与人之间直接接触的情况下，正常开展招标投标工作。

面对突如其来的疫情，各国均采取了一些疫情防控政策，对正常的经济交易活动有所限制。而进行跨区域的开标评标活动，必须依靠完善且稳定的网上电子交易平台才能实现，这个需求是极其迫切的。采用电子招标投标可以有效降低现场投标、开标带来的人员聚集风险，在新形势下很大程度上响应和配合了国家疫情防控政策。疫情防控期间，越来越多的招标投标交易参与方已体会到电子化带来的便捷和效率，相信疫情结束以后，电子招标投标发展趋势将进一步加快，招标投标行业信息化、数字化升级也将进入全速发展阶段。

虽然电子招标投标的现状仍有不足的地方，但招标投标模式电子化与互联网大数据融合已成必然趋势。电子招标投标行业发展伴随着各种困难，传统从业人员的思维和工作方式都要转变，随着全国各地电子招标投标的日益成熟，平台之间实现相互连接，业内必将建立一体化的信息共享体系，而这对于行业的发展将具有划时代的意义。

（三）国际电子招标投标发展历程

近年来，世界各国都在大力发展政府电子招标投标信息技术。由于西方发达国家互联网技术发展较早，许多行业都已经体验过互联网技术给行业带来的革命性的进步，因此，国外对电子招标投标模式的应用比国内要早，在技术、方法方面相对完善。电子化网络招标采购已在美国、日本、韩国，以及欧盟国家的政府采购中广泛运用。

早在20世纪90年代初，美国就开始尝试在政府电子招标投标中利用电子商务开展网络电子招标投标活动。1994年，欧盟在互联网上开通了电子招标日报（即TED），包括了欧盟全部的政府招标信息。英国早在1994年就开始了政府采购电子化建设，1999年启动了一个名为"S-cat"的政府部门网络采购系统。1997年，瑞典政府由司法部负责建设、运营和维护政府门户网站项目以支持电子招标投标。日本政府也从2000年3月开始正式启动"电子政府工程"，其中一个重要内容就是政府网络化采购。在亚洲，韩国政府还制定了电子商务发展的综合战略，其中5项关键措施之一是促进电子政务的网络电子招标投标。

在对招标投标行业的不断探索发展中，各国政府不断完善自己的政策法规，不断推动着电子化招标投标的完善与发展。

美国联邦政府采购制度的改革方向是：简化法律和程序，建立政府与产业的伙伴关系，推行无纸化（电子化）采购。通过建立科学完备的数据库，在满足基本操作需求上，做到与联邦技术中心全国所有的办事处联网，使政府部门通过数据库信息了解相关市场信息，以利于资源整合。美国从1996年颁布专门针对电子政务的《信息技术管理改革法和联邦采购改革法》至今，已经有50多项与政府采购电子化相关的法律法规。美国总统也力推政府采购电商化，2001年，布什总统上台后出台了第一个政府采购电子化方面的明确规定：到2002年底之前，凡是25万美元以上的政府采购项目，联邦政府各部门必须使用联邦政府统一的电子采购平台。2005年，联邦服务总署开发了电子化政府采购平台e-Buy，此后逐渐将传统采购模式转向电子化。2006年，美国又颁布了《政府采购法》，将政府采购电商化以法律形式固定下来。

2004年4月，欧盟委员会通过了一系列涉及电子公共采购的新的采购指令，为现代公共采购提供了法律框架。同年12月，欧盟委员会发布了实施电子公共采购法律框架的行动计划，主要内容包括：一是确保欧盟内部市场电子公共采购运转良好；二是提高采购效率，完善政府采购方面的监控并促使有效竞争。2005年1月，欧盟颁布《公共采购电子化法律框架应用行动计划》。2011年12月发布的《欧洲政府采购现代化指南》进一步提出，要全面实施电子化采购，使其在2016年成为欧盟的标准采购组织形式。

德国政府采购模式的发展方向是现代集中采购，即实行电子化政府采购，所有的政府采购活动都集中在一个电子平台上操作。联邦内务部、财政部和国防部联合开发了电子化政府采购系统，其由电子招标、电子超市（协议供货产品汇集中心）、电子合同等系统构成。政府机构在电脑上安装名为"网络采购助手"的专业软件后，可以通过因特网刊登招标信息、发布招标文件，从电子超市中选购商品，跟踪招标过程。德国政府规定，从2006年1月起，联邦一级政府的所有通用货物和服务必须通过该系统采购，州和地方政府暂不强制，但鼓励使用。

法国政府采购法允许采购活动无纸化操作。招标公告和招标文件在互联网上刊登，投标人的投标文件也可以加密后通过互联网传递。对网上投标，法国实行第三者企业认证的机制，由第三者递交认定书，确认投标人投标的真实性。无纸化操作缩短了企业递交投标书的期限，网上发布公告更广泛地鼓励竞争，网上电子拍卖大大降低了竞争成本，因此无纸化操作使政府采购更趋公平。

日本的电子网络采购主要包含在该国政府制定的"电子政府"建设规划中。其内容包括：一是实施电子招标；二是划定网络招标范围；三是明确电子招标标讯发布形式。此外，在日本，供应商只要通过了某一省厅的招标资格审查，就可以在任何时候参加任何一个省厅的招标，这一规定统一了招标资格标准。日本首相小渊惠三任内就曾推动政府采购的电子化程序方案，计划在2001年底前完成采购手续电子化及资格审查统一化两项目标。但在日本政府推动资格审查电子化过程中，由于互联网使用不普遍，且出于对网络安全的担心，采购机关不主张使用E-mail传递招标信息及接受网上投标，因此日本电子招标投标的前期发展并不迅速。

市场经济发达国家的电子网络采购主要呈现出网络化、合理化、智能化的特点，国外电子招标投标也进入技术升级探索阶段。新冠肺炎疫情暴发以来，国外许多组织机构与研究团体开始陆续关注疫情防控措施的科学、量化评估问题，进而推动了电子化招标投标的发展。

（四）国内电子招标投标发展历程

为提高工作效率，节约交易成本，规范业务流程，增加招标投标全方位透明度，我国借鉴国外电子招标投标经验，引入了电子招标投标模式，各地先后开展了招标项目全过程电子化研究与探索。经过20年的发展，我国逐步形成了基于信息技术的电子招标投标全新业务形态。

我国的电子招标投标模式发展历程大致分为三个阶段：探索初建阶段、里程碑阶段和加速发展阶段。

1.探索初建阶段

这一阶段是指自20世纪初到《电子招标投标办法》颁布前。

自2000年以来，我国在政府采购领域开始试行电子化采购系统，目前，全国许多省市已将房屋建筑及市政工程招标投标活动付诸电子化招标实践，并积累了宝贵的运行经验。

2001年，商务部在国际招标中率先启用电子化运作系统，建立"国际招标项目管理平台"和"国内招标项目管理平台"，其主要业务流程实现了在线操作，开启了我国电子招标投标的先河。

2005年《中华人民共和国电子签名法》颁布实施，规定电子签名具有与纸质签名同等的法律效力，解决了电子招标投标中招标投标文件电子化后的合法性问题。

2007年，四川省采用了电子评标系统进行评标。

2008年4月，国内首个建设工程远程评标系统在苏州正式开通，2009年7月1日起在江苏省全省推行。

2007年2月9日，国资委办公厅发布《关于加强中央企业信息化工作的指导意见》。

2008年12月，宝华招标公司自主成功研发国内首个全流程网上招标平台，并顺利完成首个"网络设备及相关技术服务项目"网上招标，该项目的实施标志着全国第一个网上全流程招标投标项目的诞生。

2009年3月，北京市出台了《北京市建筑工程电子化招标投标实施细则（试行）》，规范了工程电子招标投标活动。安徽、广州、深圳、南京、昆明等省市电子招标投标系统也进入实质性运行阶段,并取得了较好成效。

2.里程碑阶段

这一阶段主要是指《电子招标投标办法》的颁布及创新试点阶段。

2013年2月4日,国家发展和改革委员会、工业和信息化部、建设部等八部委颁布实施《电子招标投标办法》(以下简称《办法》),自2013年5月1日起施行。《办法》分总则,电子招标投标交易平台,电子招标,电子投标,电子开标、评标和中标,信息共享与公共服务,监督管理,法律责任,附则,共计9章66条,对电子化环境下的招标投标规则进行了明确,进一步推动了电子招标投标事业的发展。

《办法》的颁布,标志着互联网技术在招标投标领域的应用开始从信息发布拓展到业务协同。《办法》规范了电子招标投标活动,作为我国首个覆盖全国的电子招标投标管理办法,促进了电子招标投标健康发展。《办法》的颁布是我国电子招标投标发展的里程碑。

《办法》颁布后,2014年7月,深圳市成为国内首个电子招标投标创新试点城市。随后扩展到浙江、福建、湖北、湖南、甘肃以及广州、昆明、宜宾等9省市进行试点。

3.加速发展阶段

这一阶段是指自《电子招标投标办法》的颁布到21世纪20年代初新冠肺炎疫情的暴发及持续影响阶段。

2015年7月,国务院发布《关于积极推进"互联网+"行动的指导意见》(以下简称《指导意见》),传统业务与互联网的深度融合上升为国家意志。《指导意见》指出要"按照市场化、专业化方向,大力推广电子招标投标"。

2015年8月10日,国务院办公厅印发《整合建立统一的公共资源交易平台工作方案》(国办发〔2015〕63号)(以下简称《工作方案》)。《工作方案》确定了四个方面的重点任务:一是有序整合资源;二是统一规则体系;三是完善运行机制;四是创新监管体制。

《工作方案》明确提出了整合目标:2016年6月底前,地方各级人民政府基本完成公共资源交易平台整合工作。2017年6月底前,在全国范围内形成规则统一、公开透明、服务高效、监督规范的公共资源交易平台体系,基本实现公共资源交易全过程电子化。在此基础上,逐步推动其他公共资源进入统一平台进行交易,实现公共资源交易平台从依托有形场所向以电子化平台为主转变。

为贯彻落实《国务院办公厅关于印发整合建立统一的公共资源交易平台工作方案的通知》（国办发〔2015〕63号），规范公共资源交易平台运行、服务和监督管理，国家发展和改革委员会制定了《公共资源交易平台管理暂行办法》，并自2016年8月1日起施行。

2017年2月23日，国家发展和改革委员会、工业和信息化部等部门印发《"互联网+"招标采购行动方案（2017—2019年）》，明确指出大力发展电子化招标采购，促进招标采购与互联网深度融合。

2017年1月11日，中共中央办公厅、国务院办公厅印发《关于创新政府配置资源方式的指导意见》，提出"平台整合、信息共享"的基本原则，加快推进公共资源交易全过程电子化。

2019年5月29日，国务院办公厅转发《国家发展改革委关于深化公共资源交易平台整合共享指导意见的通知》（国办函〔2019〕41号）。

2019年8月1日，国务院办公厅印发《关于促进平台经济规范健康发展的指导意见》（国办发〔2019〕38号），指出聚焦平台经济发展面临的突出问题，遵循规律、顺势而为，加大政策引导、支持和保障力度，创新监管理念和方式，促进平台经济规范健康发展。

2019年9月15日，国务院办公厅印发《国务院办公厅转发住房城乡建设部关于完善质量保障体系提升建筑工程品质指导意见的通知》（国办函〔2019〕92号），指出完善招标投标制度，简化招标投标程序，推行电子招标投标和异地远程评标，严格评标专家管理。

截至2019年底，全国电子招标投标系统网络有2 000多个平台，覆盖了32个省区和24个行业。其中，有360个按照电子招标投标系统网络架构要求的各类电子交易平台、国家与省市公共服务平台和行政监督平台已与中国招标投标公共服务平台实现了互联对接。全国电子招标投标系统网络三大平台实现了招标采购电子全流程交易服务功能，以及数据交互共享公共服务功能和行政在线监督服务功能的网络专业服务分工和协同。

2020年初暴发的新冠肺炎疫情，对于国内很多行业的影响很大，对电子招标投标来说是挑战也是机遇，在疫情状态和政府政策推动下，电子招标投标顺应时势，进入快速发展阶段。

2020年2月8日，国家发展和改革委员会发布《关于积极应对疫情创新做好招标投标工作保障经济平稳运行的通知》（发改电〔2020〕170号），要求全面推行在线投标、开标。在坚决服从疫情防控和维护经济社会发展大局中稳定开展招标投标活动，避免了对招标投标等交易工作进行"一刀切"。该通知分别对电子化招标投标、在线开标评标、远程异地评标提出了积极推广和应用的要求，在顶层设计上为电子招标投标发展指引了道路。

中国移动在2020年2月17日发布的人工智能服务器产品集中采购招标公告中就国家发展和改革委员会的这一新举措进行了践行。这次集中采购中，招标文件获取、投标答疑、标书投递等工作全程电子化，保证了人员安全。

为贯彻落实《国务院办公厅转发国家发展改革委关于深化公共资源交易平台整合共享指导意见的通知》（国办函〔2019〕41号）要求，国家发展和改革委员会办公厅于2020年12月23日印发《部分地方深化公共资源交易平台整合共享工作典型做法》（发改办法规〔2020〕914号），总结梳理了各地在深化整合、优化服务、创新监管等方面的探索实践，为各地工作的开展提供了宝贵的借鉴经验，促进了公共资源交易市场健康有序发展。

2022年4月10日，国务院印发《中共中央国务院关于加快建设全国统一大市场的意见》，在推动交易平台优化升级中要求"深化公共资源交易平台整合共享，研究明确各类公共资源交易纳入统一平台体系的标准和方式。坚持应进必进的原则要求，落实和完善'管办分离'制度，将公共资源交易平台覆盖范围扩大到适合以市场化方式配置的各类公共资源，加快推进公共资源交易全流程电子化，积极破除公共资源交易领域的区域壁垒"。

在建设全国统一的能源市场中要求"在有效保障能源安全供应的前提下，结合实现碳达峰碳中和目标任务，有序推进全国能源市场建设。在统筹规划、优化布局基础上，健全油气期货产品体系，规范油气交易中心建设，优化交易场所、交割库等重点基础设施布局。推动油气管网设施互联互通并向各类市场主体公平开放。稳妥推进天然气市场化改革，加快建立统一的天然气能量计量计价体系。健全多层次统一电力市场体系，研究推动适时组建全国电力交易中心。进一步发挥全国煤炭交易中心作用，推动完善全国统一的煤炭交易市场"。

在培育发展全国统一的生态环境市场中要求"依托公共资源交易平台，建设全国统一的碳排放权、用水权交易市场，实行统一规范的行业标准、交易监管机制"。

发展至目前，国内的电子化招标投标主要可分成三大类，即企业自建的电子招标投标交易平台、各大公共资源交易中心自建的交易平台和第三方交易平台。在这个过程中，我国进行了很多模式探索，将《电子招标投标办法》的三平台架构设计付诸实践，体现了交易平台的市场化、专业化、集约化发展原则。

在发展市场经济以及新冠肺炎疫情在全球范围蔓延的新形势下，电子化招标投标将交易中重要环节电子化，这种新模式对个人、企业和国家都有着很大的意义，对于招标投标行业的健康发展发挥着积极的促进作用，在国内得到广泛推行。

（五）电子招标投标未来发展趋势

随着现代化信息技术与计算机网络技术的快速发展，社会各个领域都开始步入信息化发展轨道。在电子招标投标快速发展的今天，中城天工简要总结了电子招标投标未来的发展趋势，具体如下。

1.互联网"大数据"引领行业未来发展

在国务院发布"互联网+"行动的指导意见后，国内互联网"大数据"模式迅速发展，在各行各业均取得明显成效。在招标投标领域，随着电子招标投标经验的不断累积，对其系统数据的挖掘也将向纵深发展。招标投标过程中的开标及评标行为分析、风险预警、信用评价自动带入以及围标串标识别等功能，在互联网"大数据"技术的引领下将更加准确、丰富、生动地贴合电子招标投标行业发展。

2.第三方交易平台迅速发展

电子招标投标交易平台，从本质上来讲是一个以互联网/IT技术为基础的信息化产品和服务，融合了生物识别技术、区块链不可逆的信息记录技术、电子标签认证技术等，是优化现有电子招标投标交易平台作业流程的关键技术。然而，在现在的电子招标投标市场中，大多数电子招标投标平台并未实现全流程电子化、网络化，且多数电子招标投标交易平台在实现最基本的技术支持上，并未充分体现互联网或信息技术基因，长此以往难免在市场发展中失去先机。

《"互联网+"招标采购行动方案（2017—2019年）》不得排斥、限制市场主体建设运营的交易平台，限制对接交易平台数量，为招标市场打造了更为公平、公正、公开的市场环境，也为第三方交易平台开拓了市场空间。

第三方电子交易平台与企业自建及各大公共资源交易中心自建的交易平台不同，其发起者主要是一些看好这个行业未来发展，或者说是有一定资源的互联网公司，这些公司对电子招标投标技术更具专业性，拥有大量拥有互联网思维和信息技术的人力资源，且在动力方面，许多第三方交易平台秉持着"创造价值在先，收获利益在后"的理念，对电子招标投标模式不断进行完善与创新，充分挖掘和发挥互联网信息技术基因，从而促进了招标投标第三方电子交易平台的发展。因此，随着电子招标投标的技术需求不断向纵深发展，第三方交易平台将体现自身优势，迅速发展。

3.在中小企业中广泛应用

中小企业是国家政策鼓励扶持的对象，其创新发展更具活力。而对于体制内事业单位、大型国有企业以及大型民营企业来说，其庞大的管理体系在实施集团一体化的平台采购体系时，势必会遇到一些决策方面的难题，或者说需要决策较长时间。而中小企业内部结构简单，思维方式灵活，有利于内部招标采购管理及运营系统的调整。随着第三方电子交易平台的发展及中小企业招标采购工作的不断完善，电子招标投标模式将在未来越来越多地应用于中小企业。

4.企业主体信用信息实现全国共享

随着大数据时代的到来，国家鼓励全国统一公共交易服务平台系统的建设，平台系统可覆盖省市及全国，促进信息共享。政府、大型国有企业及第三方机构将合力构建高效以及公开、公平、公正的行业格局，不断建立健全行政监督平台、公共服务平台、电子招标投标交易平台服务系统，并在信息化过程中完善对违法失信惩戒及诚信守法褒奖的机制建设，促进企业主体信用信息实现全国共享。

5.综合交易平台将逐步形成

虽然我国目前已形成交易平台、公共服务平台、行政监督平台三大平台，但在发展中仍存在行业及区域限制且存在发展不平衡的问题，尚未形成具有综合性的网络交易平台。随着公共资源交易平台在全国各地的广泛应用与完善，以及第三方电子交易平台行业技术的深入发展，涵盖房建、市政、交通、水利、公路、桥梁、园林绿化等各行各业，以政府采购部门、国有企业、民营企业以及合资企业为主体的综合交易系统将逐步形成。

第三节　招标采购工作的目的和原则

一、招标采购的目的

招标采购的目的如图1-3所示。

图1-3　招标采购的目的

（一）节约采购成本

招标采购的主要目的是节约采购成本，这里的"成本"除了包括为购买付出的资金外，还包括为采购活动付出的人力与物力折算的资金价值。采购成本控制按照项目实施的先后顺序可分为三个关键环节，即招标准备阶段、招标实施阶段和招标结束阶段，通过对这三个环节的成本控制，大大节约项目资金，达到节约采购成本的目的。

1.招标前期准备阶段

（1）招标形式成本控制。招标组织方式分为自行招标和委托招标，方式的选择主要取决于招标人是否具备与招标项目的规模及复杂程度相适应的工程技术、概预算、财务和工程管理方面的专业技术力量，或者具备同类建设项目或采购项目的招标经验。如招标人不具备相关要求，需委托第三方招标代理机构，可参照《招标代理服务收费管理暂行办法》（计价格〔2002〕1980号）相关标准，支付招标代理服务费。

工程项目大多建议采取委托招标代理机构组织招标，可节约招标代理成本的项目主要是货物类项目和服务类项目。货物类项目里，那种常规采购技术标准统一规范的、主要进行价格和售后服务的性价比对比的项目可以自行组织，采用公开招标的项目除外。服务项目涉及的专业跨度较大，可根据是否具备内部评标能力来判断是否可以自行招标。综上，在选择招标组织形式时，具备综合组织条件时可自行组织以节约代理成本，提高采购效率，从而有效降低招标采购成本。

（2）合理确定潜在投标人资格条件。在完全可以满足项目技术要求的前提下，不会高于项目实际需求的资质门槛，所以合理设置投标人资格条件可有效降低成本。在工程项目中，资质等级高的施工企业管理费和人工成本都会更高，小项目可用相适应的较低资质的施工单位，避免"杀鸡用牛刀"的铺张浪费，造成项目不必要的浪费。

（3）合理确定项目控制价。招标采购的意义在于"性价比"，在技术需求确定后，合理制定项目控制价，制定合理的拦标价和上下浮动范围，既能确保项目中标价在预算范围内，又能防止恶意低价竞标，杜绝工程和产品的质量隐患，从而达到将投标人的价格控制与技术需求统一考虑的目的。

（4）提高招标文件的编制及公告发布的准确性。招标文件是项目招标依据的文件，公告发布是不可撤回的。其编写及操作的错误会大大增加人工成本及时间成本。因此，提高招标文件的编制及公告发布的准确性，减少修改和调整时间，既提高了编制质量，又提高了编制效率，大大节省了招标文件编制过程中的人工成本。

（5）减少废标率。在源头上保证招标采购工作的计划性，减少采购任务被取消的概率。在编制采购预算上，合理编制控制价以减少因投标人报价超出预算而导致的废标，增强采购预算张力。减少废标率，在提高招标采购效率的同时有效降低了时间成本。

　2.招标实施阶段

（1）中标价格合理控制。合理使用评分办法，标准统一的货物采购可选择最低评标价法，在全部满足招标文件实质性要求前提下，投标人依据统一的价格要素评定最低报价，以提出最低报价的投标人作为第一中标候选人。采用综合评分法的项目，可合理设置价格的分值权重，评标基准价可采用低价优先法计算，即满足招标文件要求且投标价格最低的投标报价为评标基准价，其价格分为满分，其他投标人的价格分统一按照以评标基准价为基础折合价格分值权重计算而得。以上方法均可有效控制成本。

（2）促进品牌竞争。传统单一品牌产品缺乏有效竞争，会造成价格居高不下和供应商之间的围标串标行为，品牌竞争使供应商在满足法律法规的前提下公平自由竞争，大大节约公司采购资金，有利于性价比提升。

（3）合理设置技术要求。不合理的技术要求，会在履行合同阶段出现技术问题或影响履约质量，科学合理地设置技术要求，可有效减少不确定性因素，降低采购成本。

3.招标结束阶段

（1）在交付验收上，可以自行组织验收为主，技术复杂的大型特殊项目可委托收费较低的国家认可的质检机构验收。技术复杂性高的设备，严格按照使用说明书使用，保养爱护，减少维修费用，可有效节约成本。

（2）在货物采购需求上，力推节能产品。加大采购节能产品宣传力度，推进节能产品的采购工作，可有效节约成本。

（二）提高采购效率

近年来国家颁布了一系列招标采购相关法律法规，对各类招标采购均作出了具体的规定与解释，使得招标采购领域逐渐规范化，在适应市场经济的同时具有一定的计划性，在规范性的角度上给予了相关工作极大便利，如针对不同项目背景和性质，可在多种方式中选用适应项目特性的招标采购方式，以提升采购工作的整体进度和采购效率。新时代下的电子招标投标借助信息技术手段的创新，实现网上招标、网上竞价。计算机辅助评标系统减轻了评标负担，解决了评标难题，极大地提高了采购效率。同时，专家对主要内容的审查可以在有限的时间内完成，使审批时间、审查和公告等步骤得以缩短，促使整个招标投标工作运行更加顺畅，工作效率大大提高。

（三）促进社会公平

我国社会主义市场经济的基本特点是要充分发挥竞争机制作用，使市场主体在平等条件下公平竞争，优胜劣汰，从而实现资源的优化配置。招标投标是市场竞争的一种重要方式，最大优点就是能够充分体现"公开、公平、公正"的市场竞争原则。通过招标采购，让众多投标人进行公平竞争，以最低或较低的价格获得最优的货物、工程或服务，从而达到提高经济效益、提高招标项目的质量、提高国有资金使用效率的同时增进社会公平的目的。此外，招标投标制度是为合理分配招标投标双方的权利、义务和责任建立的管理制度，加强招标投标制度的建设是市场经济的要求。采用招标投标制度能提供详细的操作日志记录和审计功能，减少人为干扰差错，增加监管方式，可有效遏制围标串标等违法行为，对中标人进行跟踪监管和闭环管理，确保招标投标工作的公开、公平、公正。

（四）营造法制社会和廉洁奉公的制度环境

招标采购制度以《中华人民共和国招标投标法》《中华人民共和国政府采购法》《中华人民共和国民法典》等一系列法律法规为约束，使得整个招标采购过程规范化，有利于维护和规范市场竞争秩序，保护当事人的合法权益，提高市场交易的公平、满意和可信度，促进社会和企业的法治、信用建设，营造法制社会和廉洁奉公的制度环境。

对国家和社会来说，招标采购制度有利于保护国家和社会公共利益，保障合理、有效地使用国有资金和其他公共资金，防止其浪费和流失，构建从源头预防腐败交易的社会监督制约体系。在世界各国的公共采购制度建设初期，招标投标制度由于其程序规范、公开，往往能对打击贪污腐败起到立竿见影的效果。然而，随着腐败与反腐败博弈的深入，腐败活动会以更加隐蔽的形式存在，给招标投标制度的设计者提出了新的挑战。

在《联合国反腐公约》第九条公共采购和公共财政管理中这样描述："各缔约国均应当根据本国法律制度的基本原则采取必要步骤，建立对预防腐败特别有效的以透明度、竞争和按客观标准决定为基础的适当的采购制度。"这类制度可以在适用时考虑到适当的最低限值，明确地对公共采购提出了要求。可以看出，招标的目的不仅仅是降低成本，更重要的是使采购过程有法可依，保证采购过程的公平、公正和公开，有效防止腐败的滋生，营造法制社会和廉洁奉公的制度环境。2005年10月27日，第十届全国人民代表大会常务委员会第十八次会议决定批准了《反腐败公约》，并于2005年12月14日生效。

二、招标采购的工作原则

招标采购的工作原则如图1-4所示。

（一）公开

公开原则，即要求招标投标活动必须保证充分的透明度，进行招标活动的信息要公开，采用公开招标方式，应当发布招标公告，依法必须进行招标的项目的招标公告必须通过国家指定的报刊、信息网络或者其他公共媒介发布。无论是招标公告、资格预审公告，还是投标邀请书，都应当载明潜在投标人决定是否参加投标竞争所需要的信息。另外，开标的程序、评标的标准和程序、中标的结果等都应当公开，保证每个投标人能够获得相同信息，公平参与投标竞争并依法维护自身的合法权益。同时，招标投标活动的公开透明，也为当事人、行政和社会监督提供了条件。公开是公平、公正的基础和前提。

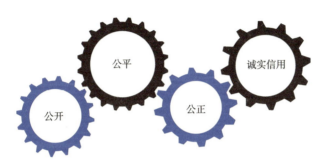

图1-4　招标采购的工作原则

（二）公平

公平原则，即要求招标人在招标投标各程序环节中一视同仁地给予潜在投标人或投标人平等竞争的机会，并使其享有同等的权利和义务。例如，招标人不得在资格预审文件和招标文件中含有倾向性内容或者以不合理的条件限制和排斥潜在投标人；不得对潜在投标人或者投标人采取不同的资格审查或者评标标准，依法必须进行招标的项目不得以特定行政区域或者特定行业的业绩、奖项作为评标加分条件或者中标条件等。公平原则主要体现在两个方面：一方面，机会均等，即潜在投标人具有均等的投标竞争机会；另一方面，各方权利、义务平等，即招标人和所有投标人之间权利、义务均衡并合理承担民事责任。

（三）公正

公正原则，主要指招标人、招标代理机构相对于作为投标人和潜在投标人而言，政府采购主管部门相对于作为被监督人的多个当事人而言，应站在中立、公允、超然的立场上，对于每位投标人都要一碗水端平、不偏不倚、平等对待、一视同仁，而不厚此薄彼，因其身份不同而施行差别对待。

要求招标人必须依法设定科学、合理和统一的程序、方法和标准，并严格据此接受和客观评审投标文件，真正择优确定中标人，不倾向、不歧视、不排斥，保证各投标人的合法平等权益。为此，《招标投标法》及其配套规定对招标、投标、开标、评标、中标、签订合同等做了相关规定，以保证招标投标的程序、方法、标准、权益及其实体结果的公正。例如，特别是在评标时，评标标准应当明确、严格，对所有在投标截止日期以后送到的投标文件都应拒收，与投标人有利害关系的人员都不得作为评标委员会的成员等，评标委员会必须按照招标文件事先确定并公开的评标标准和方法客观评审投标文件和推荐中标候选人，并明确否决投标的法定情形等。

（四）诚实信用

市场经济既是法制经济也是信用经济，需要以当事人的诚实信用形成良好的社会风气，保障市场经济的有序运行。诚实信用原则约束的是招标采购活动中的各方当事人，一方面，要求招标主体在项目发标、信息公布、评标审标过程中提供真实信息，不得有所隐瞒；另一方面，要求招标人在提供物品、服务时达到投标时做出的承诺，树立相应的责任意识。

诚实信用原则，即要求招标投标各方当事人在招标投标活动和履行合同中应当以守法、诚实、守信、善意的意识和态度行使权利和履行义务，不得故意隐瞒真相或者弄虚作假，不得串标、围标和恶意竞争，不能言而无信甚至背信弃义，在追求自己合法利益的同时不得损害他人的合法利益和社会利益，依法维护双方利益以及与社会利益的平衡。

诚实信用是民事活动的一项基本原则，招标投标活动是以订立采购合同为目的的民事活动，当然也适用这一原则。诚实信用原则也是市场经济的基石和民事活动的基本原则。

第四节 招标采购的分类和主要内容

招标采购可根据不同分类标准进行划分，本节将从四个角度对招标采购进行分类，分别为从招标采购项目的行政主管机构的不同进行划分、从采购内容的不同进行划分、从招标形式的不同进行划分、从招标组织形式的不同进行划分，如图1-5所示。

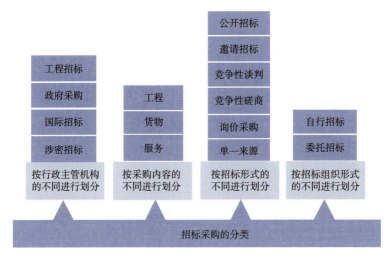

图1-5 招标采购的分类和主要内容

一、按行政主管机构的不同进行划分

（一）工程招标

工程招标是指建设单位对拟建的工程项目通过法定的程序和方式吸引建设项目的承包单位竞争，并从中选择条件优越者来完成工程建设任务的法律行为。工程项目招标包括项目的勘察、设计、施工、监理以及与工程建设有关的重要设备、材料等的采购，主要招标方式为公开招标和邀请招标。

国务院发展改革部门指导和协调全国招标投标工作，对国家重大建设项目的工程招标投标活动实施监督检查。国务院工业和信息化、住房城乡建设、交通运输、铁道、水利、商务等部门，按照规定的职责分工对有关招标投标活动实施监督。规定标准限额的工程项目进场是监督的重要手段之一，即通过进入当地有形市场（建设工程交易中心）进行招标采购活动，使项目接受相关部门的监管。

工程招标代理机构在工程招标、工程专业技术咨询、规范招标行为、提高招标质量等方面都起着积极的作用。随着工程招标代理行业竞争的不断加剧，工程招标代理企业间并购整合与资本运作也日趋频繁，国内优秀的工程招标代理企业愈来愈重视对行业市场的研究，特别是对企业发展环境和客户需求趋势变化的深入研究。

（二）政府采购

政府采购是指各级政府为了开展日常政务活动或为公众提供服务，在财政的监督下，以法定的方式、方法和程序，通过公开招标、公平竞争，由财政部门以直接向供应商付款的方式，从国内外市场上为政府部门或所属团体购买货物、工程和劳务的行为。其实质是市场竞争机制与财政支出管理的有机结合，其主要特点是对政府采购行为进行法制化的管理。政府采购以招标采购、有限竞争性采购和竞争性谈判为主。

国内外对政府采购的界定有所差异。在我国，政府采购的法定概念是：①《中华人民共和国政府采购法》中第一章第二条所规定的政府采购，主体是各级国家机关、事业单位或团体组织，采购对象必须属于采购目录或达到限额标准；②《政府和社会资本合作项目政府采购管理办法》所规定的政府和社会资本合作项目的政府采购（即PPP项目采购），在广义上是指利用财政（拨款、自有或融资）资金进行采购，对采购主体以及对采购对象是否属于集中采购目录或是否达到限额标准均无要求，或是利用社会资本进行PPP项目采购，在狭义上是指对货物和服务的政府采购。政府采购的方式有公开招标、邀请招标、竞争性谈判、单一来源采购、询价及国务院政府采购监督管理部门认定的其他采购方式。其中，公开招标应作为政府采购的主要采购方式。

（三）国际招标

与国内招标相对应，国际招标是指凡除本国外，允许任何一个或一个以上在外国政府注册开业的投标人参加投标的招标活动，亦称国际招标。国际招标分为国际竞争性招标和有限国际招标，国际竞争性招标是世界银行对于公开招标的用语，即任何厂商均有机会参与相关招标项目的投标。有限招标是世界银行对于邀请招标的用语，即只有受到邀请的厂商才能参与相关招标项目的投标。

国际招标活动必须遵守项目所在国政府颁布的招标法规和有关的法律条款，如我国颁布的商务部令2014年第1号《机电产品国际招标投标实施办法（试行）》。此外，国际建筑市场招标活动一般采用国际通用的、由国际咨询工程师联合会和欧洲建筑工程联合会共同负责编订的《土木工程施工合同条件》（FIDIC条款）及其附录的投标书和协议书，一般还采用国际通用的、由英国皇家特许测量师学会制定的《建筑工程量计算原则》。

（四）涉密招标

涉密招标是指招标人有选择地只对其认可的承包公司发出招标通知，招标不为外界所知。这种方式适用保密性强，技术要求高的项目。招标人发出招标通知时，应备有招标书等待承包公司前来索标。秘密招标是招标方式的一种。招标人有选择地只对其认可的业务往来资信可靠的承包单位个别发出招标通知，一般不对外公开。其优点是手续简单，成交迅速，有利于某些项目的保密要求。这种方式不适用于国际经济组织支持的承包工程。《中华人民共和国招标投标法》第66条规定，涉及国家安全、国家秘密、抢险救灾或者属于利用扶贫资金实行以工代赈、需要使用农民工等特殊情况，不适宜进行招标的项目，按照国家有关规定可以不进行招标。

二、按采购内容的不同进行划分

（一）工程

工程建设项目，是指工程以及与工程建设有关的货物、服务。前款所称工程，是指建设工程，包括建筑物和构筑物的新建、改建、扩建及其相关的装修、拆除、修缮等；所称与工程建设有关的货物，是指构成工程不可分割的组成部分，且为实现工程基本功能所必需的设备、材料等；所称与工程建设有关的服务，是指为完成工程所需的勘察、设计、监理等服务。

（二）货物

货物是除工程和服物之外的采购对象。货物招标投标是指对各种各样的物品、包括原材料、产品、设备、电能和固态、液态、气态物体等，以及相关附带服务的招标投标过程。货物品目、种类繁多，货物招标是招标中最常见的一种。货物中标人一般不在项目现场设立长期的实施机构。货物招标有设备代理商或贸易公司投标的情况，设备代理商或贸易公司投标时需要制造厂商授权，以保证供货质量价格和售后服务。

（三）服务

服务是除工程和货物之外的采购对象，包括各类社会服务、金融服务、科技服务、商业服务等，包括与工程建设项目有关的投融资、项目前期评估咨询、勘察设计、工程监理、项目管理服务等。服务招标通常涉及无形商品的提供，其质量和内容难以像货物和工程那样定量，有时很难精确描述其技术规格，服务标准难以量化，服务质量在招标人提供服务前难以判断，给评标带来一定难度。服务招标适用范围广泛，尤其适用于经济鉴证类服务、商务服务、技术服务等各类专业服务领域。与工程招标、货物招标项目相比较，服务招标项目所涉及的标的金额相对较小。

三、按招标形式的不同进行划分

（一）公开招标

公开招标，是指招标人依法以招标公告的方式邀请非特定的供应商参加投标的招标方式。公开招标的项目，应当依照《招标投标法》及实施条例的规定发布招标公告、编制招标文件。招标人采用资格预审办法对潜在投标人进行资格审查的，应当发布资格预审公告、编制资格预审文件。编制依法必须进行招标的项目的资格预审文件和招标文件，应当使用国务院发展改革部门会同有关行政监督部门制定的标准文本。

依法必须进行招标的项目的资格预审公告和招标公告，应当在国务院发展改革部门依法指定的媒介发布。在不同媒介发布的同一招标项目的资格预审公告或者招标公告的内容应当一致。指定媒介发布依法必须进行招标的项目的境内资格预审公告、招标公告，不得收取费用。

依据《招标投标法》中第16条规定，招标公告应当载明招标人的名称和地址、招标项目的性质、数量、实施地点和时间以及获取招标文件的办法等事项。具体可参照《招标公告和公示信息发布管理办法》相关内容。

（二）邀请招标

邀请招标，是指招标人以投标邀请书的方式邀请特定的法人或者其他组织投标。

邀请招标与公开招标的最大区别在于是否对外公开发布公告，《招标投标法实施条例》第8条载明：国有资金占控股或者主导地位的依法必须进行招标的项目，应当公开招标；但有下列情行之一的，可以邀请招标：

（一）技术复杂，有特殊要求或者受自然环境限制只有少量潜在投标人可供选择；

（二）采用公开招标方式的费用占项目合同金额比例过大。

投标邀请书应当载明招标人的名称和地址，招标货物的名称、数量、技术规格、资金来源，交货的地点和时间，获取招标文件或者资格预审文件的地点和时间，对招标文件或者资格预审文件收取的费用，提交资格预审申请书或者投标文件的地点和截止日期，以及对投标人的资格要求。

（三）竞争性谈判

竞争性谈判是指谈判小组与符合资格条件的供应商就采购货物、工程和服务事宜进行谈判，供应商按照谈判文件的要求提交相应文件和最后报价，采购人从谈判小组提出的成交候选人中确定成交供应商的采购方式。

《政府采购非招标采购方式管理办法》中第27条、第28条规定了可以采用竞争性谈判方式采购的情况。具体谈判过程可参照《政府采购非招标采购方式管理办法》第三章及《中华人民共和国政府采购法》第38条相关规定。

（四）竞争性磋商

竞争性磋商采购方式，是指采购人、政府采购代理机构通过组建竞争性磋商小组（以下简称"磋商小组"）与符合条件的供应商就采购货物、工程和服务事宜进行磋商，供应商按照磋商文件的要求提交响应文件和报价，采购人从磋商小组评审后提出的候选供应商名单中确定成交供应商的采购方式。竞争性磋商采购方式是财政部首次依法创新的采购方式，核心内容是"先明确采购需求、后竞争报价"的两阶段采购模式，倡导"物有所值"的价值目标。

《政府采购竞争性磋商采购方式管理暂行办法》中第3条规定了可以采用竞争性磋商方式采购的情况。具体磋商程序可参照《政府采购竞争性磋商采购方式管理暂行办法》第二章的相关规定。

（五）询价采购

询价采购是指采购人向有关供应商发出询价单让其报价，在报价基础上进行比较并确定最优供应商的一种采购方式。采购的货物规格和标准统一、现货货源充足且价格变化幅度小的政府采购项目，可以采用询价方式采购。

具体询价采购工作流程可参照《政府采购非招标采购方式管理办法》第五章及《中华人民共和国政府采购法》的相关规定。

（六）单一来源

单一来源采购也称直接采购，是指采购人向唯一供应商进行采购的方式。其适用于达到了限购标准和公开招标数额标准，但所购商品的来源渠道单一，或属专利、首次制造、合同追加、原有采购项目的后续扩充和发生了不可预见的紧急情况不能从其他供应商处采购等情况。该采购方式的最主要特点是没有竞争性。采取单一来源方式采购的，采购人与供应商应当遵循本法规定的原则，在保证采购项目质量和双方商定合理价格的基础上进行采购。

《政府采购法》第31条规定，符合下列情形之一的，可以采用单一来源方式采购：只能从唯一供应商处采购的；发生了不可预见的紧急情况不能从其他供应商处采购的；必须保证原有采购项目一致性或者服务配套的要求，需要继续从原供应商处添购，且添购资金总额不超过原合同采购金额10%的。

单一来源采购特点是节约采购时间，提高采购效率，但其不具备竞争性、缺乏透明度，与国家相关文件中要求的以竞争性方式选择社会资本方的精神不符，不宜直接作为PPP项目的采购方式。根据项目需求必须采用单一来源采购方式的，应符合法定条件并严格履行相关批准程序。

具体单一来源采购过程可参照《政府采购非招标采购方式管理办法》第四章及《中华人民共和国政府采购法》的相关规定。

四、按招标组织形式的不同进行划分

（一）自行招标

自行招标是指招标人自身具有编制招标文件和组织评标能力，依法可以自行办理招标。招标人具有编制招标文件和组织评标能力，是指招标人具有与招标项目规模和复杂程度相适应的技术、经济等方面的专业人员。其中的专业人员包括取得招标职业资格的人员以及工程师、咨询师、经济师、造价师、会计师等专业人员。

《招标投标法》第21条规定，招标人符合法律规定的自行招标条件的，可以自行办理招标事宜。任何单位和个人不得强制其委托招标代理机构办理招标事宜。

《工程建设项目自行招标试行办法》第4条进一步明确规定"招标人自行办理招标事宜，应当具有编制招标文件和组织评标的能力"，具体包括：

第一，具有项目法人资格（或者法人资格）。

第二，具有与招标项目规模和复杂程度相适应的工程技术、概预算、财务和工程管理等方面的专业技术力量。

第三，有从事同类工程建设项目招标的经验。

第四，拥有3名以上取得招标职业资格的专职招标业务人员（招标职业资格已被取消）。

第五，熟悉和掌握《招标投标法》及有关法规规章。同时，《招标投标法》

还规定，依法必须进行招标的项目，招标人自行办理招标事宜的，应当向有关行政监督部门备案。

目前许多大型集团企业，尤其是国有企业，都自行成立独立的招标代理公司，将招标代理工作规范化制度化，部分民营企业及中小企业也委托社会第三方代理机构进行组织招标投标。如果自行招标，就应考虑上述机构人员设置等因素。但对于招标项目而言，是自行招标还是委托招标，由招标人自主决定。

（二）委托招标

委托招标，就是招标人委托招标代理机构，在招标代理权限范围内，以招标人的名义组织招标工作。委托招标是招标人根据项目需求、按照法定的自愿原则自愿选择的结果，法律对合法的委托招标予以保护。为此，《招标投标法》第12条规定："招标人有权自行选择招标代理机构，委托其办理招标事宜。任何单位和个人不得以任何方式为招标人指定招标代理机构。"

《招标投标法实施条例》第13条规定："招标代理机构在其资格许可和招标人委托的范围内开展招标代理业务，任何单位和个人不得非法干涉。招标代理机构代理招标业务，应当遵守《招标投标法》和本条例关于招标人的规定。招标代理机构不得在所代理的招标项目中投标或者代理投标，也不得为所代理的招标项目的投标人提供咨询。"

随着《招标代理服务规范》的发布及实施，招标代理机构组织的招标采购服务必然更为专业化。招标代理从业人员经过业内资深专家及相关行业协会的专业培训，熟悉国家、地方招标相关的法律法规和规章制度，实际项目经验丰富，可以更好解决招标活动中的实际问题。依法设立的招标代理机构需要接受相关行政主管部门的审核与监督。因此，委托招标组织形式在一定程度上更能确保始终遵循公开、公平、公正和诚实信用的原则组织招标活动。

第五节　招标采购的工作流程

广义地讲，完整的招标采购项目流程一般包括调研、立项、招标、实施、验收、移交等阶段。

调研主要包括可行性研究、项目风险的管控及投资概算等内容。立项是指向上级管理部门提交立项材料（主要是立项申报书）。招标即立项通过后，提交招标文件至采购部门审核批准后，即可发布招标公告，项目由此进入招标阶段。招标阶段招标人的主要工作就是解决投标人提出的异议。招标完成后签订合同，招标人在这个阶段的主要工作，就是依据招标文件形成合同文件，同时把属于重要事项而招标文件未做约定的内容约定好。在项目实施阶段项目承建和监理都会进场（小项目没有监理），然后组建管理团队等。竣工验收是一个政府采购所必须的验收程序，除此之外，招标人有义务确保所建项目完全按照招标文件中合同文件建设。付款移交一般由组织采购部门完成，一般就是接收系统管理权限以及相关资产。

狭义地讲，招标采购工作流程不涵盖招标的前期准备和后期验收等过程，狭义的招标采购工作仅就招标采购这一具体实施阶段而言的，具体流程如图1-6所示（以公开/邀请招标为例）。

第六节　招标采购工作的重要性

一、有利于提升集团企业内部管理能力

招标采购工作像一座桥梁，联系着企业物资运转与财务数据。良好的招标采购管理体系有利于实现企业择优选择投标人的目的，保证物料供应的顺畅及品质稳定，形成良好的配合，并提升销售业绩。

同时，集团企业在招标采购的过程中也存在很多不可忽视的问题，例如招标采购方式选择错误，文件资料编制不规范，时间节点或顺序错误，招标采购档案资料不完整或未进行归档等，这些对于招标采购工作来说都是有违法律法规的，轻则受到企业的惩罚，使企业面临内部经济损失和信用危机，重则会使企业受到招标投标相关行政主管部门的书面通报或行政处罚，对于企业的长远发展和战略布局是非常不利的。

由此不难看出，完善的招标采购管理体系有利于完善企业招标投标管理制度，使企业根据市场趋势作出升级，降低成本，提高效益，提升市场竞争力。因此，良好的招标采购工作制度是提升集团企业内部管理能力的重要途径之一。招标采购的工作流程见图1-6所示。

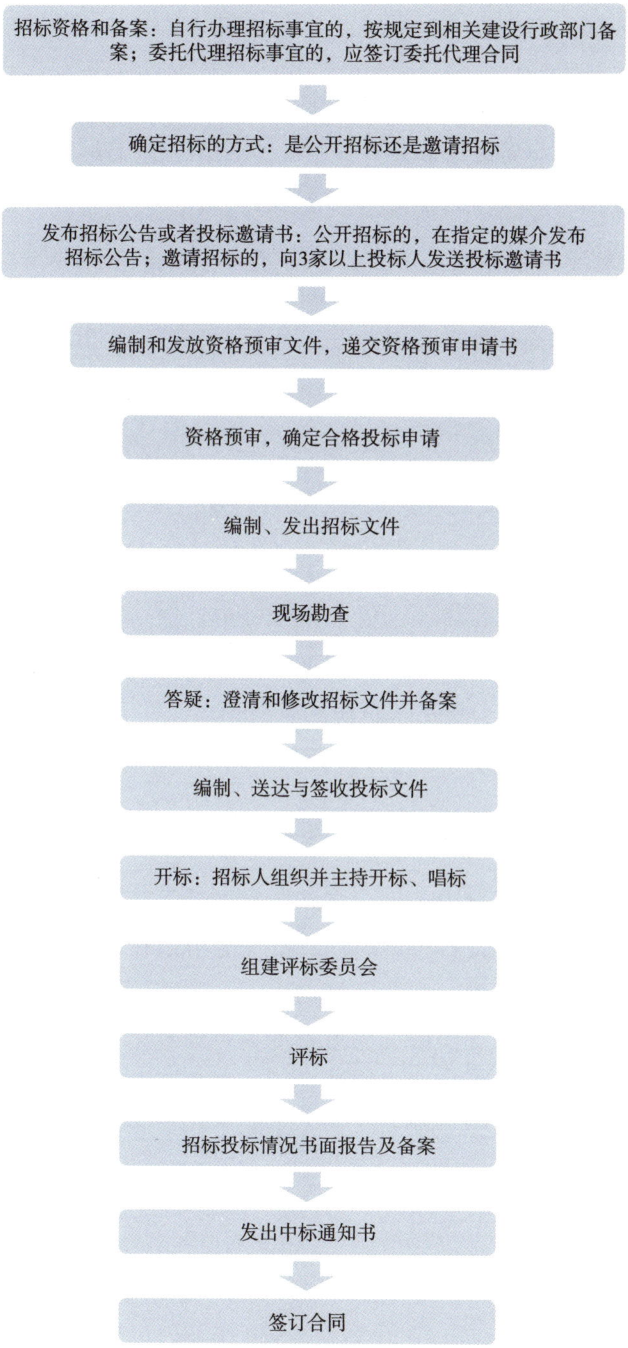

招标资格和备案：自行办理招标事宜的，按规定到相关建设行政部门备案；委托代理招标事宜的，应签订委托代理合同

⬇

确定招标的方式：是公开招标还是邀请招标

⬇

发布招标公告或者投标邀请书：公开招标的，在指定的媒介发布招标公告；邀请招标的，向3家以上投标人发送投标邀请书

⬇

编制和发放资格预审文件，递交资格预审申请书

⬇

资格预审，确定合格投标申请

⬇

编制、发出招标文件

⬇

现场勘查

⬇

答疑：澄清和修改招标文件并备案

⬇

编制、送达与签收投标文件

⬇

开标：招标人组织并主持开标、唱标

⬇

组建评标委员会

⬇

评标

⬇

招标投标情况书面报告及备案

⬇

发出中标通知书

⬇

签订合同

图1-6　招标采购的工作流程

二、有利于形成公开透明的市场竞争环境

招标采购是社会主义市场经济中的一种交易方式，随着市场经济的不断发展，统一规范的交易规则是促进企业良性竞争，提升企业活力的重要手段。随着《招标投标法》《政府采购法》及其实施条例和《电子招标投标法》的实施，招标采购成为一种有法可依的市场交易方式，是招标投标活动中应共同遵守的交易规则。

招标采购工作充分体现了"公开、公平、公正"的市场竞争原则，增强了采购基本管理，填补了漏洞，有利于形成公开透明的市场竞争环境和法治环境。

三、有利于节约资源、促进国民经济发展

招标采购工作，通过竞争确定出中标价格，使其趋于合理或下降，对低成本报价作出限制，促进了企业间的良性竞争，提高了资金利用率，很大程度上节约了资源。在合理的利润空间下，在一定程度上将招标采购项目交给综合能力最优的投标人，促进了资源的有效利用，在为招标人节约投资成本、提高投资效益的同时，提升了整体社会资金利用率，促进了国民经济的发展。

四、便于国家相关行政部门的管理与监督

我国实行"以公有制为主体，多种所有制经济共同发展"的社会主义基本经济制度，目的在于使各种所有制经济完全可以在市场竞争中发挥各自优势，相互促进，共同发展。在此经济制度下，政府的宏观把控必不可少，而招标采购工作则是对市场经济交易方式的一种规范化，将"无形"的经济交流过程，通过具有法律性的招标采购过程，变为"有形"的可视化经济交流活动。在国民经济的不断发展中，招标采购工作形式也有利于国家相关行政部门的管理与监督。

第二章 | 招标采购中常见的违规行为实例

招标采购成为规范市场竞争秩序的一种越来越重要手段，通过招标投标形式形成公开、公平、公正、诚实信用的市场竞争氛围，提高经济活力，促进国民经济发展。

然而，由于招标投标实施阶段的规范性不足及相关利害关系人收受贿赂等问题，国家机关及企事业单位在进行招标采购的过程中难免出现漏洞，产生各种各样的违法违规行为，包括招标投标实施过程的前期审批立项、公告及文件发布、开评标、定标、备案、履行等阶段发生的问题。涉及的相关利害关系人包括招标（采购）人、招标代理机构、投标人、评标专家等。这些不规范行为极大地影响了国家机关及企事业单位的内部管理水平，同时也是行业发展的壁垒。而积极开展招标采购后评价工作，定期回顾与自检，也是国家机关及企事业单位有效规避招标采购工作常见问题的迫切需要。

中城天工通过多年的招标采购行业实践经验，并结合招标投标领域常见问题进行了相关案例整理，具体实例如下。

第一节　招标人常见的违规行为

问题一：化整为零，规避招标

【实例】化整为零规避招标　645万元扶贫款买了假化肥

该案例由陵水黎族自治县人民法院审理；案号为（2016）琼9028刑初148号，中国招标投标协会于2017年发布该案例相关信息。

2011年5月至2014年8月，被告人梁某某担任陵水县扶贫办公室（以下简称"县扶贫办"）主任，主持全面工作。2011年至2013年，县扶贫办需要采购化肥发放给贫困农户种植使用。被告人梁某某为使何仰昭（另案处理）能够顺利中标，违反《中华人民共和国政府采购法》第28条的规定，即"采购人不得将应当以公开招标方式采购的货物或者服务化整为零或者以其他任何方式规避公开招标采购"。梁某某将本应公开招标的采购项目拆分成多个项目，化整为零，采用邀请招标的方式使何某某中标。3年期间，县扶贫办从何某某处购买价值人民币6 450 000元的美国太平洋硫酸钾化肥。在采购物资验收过程中，梁某某未让工作人员按照要求检查何某昭所提供的化肥是否有产品质量检验合格证、生产许可证等材料，仍对所采购的化肥予以验收并发放到农民手中。陵水县财政局将化肥采购款人民币6 450 000元全部支付到何某某所提供的公司账户内。

经查，县扶贫办所采购的美国太平洋硫酸钾化肥包装袋上标示的"生产厂家、生产地址、联系电话、太平洋品牌"均为虚假信息。经海南省产品质量监督检验所检验，该化肥系不合格产品。

陵水黎族自治县人民法院裁判结果为：被告人梁某某犯滥用职权罪，判处有期徒刑三年；犯受贿罪，判处有期徒刑三年，并处罚金人民币200 000元。数罪并罚，决定执行有期徒刑四年零六个月，并处罚金人民币200 000元。何某某也因涉嫌销售伪劣产品、串通投标、行贿而被检察院指控。

资料来源：华律网 | 张仁藏律师，时间：2020年10月1日。

问题二：招标人天价采购

【实例】天价优盘

2010年12月17日，辽宁省抚顺市政府采购网发布公告：抚顺财政局采购移动设备，其中U盘一项指定为"苹果iPod touch 4（32G）"。引发众多网友围观，有网友感慨说："iPod Touch 4市价大约2 300元，他们买了7个当U盘使。好贵的U盘啊！"还有网友说："他们怎么不买iPhone 4作为手电筒？"

记者在抚顺政府采购网上看到了这则编号为"CG（X）2010-0642"的招标公告，公告的发布日期是12月15日。根据招标公告中的描述，此次采购的单位是抚顺市财政局办公室，用途为办公设备，采购内容包括U盘、移动硬盘、电脑、打印机等6类，其中U盘一项被指定为"苹果iPod Touch 4（32G）"，这次采购的最高限价为4.99万元。

记者从苹果公司官方网站上的介绍中看到，iPod Touch 4"是在全世界广受欢迎的便携游戏装置，是玩乐最前沿，我们在iPod Touch上添加了所有最先进的功能，仅仅为使它更好玩"。根据官网上的介绍，iPod Touch 4的主要功能是听音乐和玩游戏，其次还包含无线上网、看电影、视频聊天、拍照等其他功能，几乎所有功能都是为娱乐所设置的，记者在iPod Touch 4所有的官方介绍中，都没有看到U盘这一项。

12月17日，抚顺政府采购网上公布了此次采购的中标公告，公告称："经评审小组按规定评审方法认真评审，确定本次询价采购的中标单位为抚顺市联强科技物资经销处，中标总金额人民币肆万玖仟陆佰柒拾捌元整

（49 678.00元）。"记者联系上抚顺政府采购网上公布的联强科技物资经销处联系人李某，李某告诉记者，他也不清楚财政局为什么要采购itouch4当U盘。"iPod Touch怎么当U盘用我也不太清楚，反正他们要，我们就供货。"他说。

记者在苹果官网上看到，iPod Touch 4（32G）的报价为2 398元人民币。而在卓越亚马逊上，容量为32G的U盘，最贵的价格为1 099元，最便宜的价格为399元。

2010年12月20日，东方时空介绍了辽宁省抚顺市财政局通过网上招标采购了7台苹果iTouch 4当存储用的U盘。21日，抚顺市委市政府给本台发来了书面说明，表示正在对此事进行严肃处理，同时要认真整改政府采购程序和审核环节。抚顺市财政局已经叫停了此项采购项目。该局的有关负责人还在12月21日作出回应。

抚顺市财政局有关负责人表示，网上招标公告中涉及的7台苹果iTouch 4采购计划已经全部取消。新的招标信息将在重新制定审核后公布。而对当初计划购买iTouch 4一事，这位负责人表示，当初是想买一些保密程度高、质量更有保证的U盘。

资料来源：中国经济网、中国网络电视台，时间：2010年12月20日。

问题三：未正确选择招标方式

【实例】风电项目的建设必须公开招标吗？

新能源"抢装潮"已迫使企业快马加鞭，当浪潮遭遇新冠肺炎疫情，新能源企业更感到"雪上加霜"。受限于国家对风电项目并网时间的要求，风电项目的工期往往较为紧张。业主为快速推动风电项目建设，往往会忽略公开招标程序而直接选定施工单位。此时，相应建设工程施工合同是否有效？

案件基本事实

2013年4月3日，黑龙江省发展和改革委员会核准林甸花园风电场项目，项目业主为东明园公司，要求项目招标范围为全部招标，招标组织形式为委托招标，招标方式为公开招标。

2013年11月30日，业主东明园公司与施工单位陕建公司通过邀请招标的方式签订《电力建设工程施工合同》，业主东明园公司将风电场风机基础工程发包给施工单位陕建公司，合同约定：

（1）具体工程为风电场内33台风机基础（包括桩基和承台）的施工。

（2）计划开工日期为2013年12月1日，计划竣工日期为2014年2月28日，工期总历天数90天。

（3）合同价格为固定单价和固定总价，每台风机单价为115万元，总价为3 795万元人民币，单价和总价中已包含施工单位承包工程的全部冬季施工费用。

（4）非施工单位原因的暂停施工，由业主承担有关的经济费用，工期相应顺延，停工责任在施工单位的，由施工单位承担停工所发生的费用。

2014年2月26日，业主东明园公司与施工单位陕建公司签订《补充协议》，协议约定：由于现场气候恶劣，不可抗力导致工期需顺延，将竣工日期自2014年2月28日顺延至2014年8月28日。

2015年4月11日，业主东明园公司与施工单位陕建公司签订《单位工程竣工报告》，涉案工程经验收合格。

工程竣工验收后，业主东明园公司仅支付工程款1 995万元，尚余1 800万元未支付。

原告诉请及被告抗辩

2016年4月25日，原告施工单位陕建公司诉至法院：请求依法判令业主东明园公司给付工程款1 800万元及相应逾期付款利息。

被告业主东明园公司抗辩：施工单位陕建公司存在工期延误，延误时间长达7个月，应承担给业主造成的发电量损失（具体以司法鉴定为准）。

争议焦点

人民法院认为，本案的争议焦点在于案涉合同未经公开招标的效力及工期延误责任的承担。

对于建设工程施工合同是否无效这一问题法院判决结果如下：

一审法院支持施工单位陕建公司诉请，其认为：未经公开招标投标，建设施工合同无效。

风电场项目属于大型基础设施、公用事业等关系社会公共利益、公众安全的项目，依法属于强制招标投标工程的范围。黑龙江省发展和改革委员会亦核准风电场项目的招标范围为全部招标，招标方式为公开招标，并未核准涉案项目可进行邀请招标。现业主东明园公司就涉案项目并未采用公开招标的方式进行招标，案涉合同违反法律法规的强制性规定，应为无效合同。

二审法院最终维持原判，具体观点如下：

认同一审法院关于风电项目施工合同未经公开招标投标无效的观点。

资料来源：北极星风力发电网讯、能源法律观察，时间：2020年5月。

问题四：未在规定媒介发布招标公告

【实例】不按规定在指定媒介发布资格预审公告，榆横实业集团被处罚

榆林榆横实业集团有限责任公司依法应当公开招标的工程建设项目，不按照规定在指定媒介发布资格预审公告，2021年1月5日，榆林市发展和改革委员会发布招标投标行政处罚决定书。

经查明，榆林榆横实业集团有限责任公司于2017年实施的榆林高新区B七路（A八路—榆麻大道）道路工程、榆林市高新区第三小学迁建项目，招标资格预审公告仅在陕西省建设工程招标投标信息网发布，而未在指定媒介陕西采购与招标网（陕西采购与招标服务平台）发布的行为，属于不按照规定在指定媒介发布公告的违法行为。

根据《中华人民共和国招标投标法》第51条、《中华人民共和国招标投标法实施条例》第63条第一项之规定，作出以下行政处罚：

第一，对公司在2017年实施的榆林高新区B七路（A八路—榆麻大道）道路工程中不按规定在发布媒介发布招标公告和公示信息的违法行为，处人民币叁万元的罚款（30 000.00元）。

第二，对公司在2017年实施的榆林市高新区第三小学迁建项目中不按规定在发布媒介发布招标公告和公示信息的违法行为，处人民币叁万元的罚款（30 000.00元）。

同时，按照《中华人民共和国招投标法实施条例》第78条规定，在"信用中国"等网站依法公告对榆横实业集团有限公司的上述行政处罚。

资料来源：西安商网、二三里资讯，时间：2021年1月8日。

问题五：采购人发表倾向性意见

【实例】采购人发表倾向性意见自食其果

某采购中心受采购人委托，就某医院标识牌项目进行公开招标采购。招标文件要求投标人提供样品，并要求在规定的时间送达采购人指定地点。投标截止后，共有7家投标人出具了样品，评标委员会按照招标文件规定的评审办法进行评分，最终确定了预中标单位，采购人对中标结果非常满意。

中标公告发出后，采购中心收到其他投标人的反映，称评标过程及评标结果存在影响公正的违规行为，有单位串通投标。采购中心组织该项目评审委员会进行了复核，并未发现其他投标人所反映的情况。不过，通过调阅录音录像，采购中心发现，采购单位某工作人员在样品评审现场对其中一个样品非常满意，表示该样品是其领导看中的款式，其倾向性言论还曾当场被评委制止。样品评审中也发现，采购人授权代表对"领导看中"的样品，打出了满分10分，而对其他几家均给出了6分以下的分值。

采购中心将上述情况向市财政局采购处做了汇报。采购处根据复核结果，同时依据《中华人民共和国政府采购法实施条例》第68条第6款，《政府采购供应商投诉处理办法》第17条第3款、第19条第1款之规定，认定本次采购过程中存在违法违规行为，并依法作出以下处理决定：一是取消中标结果，责令重新开展采购活动；二是对采购人进行通报批评。

本案中值得关注的一点是，评审结束后，如何还原开评标过程？根据《政府采购货物和服务招标投标管理办法》（财政部第87号令，以下简称87号令）第39条，采购人或代理机构应当对开、评现场活动进行全程录音录像，录音录像应清晰可辨，音像资料作为采购文件一并存档。因此，代理机构执业，必须具备开展政府采购业务所需的评审条件和设施。

此外，87号令第45条规定，采购人可在评标前说明项目背景和采购需求，但说明内容不得含有歧视性、倾向性意见，不得超出招标文件所述范围。若在评审过程中采购人随意发表意见或评审专家征询采购人的倾向性意见，则其意见无效。

招标采购活动中，采购人与代理机构还应互相监督。《中华人民共和国政府采购法》第74条、第75条以及《中华人民共和国政府采购法实施条例》第69条规定了采购人的违法情形，代理机构发现采购人存在相关违法情形的，应建议对方改正。不过，代理机构要求或建议采购人改正的违法行为，应当是能够及时纠正的行为。在笔者看来，本案中，采购中心也负有一定的责任。如果在评审环节根据现场情况及时建议采购人对有倾向性的打分作出修正，那么，就有可能避免争议的发生。

资料来源：中国政府采购新闻网，时间：2017年12月21日。

问题六：以不合理条件限制、排斥潜在投标人

【实例1】被歧视的"外地人"

案情概述

20××年10月，某学院委托Z招标公司，就该学院"修理厂设备购置政府采购项目"进行公开招标；10月22日，Z招标公司发布招标公告；11月12日开标、评标，同日Z招标公司得到采购人的确认后，发布中标公告。

11月19日，投标人M公司提出质疑称，招标文件第一章第五条第六款规定：投标人注册登记地不在C市的，则在C市应有工商注册登记的服务机构（提供服务机构证件复印件）和固定的专业维修人员（固定专业维修人员社保缴纳证明）。此招标要求作为废标条款之一，具有明显的地域歧视和排挤其他地区投标方的嫌疑。当日，采购人和采购代理机构答复质疑称：本项目采购内容涉及维修的专业设备，在维修、维护、培训方面均需要提供长期、优质的本地化服务，以确保服务的专业性和及时性，且需要设备供应商提供及时的上门调试服务和提供备件，因此投标人在本地有正式的售后服务机构的要求是合法合理的。投标人M公司对此质疑答复不满，向财政部门提出投诉。

调查情况

本案的焦点问题是，要求投标人在本地有正式的售后服务机构的要求是合法合理，还是不正当的歧视性、排他性的要求。因此，财政部门调取了招标采购过程中的相关资料。调查发现：招标文件第一章第五条规定："投标人注册登记地不在C市的，则在C市应有工商注册登记的服务机构（提供服务机构证件复印件）和固定的专业维修人员（固定专业维修人员社保缴纳证明）。"此要求是合格投标人的资格要求之一。招标文件第二章第24.5条规定："如果投标实质上没有响应招标文件的要求，其投标将被拒绝，投标人不得通过修正或撤销不合要求的偏离或保留从而使其投标成为实质上响应的投标。如发现下列情况之一的，招标人有权拒绝其投标：……不具备招标文件中规定的资格要求的……"

问题分析及处理情况

本案反映了采购人和采购代理机构在对投标人的服务机构和维修人员进行要求时，应注意不得含有倾向性或者排斥潜在投标人的内容。

货物采购项目，涉及货物的培训使用及维修服务等问题。按照通常惯例，

招标文件可以要求供应商对所售商品的本地化售后服务提出承诺，要求其在限定时间内提供培训维修服务以保证售后服务质量。但是，在本项目的招标公告和招标文件中规定"投标人注册登记地不在C市的，则在C市应有工商注册登记的服务机构"，这就导致了在招标之前没有在C市工商局注册的供应商都不能参加此次招标。然而，经工商注册的办事机构，并非提供有效售后服务的必要条件，采购人和代理机构制定的招标文件中要求售后服务机构是在本地进行过注册登记的机构，实际上是属于以不合理的条件对供应商实行差别待遇或者歧视待遇。

因此，财政部门认为，《中华人民共和国政府采购法》第22条第2款规定："采购人可以根据采购项目的特殊要求，规定供应商的特定条件，但不得以不合理的条件对供应商实行差别待遇或者歧视待遇。"《政府采购货物和服务招标投标管理办法》（财政部令第18号）第21条第2款规定："招标文件不得要求或者标明特定的投标人或者产品，以及含有倾向性或者排斥潜在投标人的其他内容。"本项目在招标文件中要求提供经工商注册的办事机构，属于以不合理的条件对供应商实行差别待遇或者歧视待遇。《中华人民共和国政府采购法》第36条规定："出现影响采购公正的违法、违规行为的，应予废标。"《中华人民共和国政府采购法》第71条规定："采购人、采购代理机构有下列情形之一的，责令限期改正，给予警告……（四）以不合理的条件对供应商实行差别待遇或者歧视待遇的。"《政府采购货物和服务招标投标管理办法》（财政部令第18号）第68条规定："招标采购单位有下列情形之一的，责令限期改正，给予警告……（四）以不合理的要求限制或者排斥潜在投标供应商，对潜在投标供应商实行差别待遇或者歧视待遇，或者招标文件指定特定的供应商、含有倾向性或者排斥潜在投标供应商的其他内容的。"同时，《政府采购供应商投诉处理办法》（财政部令第20号）第19条规定："财政部门经审查，认定采购文件、采购过程影响或者可能影响中标、成交结果的，或者中标、成交结果的产生过程存在违法行为的，政府采购合同尚未签订的，分别根据不同情况决定全部或者部分采购行为违法，责令重新开展采购活动。"

综上，财政部门作出处理决定如下：本项目违反了《中华人民共和国政府采购法》第22条、第36条、第71条和《政府采购货物和服务招标投标管理办法》（财政部令第18号）第21条、第68条的规定，根据《政府采购供应商投诉处理办法》（财政部令第20号）第19条的规定，决定该项目予以废标，责令采购人重新开展采购活动，责令采购人和采购代理机构进行整改并作出警告的行政处罚。

资料来源：中国政府采购网，时间：2016年11月21日。

【实例2】"量身定制"招标投标

设定门槛"量身定制"，能够中标当地交通项目的主要是襄阳路桥集团和县市区公路局（公路段）下属企业。要想承揽当地交通项目，只有找襄阳路桥集团分包工程，或者借用县市区公路局（公路段）下属企业资质围标。

经调查发现，该市交通工程企业相对排外，能够中标或承揽到大项目的基本是三类企业，其中大部分项目由襄阳路桥集团中标承揽，其次就是各县市区公路局（公路段）下属企业，另外就是当地的私企。

有业内人士透露，"姜某等人在制定招标文件时，可以通过设定门槛巧妙为投标企业'量身定制'。比如要求中标企业必须在当地有搅拌站，仅此一条就将大部分外地企业排除在外"，"如果把这些重点交通项目比作蛋糕，那么姜某就可以通过常务副指挥长身份来切，蛋糕怎么分、分多少，当地这些私企包括县市区公路局都得通过他"。

通过招标门槛量身定制，假借资质围标串标，最后的公开招标投标程序就是走过场。姜某通过这种方式，建议老板杨某借用资质参与南北轴线某标段工程招标，通过围标最终以交通系统某下属企业名义中标，额度达3 491万元。老板姚某在姜某关照下，也是通过同样手段围标获得额度达1.32亿元的工程。姜某最终收受了二人钱物。

该市公共资源交易监督管理局负责人介绍，他们将出台招标投标工作人员"五条禁令"，实行"打招呼"备案制，严禁受人之托打听特定项目信息、严禁向无关人员提供交易信息、严禁干预特定审批事项办理等。目前已受理投诉举报28件、办结24件，处罚金约74.7万元，处罚评标专家20名、招标代理机构1家。

资料来源：中国纪检监察报，时间：2019年10月10日。

问题七：招标人腐败受贿

【实例】一国有事业单位采购人受贿

石某身为中央民族乐团综合部负责人，利用职务便利，用其他公司名义低价承包下了乐团的综合楼并对外出租，在10年时间里共骗取公款近200万元。与此同时，石某还利用负责乐团工程改造等的职务便利，收受他人给予的钱款62万元。近日，北京市三中院以贪污罪、受贿罪，一审判处石某有期徒刑7年，并罚款50万元。

经法院审理查明，被告人石某于2002年4月至2012年底，利用其担任中央民族乐团综合部经理，负责开发、出租以及管理中央民族乐团综合楼及其附属小二楼的职务便利，采取签订房屋租赁合同等手段，以北京某经贸公司的名义自行租赁综合楼后对外转租，骗取公款人民币198万余元。据石某交代，他是在2000年进入中央民族乐团的，担任综合处领导。按照石某的说法，2002年乐团的领导找到他，想要把综合楼往外出租来赚取副业。石某认为个人和单位打交道不方便，就找到朋友潘某。潘某是北京一家经贸公司的老板。随后石某就借用潘某名下公司的名义将综合楼以年租金100万元的价格租了下来。2003年，石某将综合楼租给一家饭店，租金是每年135万元。到了2008年，石某再次将综合楼租给一家宾馆，此时的年租金为235万至240万元。而综合楼附属的小楼也被石某以每年50万元的价格转租出去。除了每年给乐团上缴租金外，其余的钱都落入了石某的口袋。虽然石某称是领导找到他，要求其承包综合楼的，但乐团团长席某作证称，石某是乐团的国家工作人员，乐团是不可能将综合楼给石某自己去经营承包的。席某称，在2013年乐团与北京某经贸公司合同到期后，乐团就直接将综合楼出租，租金一下达到350万元。席某认为，正是石某的行为导致了大量国有资产流失。

此外另经查明，在2008年至2009年，石某利用负责中央民族乐团音乐厅的工程改造及音响等器材购置工作的职务便利，为两家公司中标相关项目提供帮助。为此，石某收受刘某给予的人民币62万元。对于此事，北京某建筑公司法人代表刘某作证称，他在2008年初，听说中央民族乐团的音乐厅要进行装修改造的事情后，便请石某吃饭谈这件事。饭桌上石某就给他介绍了工程的基本情况，刘某表示想把音乐厅装修改造工程拿下来，并表示只要这事能办成肯定会给好处，石某当时就默许了。

在招标工作还没开始时，石某就已经提前和刘某说了招标工作的基本情况和要求，刘某开始做准备。此后刘某的公司顺利中标，通过工程，刘某挣了100余万元的利润。到了2008年底，在一次饭局上，石某对刘某说乐团还有一个500万元的音响设备采购项目，问其能不能做。刘某一看有利可图，再次参与其中。由于两次得到石某"相助"，为表示感谢，刘某往石某账户上打了62万元。团长席某表示，虽然两个工程都已完工，但质量均不合格，其中音乐厅装修、灯光安装质量极差，音响采购存在采购二手音响、质量不过关等现象。

北京市三中院经审理认为，石某身为国有事业单位中从事公务的人员，其行为已构成贪污罪、受贿罪，依法并罚。最终，法院以贪污罪，判处石某有期徒刑5年6个月，罚金30万元；以受贿罪，判处石某有期徒刑三年零六个月，罚金20万元，决定执行有期徒刑七年，罚金50万元。

资料来源：《北京晨报》，时间：2017年7月19日。

第二节　投标人常见的违规行为

问题一：中标人提供虚假业绩骗取中标

【实例1】伪造业绩弄虚作假骗取中标

北京津宇嘉信科技股份有限公司在武汉铁路监督管理局辖区内的铁路工程建设中存在伪造业绩、弄虚作假，以骗取中标的行为，被武汉铁路监督管理局罚款24.574 9万元，公司直接负责的主管人员和其他直接责任人员分别被罚款1.965 9万元、1.474 4万元。

武汉铁路监督管理局行政处罚公开信息〔2021〕第11号显示，投诉举报调查发现，北京津宇嘉信科技股份有限公司在武汉铁路监督管理局辖区内的铁路工程建设中存在伪造业绩弄虚作假骗取中标的行为，违反了《招标投标法》第33条、《招标投标法实施条例》第42条第2款第二项、《铁路工程建设项目招标投标管理办法》第26条第三项的规定。2021年4月29日，武汉铁路监督管理局根据《招标投标法》第54条和《招标投标法实施条例》第68条的规定，对北京津宇嘉信科技股份有限公司作出责令改正，处罚款245749元的行政处罚。根据《招标投标法》第54条第2款的规定，对北京津宇嘉信科技股份有限公司直接负责的主管人员和其他直接责任人员分别处罚款19 659元、14 744元的行政处罚。

5月10日，武汉铁路监督管理局发布铁路工程建设失信行为信息公告称，北京津宇嘉信科技股份有限公司，因在武汉铁路监督管理局辖区内的铁路工程建设中弄虚作假，以骗取中标，被武汉铁路监督管理局认定记录为铁路工程建设严重失信行为，现予以公布，公布期自2021年5月12日至2022年5月11日。同期记录公布为严重失信行为。

北京津宇嘉信科技股份有限公司并非首次因"伪造业绩弄虚作假骗取中标"被罚。上海铁路监督管理局行政处罚公开信息〔2021〕第5号显示，2019年10月，北京津宇嘉信科技股份有限公司在上海铁路监督管理局辖区内的铁路工程建设中存在伪造业绩、弄虚作假，以骗取中标的行为，被上海铁路监督管理局罚款10.028 3万元，同时没收违法所得120.740 8万元，公司直接负责的主管人员被罚款8 022.64元。

资料来源：国家铁路局网站，时间：2020年5月11日。

【实例2】4.4亿的标黄了，因投标时业绩造假

2022年3月25日，浙江省发展和改革委员会发布《浙江省发展和改革委员会行政处罚决定书》（浙发改法字〔2022〕5号），具体内容如下：

浙江省招标投标管理中心接到实名举报，反映一公司在参加"玉环市漩门湾拓浚扩排工程施工I标段"投标时存在业绩造假。

经查，该公司投标文件提供的资格条件业绩"茅洲河界河段综合整治工程（东莞部分）第二标段"的合同工程完工验收鉴定书主要工程量第7项显示清淤疏浚1 051 953.34立方米，而案涉业绩合同工程完工验收鉴定书主要工程量第7项显示软基开挖51 953.34立方米。该公司投标文件提供的合同工程完工验收鉴定书与本机关调取的合同工程完工验收鉴定书的工程量不一致，投标业绩存在弄虚作假。

"玉环市漩门湾拓浚扩排工程施工I标段"为省重点建设项目，中标项目金额为449 500 659元。

浙江省发展和改革委员会决定对当事人作出如下行政处罚：

第一，对该公司罚款人民币4 045 505.93元（按中标项目金额的0.9%计算）。

第二，对该公司参与本次投标活动的直接负责人的主管人员和直接责任人分别处罚款人民币364 095.53元（按单位罚款数额的9%计算）。

资料来源：浙江省发展和改革委员会、郑州市城乡建设局、郑州市公共资源交易中心。

【实例3】一中标企业因人员未达标，被判视同放弃中标

2022年3月16日，青春美寓监理项目在福州市公共资源交易服务中心开标，中标候选人公示显示该项目共有138家监理企业参与竞标，福州大皓建设工程咨询有限公司被评标委员会推荐为第一中标候选人，监理费143.036 4万元。

在中标候选人公示期内，招标人福州市马尾区房地产开发有限公司收到关于对福州大皓建设工程咨询有限公司注册人员数量不满足招标项目资质标准要求的异议。

2022年3月25日，招标人依法组织原评标委员会对评标结果进行了复核。经评标委员会查询"全国建筑市场监管公共服务平台（四库一平台）"，福州大皓建设工程咨询有限公司的房屋建筑工程专业注册监理工程师只有8人，未达到项目要求的乙级房屋建筑工程专业监理资质10人的标准要求。

根据其在投标文件所作的承诺，视同福州大皓建设工程咨询有限公司自动放弃中标候选人资格。招标人福州市马尾区房地产开发有限公司已于3月25日下午在福州市公共资源交易网发布该项目招标失败公示。

资料来源：福州市公共资源交易网、建设通。

问题二：投标人围标串标

【实例】800多万元的项目146家企业围标，被没收2 336万元投标保证金

安徽省安庆市公共资源交易中心通报，146家企业的投标文件商务标中，大型土石方、道路、排水、建筑、安装、安装小土建、绿化部分组价形式等内容，存在不同单位同一子目的消耗量及组价异常相同，组价及补充定额编号异常相同，组价及调整系数异常相同，消耗量及补充定额编号异常相同，组价异常相同等情形。最终，被认定为"串通投标"。

一个120天工期、826万元工程投资的老旧小区改造市政施工，竟然引来省内外146家企业现场参与投标，这在当地监管部门看来"多得有些不正常"。

安徽省安庆市公共资源交易监督管理局发布对安徽恒博建筑工程有限公司等146家企业违法投标行为处理结果的通报，认定这146家企业参与此次投标的行为属于"视为串通投标"情形，按照相关规定，分别没收每家企业16万元，共计2 336万元的投标保证金。

《安庆市公管局关于对安徽恒博建筑工程有限公司等146家企业违法投标

行为处理结果的通报》（庆公管〔2019〕296号）发布，内容如下：

2019年4月22日，安庆经开区天宝新苑、站东花园小区改造工程施工项目在安庆市公共资源交易中心公开开标。开评标时发现，共有146家企业现场参与投标，投标企业数量异常。我局组织专家复核发现，安徽恒博建筑工程有限公司等146家企业的投标文件商务标中大型土石方、道路、排水、建筑、安装、安装小土建、绿化部分组价形式等内容存在不同单位同一子目的消耗量及组价异常相同，组价及补充定额编号异常相同，组价及调整系数异常相同，消耗量及补充定额编号异常相同，组价异常相同等情形。

鉴于以上事实，根据《中华人民共和国招标投标法实施条例》第40条第4款"有下列情形之一的，视为投标人相互串通投标：（四）不同投标人的投标文件异常一致或者投标报价呈规律性差异"之规定，认定安徽恒博建筑工程有限公司等146家企业的投标行为属于"视为串通投标"情形。

现依据《中华人民共和国招标投标法实施条例》第67条，《安庆市公共资源交易监督管理局关于投标人（供应商）及受让人（竞买人）不良行为记录与披露管理暂行办法》第六条第（一）款第12项、第9条之规定及该项目招标文件第二章第17.3.4条之约定，对安徽恒博建筑工程有限公司等146家企业做出如下处理：

第一，对安徽恒博建筑工程有限公司等146家企业各记不良行为记录一次，并予以披露，披露期为六个月，披露时间为自2019年10月21日起，至2020年4月20日止。

第二，安徽恒博建筑工程有限公司等146家企业投标保证金，即每家人民币壹拾陆万元（￥160 000.00元），均由招标人安庆经济技术开发区财政投资建设工程管理中心根据《安庆经开区天宝新苑、站东花园小区改造工程施工招标文件》第二章第17.3.4条之约定及安徽恒博建筑工程有限公司等146家企业投标文件中《诚信投标承诺书》第五条之承诺不予退还。

资料来源：安庆市公共资源交易服务网、网络汇总整理。

问题三：非合理低价中标

【实例】一起非合理低价中标案背后的故事与思考

某市财政部门于2020年5月7日收到乙公司寄来的政府采购检举信，乙公司称，某市城区环卫保洁项目于2020年4月1日上午九点在某市公共资源交易中心开标，该项目预算为360万元，甲公司投标报价为359.53万元，乙公司投标报价为307.27万元，丙公司投标报价为298.321万元，丁投标报价为100.245万元。丁公司的投标报价低于市场最低成本价，明显不合理，属于恶意报价，违法扰乱政府采购市场秩序。理由是，根据招标文件，此项目每月需配置项目负责人及保洁人员20人，该市最低工资标准每月每人1580元，据此推算该项目最低报价应不少于113.76万元（1 580×20×12×3）。因此，乙公司强烈要求取消丁公司投标人资格，重新计算报价得分。

财政部门召集采购人、采购代理机构、四家投标供应商代表，并邀请了该市另外三家绿化养护公司负责人，指定该项目原有的五位评审专家，并重新抽取了三位园林绿化专业的评审专家，组成专家评审小组，召开评审会议。

评审专家从以下两个方面认定投标"明显低价"：

一是投标人报价低于其他通过符合性审查投标人的平均报价的20%，确定为"明显低价"。丁的报价低于甲、乙、丙三家的平均报价的68.84%；

二是投标人的报价低于采购预算的50%，可确定为"明显低价"。本项目采购预算为360万元，丁公司的报价只有采购预算的27.85%，属于报价畸低的情形。

评审小组依法依规评审后一致认为，丁公司的投标价格明显低于市场价，有可能影响产品质量或者不能诚信履约，并出具了"丁公司明显低价"的评审报告。

最终，财政部门认定丁公司报价明显低于市场价。

资料来源：中国政府采购报发布，时间：2020年7月31日。

第三节　招标代理机构常见的违规行为

问题一：招标代理机构与投标人串通投标

【实例】招标代理也疯狂！先后三次与投标人串通投标

2021年9月公布的《云南省通海县人民法院刑事判决书（2021）云0423刑初49号》显示，被告人黄某（女）利用招代理职务便利，先后在三个招标项目中与投标人以串通投标排斥竞争对手、量身定做招标文件、资格预审并提高资质门槛、泄露招标文件信息、泄露竞争对手信息、申请延期开标拖延招标进度等手段无所不用其极，令人瞠目结舌。

案件一

2015—2016年，黄某违规获得玉溪市儿童医院项目的招标代理权。为使云南建投第十建设有限公司中标该项目，黄某与时任玉溪市儿童医院管理有限公司董事长谭某、居间介绍人刘某以及建投十公司相互串通，采取资格预审并提高资质门槛的方式排除竞争对手，后将云南省建设投资控股集团有限公司所有子公司围入预审合格名额中。之后云南建投第六建设有限公司以近1.87亿元中标。刘某通过银行转账和现金的方式给予黄某30万元感谢费。

案件二

2016—2017年，玉溪市国有资本运营集团有限公司下属玉溪市国有资本运营公司与澄江县兴澂建设投资有限公司共同成立澄江奇元文化旅游投资建设有限公司，由奇元公司负责开展澄江化石地博物馆布展项目投资、融资及运营管理。黄某在时任玉溪市国有资本运营集团董事长谭某的授意以及奇元公司董事长王某的安排下，违规获得该项目的招标代理权。

黄某与谭某、彭某以及居间介绍人刘某相互串通，事先约定由彭某的深圳市华南装饰集团股份有限公司中标澄江化石地博物馆布展工程设计项目。为确保顺利中标，由黄某制定有利于华南公司的招标投标文件和评分办法。

但在该招标文件被澄江化石委否定并重新制作新的招标文件后，黄某在招标公告发布前将招标内容泄露给彭某，并为彭某提供竞争对手信息，提供商务报价策略。

彭某联系深圳洲际建筑装饰集团有限公司、深圳长城装饰设计工程有限公司、深圳三森装饰集团股份有限公司、云南远鹏装饰设计工程有限公司、深圳中装建设集团股份有限公司进行围标。在彭某提出延迟开标请求后，黄某积极响应彭某延迟开标的要求，为彭某提供充分的投标文件编制时间。

在评标过程中，黄某帮助深圳华南装饰集团股价有限公司评得高分。深圳华南装饰集团股价有限公司最终以近1.79亿元中标。彭某通过银行转账的方式给予黄悦50万元感谢费。

案件三

2018年，玉溪旅投公司启动玉溪市中玉酒店装修改造项目。黄某通过时任玉溪旅投公司董事长谭某认识了时任玉溪旅投公司总经理杨某。黄某在谭某的授意、杨某的安排下，违规获得玉溪中玉酒店装修改造项目招标代理权。

　　黄某与谭某、彭某以及居间介绍人刘某相互串通，事先约定由彭某找来的深圳公司中标"玉溪中玉酒店装修改造项目"。为确保顺利中标，由黄某按照彭某提供的条件编制招标文件，在招标公告发布前，向彭某泄露招标文件内容。在其他投标公司提出延期开标请求后，黄某按照彭某意愿，未响应其他公司的延期开标请求。

　　彭某联系广东中港装饰股份有限公司、深圳远鹏装饰集团有限公司、深圳中装集团股份有限公司、深圳华南装饰集团股份有限公司、深圳坐标建筑装饰工程股份有限公司进行围标。最终，彭某以深圳坐标建筑装饰工程股份有限公司名义中标该项目，中标合同金额近1.47亿元。彭某通过银行转账的方式给与黄某50万元感谢费。

　　法院还查明，黄某利用其担任玉溪市火车站及站前广场监理项目招代理职务便利，在评标过程中帮助云南城市建设工程咨询有限公司中标，事后收取云南城市建设工程咨询有限公司经营部门经理燕某给予的好处费现金5万元；2016—2020年，黄某为获得玉溪市国有资产经营有限责任公司、玉溪市国有资本运营集团有限公司、玉溪市旅游文化体育投资有限责任公司项目的招标代理权，分八次向谭某行贿共计人民币4.5万元。

　　最终，云南省通海县人民法院判决被告人黄某犯非国家工作人员受贿罪，判处有期徒刑二年零六个月，并处罚金15万元；犯串通投标罪，判处有期徒刑二年，并处罚金10万元；犯行贿罪，判处有期徒刑八个月，并处罚金10万元。总和刑期有期徒刑五年零二个月，并处罚金35万元；决定执行有期徒刑四年零六个月，并处罚金人民币35万元。

　　资料来源：中国裁判文书网，时间：2021年9月7日。

问题二：招标文件中评审因素未量化

【实例】一招标代理机构因"评审因素未量化"被处罚

　　由北京中润达工程咨询有限公司代理的北京信息职业技术学院改善办学条件—实验室建设—商务英语多功能交互实验室改造项目行业应用软件采购项目（招标编号：ZRDX-BJGP-201904067），采用综合评分法，在评分标准中，使用了"可实施性高""可实施性较高""可实施性一般""可实施性较差"等没有明确判断标准的表述，属于评审标准中的分值设置未与评审因素的量化指标相对应的情形。经北京市财政局调查，上述事实违反了《中华人民共和国政府采购法实施条例》第34条第四款的规定，依据《中华人民共和国政府采购法》第71条、《中华人民共和国政府采购法实施条例》第68条第（七）项的规定，并事实有招标文件、询问笔录等证据佐证，北京市财政局给予相应处罚。

政府采购投诉处理决定中经常可以看到对"招标文件评审标准中的分值设置未与评审因素的量化指标相对应"的认定。以上要求需有个前提，只适用客观分，否则各方不能取得一致的意见和看法。

根据《中华人民共和国政府采购法实施条例》第34条及《政府采购货物和服务招标投标管理办法》（财政部令第87号，以下简称"87号令"）第55条的规定，综合评分的因素必须量化为客观分。该规定最大限度地限制了评审专家在评标中的"自由"裁量权。"量化"，指的是目标或任务具体、客观、明确，可以清晰地度量，也就是把抽象的东西，用数字来说话，或者用数字来替代，但不可能所有的评审因素都可以量化。

87号令明确评审因素有主观评审因素和客观评审因素，即实际操作中提及的客观分和主观分。客观分是唯一确定的，一般不宜使用"优""良""中""一般"等含义模糊、容易引起歧义的表述。另一方面，评审标准的分值也应当量化，评审因素的指标量化为区间的，评审标准的分值也必须量化到区间。主观分是指评审专家依据主观判断的打分，属于评审专家"自由"裁量权的打分，与评审专家个人的主观因素有很大关系。主观分，是指评审专家利用自己的知识、经验和判断确定的打分，评审专家可根据自己的判断选择一个打分范围和等级。因此，客观分和主观分可转化。客观分和主观分是相对的，内容设定具体、量化的主观分可以变成客观分。

评审因素确实存在主观评审因素和客观评审因素。细化评审因素一般针对客观评审因素，其不仅仅是为了科学合理地设定评审标准，也是为了制定刚性的客观评标标准，尽可能地减少评审专家的主观分，制约评审专家"自由"裁量权，降低评标风险。在制作招标文件评标办法中宜明确哪些是客观分，哪些是主观分。如果是客观评审因素，必须细化、量化，不得存在有模糊标准或主观判断、推测的内容，一般不得以优、良、中、差等模糊含义作为标准。需要主观判断的一些主观评审因素，分值不宜太高，以免评审专家有太大的"自由"裁量权。评分项的设置应符合本项目实施和履约的需要，精简设置对应分值，评分内容不宜烦琐，避免出现歧视排他性风险。

　　资料来源：政府采购信息报。

第四节　监督管理部门常见的违规行为

问题：相关行政管理部门收受贿赂

【实例1】利用一小时时间差，"内鬼"泄露评标专家名单

　　因熊某等人在招标投标中利用职务之便提前泄露评标专家名单，2021年12月23日，怀化市公共资源交易中心党组研究决定，给予熊某、陈某留党察看1年处分。同日，熊某、陈某受到政务撤职处分，由管理九级职员降为管理十级办事员，工资每人每月减少259元，处分影响期二年。

　　2021年1月24日，怀化一学校迁建工程招标，在怀化市公共资源交易中心抽取专家评委。25日9时44分，湖南省公共资源交易中心通知被系统抽中的朱某等7名评委，于当日14点50分到怀化市公共资源交易中心参与评标。

　　25日14时40分许，湖南省公共资源交易中心将相关专家名单信息推送至怀化公共资源交易中心，15时25分评标专家进入评标室。"这样一个工作闭环，只有一小时不到的时间差，却被'内鬼'和不法人员内外勾结给利用了。"怀化市纪委监委相关负责人说。

　　原来，怀化公共资源交易中心信息技术与市场服务科工作人员熊某早在评标前，就受参与投标的某公司委托人所托，等省里将专家名单发给怀化公共资源交易中心，就与本单位抽取室工作人员陈某合谋，将专家名单搞到手，交给该公司委托人。

　　省里将名单推到怀化系统的同时，熊某找到陈某借走打印专家名单的CA证书，在办公室将该项目的评委专家名单私自打印出来，跑到怀化公共资源交易中心家属区后院，交给在那里等候多时的委托人。事后，熊某收到感谢费4 000元，与陈某平分。

　　收到名单后，该公司委托人利用专家进入评标室前的这段时间，先后给3名专家评委打电话，请他们在评标中给予照顾。3名专家评委的评分结果显示，第一名均为该公司。

　　"在全省工程建设招标投标突出问题专项整治期间顶风作案，必须严查严惩。"怀化市纪委监委收到相关情况的举报后，怀化市纪委监委主要负责人迅速做出安排。

调查组随即展开调查，很快查实了熊某、陈某顶风违纪违法问题。两人主动交代，从2020年12月开始，以同样的方式受同一人之托提前泄露评标专家名单3次。

据熊某交代，每次事成后他会收到对方送来的感谢费4 000元，都分了一半给陈某。目前，2人已将违纪违法所得上交国库，相关监管人员、专家和某公司及其涉及人员均受到相应处理。事实上，熊某二人处分期工资不能调级，无年终绩效考核奖，每人损失正当收入5万元以上，真是得不偿失。

资料来源：中央纪委国家监委网站，时间：2022年1月4日。

【实例2】北京地税官员受贿550余万元判无期

收受好处，暗中帮企业中标，随后又在幕后介入企业财务运作，市地方税务局原副巡视员任某某因受贿550余万元，近日被市一中院判处无期徒刑并剥夺政治权利终身。

据检方指控，2007年初，任某某利用职务便利，接受航天信息股份有限公司代理商——北京曜辉达科技发展有限公司王某和刘某的请托，向下属打招呼，为航天公司在招标投标中中标提供帮助，进而牟取利益。

56岁的任某某在供述中称，副巡视员并不属于有业务实权的职位，真正的"权力"始于2007年自己成为地税局"推广应用国标税控收款机领导小组"副组长之时，此时她才有了左右投标结果的能力。

任某某上任不久，和其私交甚笃的王某就找上了门，希望能帮助航天公司中标。

"如果没有门路，后参与竞标的公司很难中标。"航天公司有关负责人这样说。

通过王某和刘某的"努力"，任某某终于向下属、负责招标投标项目的计财处副处长彭某发话：航天公司是"大猫"的关系，多关照一下。

就凭这句话，航天公司顺利中标。随后，航天公司正式和曜辉达公司签约，认定其为代理商。表面上，这是航天公司"投桃报李"，实际上是为任某某"广开财路"。

据检察机关调查发现，曜辉达公司实际只有三个股东，分别是任某某、王某和刘某，其中，王某和刘某是实际出资人，但在股份分配上，二人只各占30%，其余股份全归分文不出的任某某。为了避免露出马脚，三人均把股份记在亲友名下。任某某还不放心，曾一再叮嘱王、刘二人和家属：记住，曜辉达公司和我没有任何关系！

这家和任某某"没有关系"的公司，此后却成为任某某的主要经济来源：每月该公司为任某某报销4万元开支，包括加油、修车、物业费等，至2009年案发，报销总额达108万元；王某等人还经常利用公司财务，赠送任某某各种礼物，包括电视、手机、手表等，其中最名贵的礼物是一辆奥迪A4；嫌"小钱"来得太慢，任某某得知公司有近千万元闲置资金时，提议三人私分，她一次性获得钱款400万元，购买了西三环附近的一套商品房。

2009年，地税局腐败窝案浮出水面，任某某为了逃避审查，曾一次性归还曜辉达公司200万元，但于事无补，她依然要接受法律的惩处。

法院审理认为，任某某身为国家工作人员，利用职务便利，非法收受他人财物，为他人谋取利益，其行为已经构成受贿罪，并且受贿金额特别巨大，其行为严重侵害了国家工作人员职务的廉洁性。最终，法院作出相应的判决。

资料来源：《北京日报》，时间：2011年4月25日。

第五节　评标专家常见的违规行为

问题：评标专家腐败受贿

【实例1】7个标段，5个被操控，5名评标专家被判刑

2020年11月17日，河南综合评标专家库对5名评标专家进行公开通报。

2018年8月2日至8月5日，李某等5人作为省综合评标库专家，被随机抽取参加鹤壁市淇滨区2018年山丘区五小水利工程项目的评标活动。5人接受请托人高额好处费，相互串通，瓜分标段，共同给请托人委托公司打高分，违规操纵评标结果。该项目共7个标段，前5个标段的中标候选人第一名均是被5人共同操纵产生的，性质极其恶劣。

李某等5人无视法律规定，故意犯罪，最终承担了法律责任。就案件可能涉及的几点法律相关规定特提醒大家：

关于对共同犯罪相关的警示提醒

5人共谋操作评标并获取好处费，有共同收受他人贿赂的主观故意和行为，最终法院并不以每人实际收受好处费金额认定受贿金额，而以5人受贿总额认定每人的受贿金额。

关于对非国家工作人员受贿罪相关的警示提醒

5人受贿金额超过6万元，已触犯刑法，处五年以下有期徒刑或者拘役。

关于对公职人员犯罪相关的警示提醒

受贿属于故意犯罪，公职人员一旦故意犯罪，不论是否缓刑，均被开除公职。

经鹤壁市中级人民法院终审，5人均触犯刑法，判处有期徒刑一年到一年零六个月不等，缓期一年到二年不等。

资料来源：河南综合评标专家库网站，时间：2020年11月17日。

【实例2】评标专家的生意经

江苏省常州市新北区人民法院公开审理了区水利管理服务中心工作人员王某受贿一案。王某一审获刑三年零八个月，并处罚金人民币25万元。

此前，新北区纪委监委收到群众举报，反映王某涉嫌收受贿赂等违纪违法问题。作为单位唯一具有水利工程技术资格的专家，王某熟稔从招标投标资格审查到开标评标、从水利工程量测算到现场施工监管的全流程，是当地水利系统的"行家里手"，在业内有一定影响力。

这样的行家一旦利用其掌握的专业知识钻制度漏洞，破坏力更大。由于举报内容较具体、具有较强可查性，区纪委监委随即成立调查组开展核查。

通过全面调取、分析研判银行流水、通信记录等信息，调查组发现，这位"行家"并未将自己的专业优势用在正道上。在水利工程招标投标环节，王某既作为专家评委对投标单位进行资格审查和评分，又代表监管部门对水利工程质量进行监管、对现场施工矛盾进行协调。久而久之，王某与投标单位结成"利益共同体"，对经手的水利工程雁过拔毛，多次导演串标让标、违法分包、虚报工程量的肮脏"交易"。

2020年9月22日，常州市公共资源交易平台发布了一则该区河道综合整治工程的招标公告，公告要求投标人必须具备"水利水电工程施工总承包三级及以上"资质。然而，在公告发出前，熟知内情的王某便将工程招标投标信息透露给了常州兆丰建筑工程有限公司法人代表赵某:"想不想做这个工程?想做的话,拿15万元来,我来操作。"

王某口中的"操作",其实是一条明码标价的灰色"利益链"。原来,赵某的公司不具备水利工程施工资质,王某示意他通过借用资质来满足招标条件。两人通过支付"让标费"的形式,找到多家彼此熟悉且有资质的单位共同参与陪标,在开标前相互串通投标报价,以此提高中标率。

完成这一环节后,王某将从赵某处得到的"操作费用"拿来向第三方服务公司测量队员工行贿,促使"交易"顺利进行。不日,该工程中标公告发出,赵某如愿竞标成功。在这项标的79.86万元的项目中,王某一人就拿了11万元的好处费。

随着调查的深入,工作人员逐渐查清王某利用具体负责水利配套工程建设管护、参与评标、防汛物资采购等职务便利"靠水吃水",索取、收受他人贿赂的问题。区纪委监委依法对其立案审查调查,并采取留置措施。因初核工作扎实,仅用7天时间,调查组便攻破了王某的心理防线,王某主动供述其受贿财物共计70余万元的犯罪事实。

针对调查中发现的监管漏洞,新北区纪委监委制发纪检监察建议书,督促区水利部门针对案件中暴露出的问题建章立制,以案促改并加强管理。目前,区水利部门已健全招标投标运行、工程量测算、工程发包、施工质量监管等准入机制和监督制约机制,改进资格预审办法,严格开评标现场管理,堵塞制度漏洞,防范廉政风险。

资料来源:中央纪委国家监委网站,时间:2021年8月2日。

第三章 招标采购后评价的概念及相关理论

第一节　招标采购后评价的基本概念

一、招标采购后评价的概念综述

招标采购后评价，是指在招标工作完成且合同签订后，组织专门班子按照国家颁布的相关法律法规，如《中华人民共和国招标投标法》《中国人名共和国政府采购法》《中华人民共和国民法典》等，对项目招标过程的合法合规性、科学合理性、投标人投标表现、招标代理机构的服务质量以及招标成果等情况进行综合评价。评价结果反映了自身在行业及企业内部所处的水平，对相关问题作出了一定的界定，可用来指导和完善未来即将发生的一系列招标采购活动，是一项具有前瞻性的工作。

通过积累丰富的招标采购后评价实践经验，并在实践中不断学习和借鉴优秀的方法理论，在对招标采购后评价作出初步解读后，中城天工对其概念做了进一步的阐释与分析。

相对于企业投资项目后评价，招标采购后评价则更专注于招标采购工作过程本身的规范程度。其包括对独立项目的后评价、集团企业的后评价以及政府相关主管部门发起的专项整治工作等，不仅可以审查项目具体操作过程中的规范性问题，对进行招标采购的项目所涉及的资金流转也是一种监督，是一种综合性的技术经济活动。招标采购后评价工作最终成果文件则是完整的招标采购后评价报告，是政府和集团企业及时作出整改和自我完善的重要参考，对提升整体效益有借鉴意义。

在政府或企业招标采购工作过程中，从项目的立项批复到最终与供应商签订合同，其中不仅涉及供应商的选择过程，还涉及财务资金流转等方方面面的问题，招标采购后评价工作则需要对这一系列数据进行系统、客观的分析，并结合项目背景与相关法律法规进行多维度、多跨度的横纵对比，得出综合性的后评价报告，为进一步提高项目投资效益提出切实可行的建议。

二、本书对招标采购后评价的界定

本书中招标采购后评价工作的基本思路就是依据招标采购相关法律知识

建立全面后评价方法理论，对招标采购管理与实施工作进行梳理与总结，应用专业的后评价模型发现并指出制度及招标采购工作中存在的问题，以提出具有现实意义的合理建议。

国家相关部门与行业协会制定的一系列法律法规及规范性文件，使得招标采购工作有法可依，对招标采购后评价的开展奠定了可靠的法律基础。

随着《中华人民共和国招标投标法》《中华人民共和国招标投标法实施条例》《中华人民共和国民法典》《中华人民共和国审计法》等法律法规的颁布、实施及修订，国家对于使用国有资金进行的招标采购活动将使用越来越严格的监管手段。近年来在纪检监察部门的反腐和巡视工作中，招标采购领域一直是监管和审查的重点。《招标采购代理规范》的实施，也使招标采购工作逐步规范化迈出了重要一步。

招标采购后评价是基于招标采购过程的"不可逆"性产生的，招标采购过程的不可逆使得事前缺乏专业性的招标采购活动，经常会面临事中事后无法补救的局面。因此，定期进行招标采购工作的后评价，以梳理、发现问题，并及时进行整改和完善是非常有必要的。

第二节　国内外招标采购项目后评价的发展历程及趋势

一、国外招标采购项目后评价的发展历程及趋势

国外较早出现了"项目后评价"概念，20世纪30年代的美国首先开始进行政府采购公共投资项目后评价活动，这通常被认为是项目后评价的开端。但招标采购实施过程的规范性有待做进一步研究，招标采购后评价理论模型的构建尚处于探索阶段。

招标采购后评价是在一种新的经济交易形式下产生的，与项目后评价概念不同，在西方资本主义国家政府采购中出现过类似概念，即"政府绩效评价"。

政府绩效评价是政府招标采购和项目后评价概念的结合，但其主要评价内容是招标采购后的经济及社会效益并非招标采购本身。最早将政府绩效评价应用到政府采购管理中的是20世纪50年代美国的绩效预算制度。在西方国

家看来，实行政府采购的目的是提高资金效率和防止腐败，强调"物有所值"（value for money）原则，即在投资项目的全项目周期，通过招标采购形式使政府用最少的财政投入得到最大的产出。

自"新公共管理"理念提出以来，改革政府采购方式、提高政府采购绩效已成为西方国家改善政府绩效最为关注的问题之一。随着经济全球化的不断发展，各国均制定了相关政策来对采购项目做进一步规范，以美国为代表的多数发达国家已逐步形成面向中央政府、地方政府和私营企业公司的独立后评价体系，而以印度为代表的发展中国家也开始探索并建立了后评价制度体系。招标采购后评价虽是对政府采购项目展开的，但并未就招标采购工作本身的规范程度形成专业性的后评价管理体系。

（一）发达国家的后评价

美国的后评价机构为美国会计总署，主要对美国政府采购活动的公共支出绩效进行评价。经过市场经济和社会形态的不断发展，美国对政府采购的公共投资项目开展了较为全面的后评价工作，后来逐步应用到不同领域和行业中。20世纪60年代，美国政府提出"向饥饿宣战"（way on poverty）计划，振兴国民经济，其中使用了巨额国家预算资金投入到建设中，促进了政府采购项目后评价的进一步发展。1994年，美国高级采购研究中心发布《国家和地方政府采购行为水准测评》，体现了将政府采购活动和后评价理论相结合的理念。但此时美国的后评价工作并未深入发展到针对招标采购过程制定专业性后评价工作管理规范的阶段。

德国政府采购也称公共采购，其范围非常宽泛，且采购的规模也非常庞大。为更好地实现管理监督职能，在审查程序方面，联邦和州政府都设立了政府采购审查办公室（以下简称"审查办公室"），并提出了政府采购后评价工作的目标。依据《反限制竞争法》，供应商对政府采购有争议的可向联邦和各州政府采购审查办公室提出审查申请，但此时德国对招标采购的监督控制在监督执行的范围之内，对招标采购工作本身的后评价还处于起步阶段。

加拿大的后评价历史可追溯到20世纪60年代初，当时的加拿大联邦政府建立了一个综合和持续的后评价机构。1969年，国库委员会建立了计划局。1977年建立了总监办公室，其主要任务是进行效率和效果评价，即后评价。1991年1月，参议院全国财政党务委员会提供了一份关于其对加拿大联邦政府后评价的研究报告。1991年秋，加拿大举行了一系列关于财政部税收政策后评价机构重组的听证会。目前，加拿大政府正在考虑把后评价与项目实施过程中的评价结合起来。大部分加拿大人把实施过程中的评价看作总的后评价的一个组成部分，且认为最好的后评价方法是把后评价和实施过程中的评价结合起来，使之成为一个整体，促进了招标采购后评价的发展。

（二）发展中国家的后评价

随着项目后评价在西方发达国家的陆续开展，发展中国家也逐步加入"后评价"的发展队列，据联合国开发署统计，早在1992年就已有85个较不发达国家成立了中央评价机构，但并未形成专业的招标采购后评价体系。

印度是项目后评价发展较早且较为典型的发展中国家。为了国家经济发展计划顺利实施，在第一个五年计划（1951—1955年）期间，印度在计划委员会内成立规划评议组织（PED），负责组织项目后评价。除中央的规划评价组织外，印度各联邦还设有联邦评议组织（SED），负责组织各联邦政府的项目后评价工作。印度后评价的制度和方法在不断的实践中逐步完善，其后评价的范围逐步扩展，涉及工业、农业、教育、医疗等多个行业。在评议人员方面，不断完善中央和各邦专业评议员管理制度，扩大后评价机构规模。印度作为发展中大国，项目后评价领域已逐渐走向成熟，但在项目前期的招标采购环节并未形成专业的后评价理论。

通过对各国后评价发展历史的研究，各国的招标采购后评价发展状况都处于不同程度的项目后评价理论阶段，在"新公共管理"下更偏向于政府采购的绩效评价，但招标采购后评价体系未形成统一规范。

在经济全球化背景下，项目全过程进行评价理论得到广泛推广及应用，后评价机构不断规范化和法制化。同时，集团企业逐步发展壮大，与政府采购项目后评价一样，企业项目后评价也得到迅猛发展。政府和企业后评价理论的不断发展也使招标采购后评价理论的发展获得了巨大的推动力。

二、国内招标采购项目后评价的发展历程及趋势

（一）项目后评价概念的引入及发展

我国的后评价概念也是由项目后评价概念发展而来的，我国的项目后评

价总体起步较晚，开始于20世纪80年代中后期。

国家发展和改革委员会是我国最早开展后评价工作的部门，在1988年和1989年，其先后下发文件，首先在外资贷款项目中进行后评价工作，这标志着项目后评价在我国的正式开始。

随后国家发展和改革委员会又于1990年和1991年分别下发了《后评价项目通知》和《国家重点建设项目后评价暂行办法》。这两个文件是我国中央政府部门最早制定的有关后评价的政策法规，对各行业部门和地方政府进行项目后评价起到了很大的帮助作用，是行业主管部门制定行业后评价规章制度的依据。

此外，交通部、中国石油天然气总公司、中国银行等机构也陆续出台了项目后评价的有关政策法规开展项目后评价工作，如《公路建设项目后评价报告编制办法》《石油工业行业重点建设项目后评价实施方法》《授信风险管理后评价试行办法》等，这一举措丰富了我国后评价的理论，有力地促进了我国项目后评价的发展。

项目后评价在我国的深入发展为招标采购项目后评价的出现奠定了坚实的理论与实践基础。招标采购后评价工作最早出现于政府招标采购活动中，其中尤以工程建设项目为主，后评价工作倾向于工作水平和招标工作效率的评价，尚未形成统一标准的、权威性的指导性规范文件，目前处于初级发展阶段。

（二）中央各部委领导下的招标采购领域专项整治工作逐级开展

基于国际政府采购绩效评价理论的发展与实践，我国积极学习和借鉴国外宝贵的经验，结合本国实际情况，在政府源头防腐的监督法治体系建设下，积极响应国家"放管服"的改革政策，建立新型政府采购，初步建立了政府采购领域的后评价工作体系。政府采购专项整治工作在中央以及各地方政府的领导下陆续开展，并自上而下制定出一系列规范性文件。

中共中央于2008年6月22日印发《建立健全惩治和预防腐败体系2008—2012年工作规划》（以下简称《工作规划》），此规划是坚持落实全面贯彻党的十七大精神的重要指导文件，目标是经过5年的扎实工作，建成惩治和预防腐败体系基本框架，进一步落实建立健全惩治和预防腐败体系。

《工作规划》是对招标采购后评价工作的纲领性指导文件，强调要推进现代市场体系建设及相关改革，完善工程建设项目招标投标制度工作首当其冲。

《工作规划》对招标采购工作提出了各项要求，在招标采购过程方面，要求实施严格的资格预审、招标公告发布、投标、评标、定标以及评标专家管理制度和惩戒办法；在有效监督方面，要求健全工程建设项目招标投标行政监督机制；在形式创新方面，提出研究制定电子化招标投标办法，逐步构建统一的招标投标信息平台，实现信息资源公开、共享，扩大政府采购范围和规模；在政府采购方面，要求严格实行"管采分离"，加强对政府采购各个环节的监管，同时研究建立统一的电子化政府采购系统，并规范国有企业物资采购招标投标工作。

在中共中央印发的《工作规划》指导下，推动了包含招标采购工作管理机制在内的反腐倡廉系列工作的快速发展，为中央各政府行政主管部门开展采购专项整治活动奠定了坚实的政策基础。

中共中央办公厅、国务院办公厅于2009年8月19日印发了《关于开展工程建设领域突出问题专项治理工作的意见》，并发出通知，目的在于规范工程建设领域市场交易行为和领导干部从政行为，维护社会主义市场经济秩序，促进反腐倡廉建设。该意见提出，专项治理主要任务之一是进一步规范招标投标活动，促进招标投标市场健康发展。在此意见中重点强调了工程建设领域中存在的问题，如一些招标人和投标人规避招标、虚假招标、围标串标、转包和违法分包，以及一些招标代理机构违规操作和有的专家评标不公正等。

在治理措施上，建议加快编制完成行业标准文件，实现招标投标规则统一，并做好《标准施工招标资格预审文件》《标准施工招标文件》贯彻实施工作，整合和利用好各类有形建筑和建设市场资源，建立健全统一规范的工程建设有形市场，充分利用网络技术等现代科技手段，积极推行电子化招标投标。制定全国统一的评标专家分类标准和专家管理办法。加强中介组织管理，严格土地使用权、矿业权价格评估的监管，规范招标代理行为。

国务院国有资产监督管理委员会于2011年1月28日印发《关于中央企业工程建设领域突出问题专项治理整改工作的指导意见》。指导意见指出，开展工程治理整改工作，是中央企业工程治理工作的重要步骤。指导意见就违规招标行为这一突出问题提出整改意见：一要着重纠正不按招标项目批复内容招标、擅自改变招标方式、随意使用邀请招标、公开招标比例不高，甚至不招标的问题；二要取消违反公开、公正、公平原则，擅自设立的行业或企业系统保护性招标条款；三要纠正不按法定要求的内容、时间和媒体发布招标信息的问题；四要着重纠正投标资质预审不严格、不按规定确定评标委员会组成人员、不按规定确定中标单位的问题；五要纠正评标不严格、走过场，甚至"违规分包"等违规问题，并提出纠正大宗物资不按规定招标投标或比质比价的行为。

2018年11月8日国务院办公厅发布了《关于聚焦企业关切进一步推动优化营商环境政策落实的通知》（国办发〔2018〕104号），以加强事中事后监管，落实"放管结合、并重"的政策要求。通知要求："发展改革委要组织开展招标投标领域专项整治，消除在招标投标过程中对不同所有制企业设置的各类不合理限制和壁垒。"

国家发展和改革委员会、工业和信息化部、住房和城乡建设部、交通运输部、水利部、商务部、铁路局、民航局于2019年8月20日联合印发关于《工程项目招投标领域营商环境专项整治工作方案》的通知（发改办法规〔2019〕862号），在全国开展工程项目招标投标领域营商环境专项整治工作。

工作目标中提出"依法规范招标代理机构和评标专家行为，督促各级招标投标行政监督部门依法履行监管职责，切实有效解决招标投标活动中市场主体反映强烈的突出问题"。整治内容上提出"根据《招标投标法》《招标投标法实施条例》等有关规定，清理、排查、纠正在招标投标法规政策文件、招标公告、投标邀请书、资格预审公告、资格预审文件、招标文件以及招标投标实践操作中，对不同所有制企业设置的各类不合理限制和壁垒"。并根据招标投标领域重点问题做了18条总结归纳，是对招标采购规范化过程的深入研究，为各部委开展招标投标领域营商环境专项整治工作、规范招标采购过程作出重要指导参考。

为深入贯彻落实《国务院办公厅关于促进建筑业持续健康发展的意见》（国办发〔2017〕19号）、《国务院办公厅转发住房和城乡建设部关于完善质量保障体系　提升建筑工程品质指导意见的通知》（国办函〔2019〕92号），积极推进房屋建筑和市政基础设施工程招标投标制度改革，加强相关工程招标投标活动监管，严厉打击招标投标环节违法违规问题，维护建筑市场秩序。2019年12月19日，住房和城乡建设部印发《住房和城乡建设部关于进一步加强房屋建筑和市政基础设施工程招标投标监管的指导意见》（建市规

〔2019〕11号），以促进相关监督管理行政主管部门的专项整治监督工作的有效开展。

中央纪委国家监委驻住房和城乡建设部纪检监察组于2020年7月19日发布了开展以工程建设领域腐败问题专项整治为主题进行视频远程教育培训的通知，督促配合住房和城乡建设部在工程建设领域腐败问题整治工作。其中，重点提出招标投标阶段的问题是工程建设领域腐败的关键性环节，要求聚焦房屋建筑和市政基础设施工程建设领域恶意竞标、强揽工程、转包、违法分包、贪污腐败等突出问题并开展专项整治，强化源头治理，构建长效常治的制度机制。

国家发展和改革委员会联合11部委于2021年2月25日印发《关于建立健全招标投标领域优化营商环境长效机制的通知》（发改法规〔2021〕240号），进一步深化招标投标领域营商环境专项整治，深化"放管服"改革，优化营商环境，有效促进了各地专项整治的开展。

2021年8月31日，住房和城乡建设部办公厅发布《关于开展工程建设领域整治工作的通知》（建办市〔2021〕38号）。深入学习贯彻党的十九大，以及十九届二中、三中、四中、五中全会精神，认真贯彻落实党中央关于常态化开展扫黑除恶斗争的决策部署，聚焦工程建设领域存在的恶意竞标、强揽工程等突出问题，严格依法查处违法违规行为，及时发现和堵塞监管漏洞，建立健全源头治理的防范整治长效机制，持续规范建筑市场秩序。

（三）地方招标采购后评价体系初步建立

在中央各部委对开展招标投标领域专项整治工作的引领下，地方各级行政主管机构也不断出台相应的规章制度与规范要求，深圳、北京、宁夏、黑龙江等地也出台了相应的规范性指导文件，推动全国范围内政府采购规范性后评价工作的不断发展。

深圳市住房和建设局于2017年4月20日印发了关于《深圳市建设工程招标投标情况后评估工作规则（试行）》的通知，其中第2条明确规定，建设工程招标投标情况后评估（以下简称"标后评估"）是指招标投标活动完成后，由建设工程招标投标监督部门对其监管招标项目的招标投标活动过程是否符合公开、公平、公正及诚实信用原则，招标结果是否合理进行的评估。并对标后评估时间和方式作出指导意见，初步形成了招标采购后评价基础指标模型。

根据《关于开展工程建设领域整治工作的通知》（建办市〔2021〕38号及《北京市住房和城乡建设委员会常态化开展扫黑除恶斗争工作实施方案》（京建发〔2021〕318号）的要求，北京市住房和城乡建设委员会于2021年10月28日印发《关于开展房屋建筑和市政基础设施工程招标投标专项检查整治工作的通知》（京建发〔2021〕347号），明确工作目标为"到2022年6月底，房屋建筑和市政基础设施工程招标投标乱象和突出问题得到有效整治，招标投标监管制度进一步完善"。

宁夏回族自治区发展和改革委员会于2021年3月23日发布《自治区发展改革委关于加快推进工程建设领域突出问题专项治理自查整改工作的通知》，要求自治区有关部门、各地发展改革部门指导监督项目实施单位认真填写《依法必须招标的工程建设项目自查自纠情况表》，推动专项治理工作取得实效。

宁夏回族自治区财政厅于2021年6月8日发布《财政部关于2021年开展全国政府采购代理机构监督评价工作的通知》（财库〔2021〕24号），明确采取"先检查，后评价"的方式是对专业性招标采购工作的监督与检查，检查指标包括采购代理、采购文件、信息发布、评审小组、评审过程、中标/成交、合同管理、保证金、档案、质疑处理等方面。

银川市公共资源交易中心于2021年2月23日发布《关于开展工程建设政府采购等重点领域突出问题专项治理工作实施方案》银公资交〔2021〕4号，并成立中心专项治理工作领导小组及办公室。公共资源交易中心发布的实施方案，有力推动了专项治理工作的发展。

黑龙江省财政厅于2021年7月19日印发《黑龙江省本级政府采购领域突出问题专项整治工作实施方案》（黑财采〔2021〕18号）的通知，明确重点整治范围为党的十八大（2012年11月）以来实施的政府采购项目，特别是公开招标限额以上的政府采购项目，整治内容包括围标串标、违法发包转包等方面，对围标串标问题和违法发包转包规定更为具体化和专业化；监督方面成立专项整治工作专班，推动全省政府采购领域营商环境实现根本性转变。

我国政府采购专项整治工作在中央以及各地方政府的领导下陆续开展，初步确立了政府采购活动中工程建设项目后评价体系。相对于政府招标采购后评价工作的实践与发展，企业和建设工程系统的招标采购后评价工作仍处于探索阶段，尚未建立起专项统一的规范性指导文件。

在1998年原国家计委机构改革之前，国家重点项目的后评价工作由重点项目建设司负责，改革后由新成立的重点项目稽查办公室负责，未设立专门的评价机构。也未建立起的统一的后评价指导体系。

随着政府相关部门对工程建设系统招标采购方面的整治工作的逐步推行，相关学术研究者也对建设工程行业招标采购后评价制度作出了初步探索。例如，建筑经济期刊发表《工程货物招标采供后评估研究》一文，简要列明了各项评估指标，制定了工程货物采供招标工作后评估表，分析了工程货物采供招标预期、采供招标实施和采供标后管理三个方面的后评估工作，提出了工程货物招标采供后评估的推进措施。

（四）国有企业招标采购后评价的探索与发展

国有企业作为一种生产经营组织形式，同时具有营利法人和公益法人的特点，有一定的公共属性，其营利性体现为追求国有资产的保值和增值。政府的意志和利益决定了国有企业的行为，因此国有企业资产管理一直是国家各部委进行监督审计和纪检工作的重点。近年来，中纪委、审计署及中央巡视组等监督管理部门曝光了部分国有企业招标采购过程中的虚假招标、暗箱操作等问题，使得国有企业招标采购活动成为相关部门监督检查的重点，促进了招标采购后评价的发展。

1.在规范控制上

2019年3月18日，中国物流与采购联合会发布公告，批准发布《国有企业采购操作规范》团体标准，自2019年5月1日开始实施。

2020年6月15日，中国物流与采购联合会发布《国有企业采购管理规范》，该标准作为一项推荐性团体性标准，提炼和总结了40多家国有企业的采购管理经验，借鉴了联合国贸易法委员会发布的《公共采购示范法》和国外公共采购法律法规的部分做法，由国家电网公司、中航集团、中国电信、中国银联、北京筑龙等10家企业联合起草，中国移动、中国银联、中国石化、中国一汽等38家相关企业和机构参与编制，于2020年6月15日起实施，是我国国有企业采购管理领域第一个团体标准。

《中华人民共和国企业国有资产法》、中国物流与采购联合会发布的《国有企业采购操作规范》《国有企业采购管理规范》，中国招标投标协会出台的《招标代理服务规范》《非招标方式采购代理服务规范》《非招标方式采购文件示范文本》，以及财政部会同证监会发布的《企业内部控制基本规范》（财会〔2008〕7号）等等，为国有企业采购提供了规范性实施方案，规范了招标采购活动，同时，有利于国有企业的招标采购后评价工作的开展。

2.在监督上

国务院于2003年5月13日发布《企业国有资产监督管理暂行条例》，要求国有资产监督管理机构"加强企业国有资产监督管理工作，促进企业国有资产保值增值，防止企业国有资产流失"，以实现国有资产保值增值。该条例于2019年3月2日修正。

2015年8月24日，中共中央国务院印发《关于深化国有企业改革的指导意见》（中发〔2015〕22号），以提高国有资本效率、增强国有企业活力为中心，完善产权清晰、权责明确、政企分开、管理科学的现代企业制度，完善国有资产监管体制，防止国有资产流失。

国务院办公厅于2015年10月31日印发《国务院办公厅关于加强和改进企业国有资产监督　防止国有资产流失的意见》（国办发〔2015〕79号），规定"健全涉及财务、采购、营销、投资等方面的内部监督制度和内控机制"，"严格规范境外大额资金使用、集中采购和佣金管理确保企业境外国有资产安全可控、有效经营""严肃查办发生在国有企业改制改组、产权交易、投资并购、物资采购、招标投标以及国际化经营重效领域和关键环节的腐败案件"。

2016年，国务院办公厅颁布《关于建立国有企业违规经营投资责任追究制度的意见》（国办发〔2016〕63号），规定了招标采购中违法违规行为的责任追究制度。

为依法履行出资人职责，建立完善以国有资本为主的国有资产监管体制，推动中央企业规范投资管理，优化国有资本布局和结构，更好地落实国有资本保值增值责任，2017年1月7日，国务院国有资产监督管理委员会印发《中央企业投资监督管理办法》。

2017年1月11日，中共中央办公厅、国务院办公厅印发《关于创新政府配置资源方的指导意见》，要求创新资源配置监管方式，加强和完善全过程监管，"规范招标人、投标人、评价人、中介机构等相关方行为，依法依规公开相关信息，确保公共资源配置全过程公开透明"。

2018年1月4日，国家发展和改革委员会发布《企业投资项目事中事后监管办法》（国家发展和改革委员会第14号令）。

根据《中华人民共和国公司法》《中华人民共和国企业国有资产法》《企业国有资产监督管理暂行条例》《国务院办公厅关于建立国有企业违规经营

投资责任追究制度的意见》等法律法规和文件，2018年7月30日，国务院国有资产监督管理委员会印发《中央企业违规经营投资责任追究实施办法（试行）》，加强和规范中央企业违规经营投资责任追究工作，进一步完善国有资产监督管理制度，落实国有资产保值增值责任，有效防止国有资产流失。

2020年12月26日，第十三届全国人民代表大会常务委员会第二十四次会议通过了《全国人民代表大会常务委员会关于加强国有资产管理情况监督的决定》。此规定的发布促进了全国各地国有资产管理监督工作。

2021年5月27日，内蒙古自治区第十三届人民代表大会常务委员会第二十六次会议通过《内蒙古自治区人民代表大会常务委员会关于加强国有资产管理情况监督的决定》。

2021年9月29日，广东省第十三届人民代表大会常务委员会第三十五次会议通过《广东省人民代表大会常务委员会关于加强国有资产管理情况监督的决定》。

2021年9月30日，山东省第十三届人民代表大会常务委员会第三十次会议表决通过《山东省人民代表大会常务委员会关于加强国有资产管理情况监督的决定》。

2022年1月17日，云南省第十三届人民代表大会常务委员会第二十八次会议通过《省人大常委会关于加强国有资产管理情况监督的决定》。

2022年3月25日，新疆维吾尔自治区第十三届人民代表大会常务委员会第三十二次会议通过《新疆维吾尔自治区人民代表大会常务委员会关丁加强国有资产管理情况监督的决定》。

3.在审计上

国务院国有资产监督管理委员会于2004年8月23日发布《中央企业内部审计管理暂行办法》（国务院国资委令第8号），规定中央企业内部审计机构应当履行"对本企业及其子企业的物资（劳务）采购、产品销售、工程招标、对外投资及风险控制等经济活动和重要的经济合同等进行审计监督"的职责，"纠正违规行为，规避经营风险"。

2010年10月，中共中央办公厅、国务院办公厅印发《党政主要领导干部和国有企业领导人员经济责任审计规定》，在推动国有企业经济责任审计工作深化发展方面发挥了重要作用。

2013年8月20日，中国内部审计协会发布新修订的《中国内部审计准则》，并于2014年1月1日起施行。新准则的发布，标志着我国内部审计准则体系进一步完善和成熟，促进了对内部招标采购工作的审计管理。

2018年1月23日审计署印发《审计署关于内部审计工作的规定》（审计署令第11号），规定内部审计机构应当履行"对本单位及所属单位内部控制及风险管理情况进行审计"的职责，促进了国有企业招标采购后评价工作的发展。

《中央企业内部审计管理暂行办法》（国务院国资委令第8号）公开发布后，上海、北京、天津等地分别加强了对国有企业资产的监督审计工作。

为进一步规范本市国有企业内部审计工作，加强企业内部控制和风险管理，根据《中央企业内部审计管理暂行办法》（国资委令第8号）、《上海市人民政府办公厅转发市审计局关于进一步加强内部审计工作意见的通知》（沪府办发〔2007〕15号）等有关规定，2009年3月12日，上海市人民政府国有资产监督管理委员会印发《上海市国有企业内部审计管理暂行办法》（沪国资委统〔2009〕71号）。

为深入贯彻市委、市政府《关于进一步加强本市经济责任审计工作的意见》，根据《中华人民共和国企业国有资产法》《企业国有资产监督管理暂行条例》《审计署关于内部审计工作的规定》等法律法规规定，参照《企业内部控制基本规范》《中国内部审计准则》等有关内容，结合市国资委监管企（事）业单位实际，2010年11月22日，北京市人民政府国有资产监督管理委员会印发《北京市人民政府国有资产监督管理委员会关于进一步加强市属国有企业内部审计工作的指导意见》（京国资发〔2010〕34号）。

为加强市管国有企业领导人员的监督和管理，规范经济责任审计行为。根据中共天津市委、天津市人民政府《关于进一步加强经济责任审计工作的意见》（津党发〔2014〕19号），中共天津市委办公厅、天津市人民政府办公厅《天津市党政主要领导干部和国有企业领导人员经济责任审计实施办法》（津党厅〔2014〕21号），以及企业领导人员管理监督的有关规定，2016年5月25日，天津市人民政府国有资产监督管理委员会印发《市国资委党委　市国资委关于印发市属国有企业经济责任审计办法的通知》（津国资预算〔2016〕25号）。

4.在纪检工作上

中央纪委驻国资委纪检组印发了《关于中央企业构建"不能腐"体制机制的指导意见》（驻国资纪发〔2017〕23号），明确规定"建立覆盖企业所有业务和岗位的廉洁风险防控措施。依据纪律要求、制度规定，紧盯投资决策、兼并重组、产权转让、物资采购、招标投标、财务管理、选人用人、境外经营等重点领域和关键环节，加强廉洁风险排查，制定防控措施，实现廉洁风险防控全覆盖"。

集团企业在政府采取整治措施的影响下，也逐步规范企业内部的招标采购行为标准，并开始作出尝试。其中，国务院国有资产管理委员会管理的重点中央企业，在贯彻落实国家各行政主管部门的法律法规及指导意见下，不断完善和落实招标采购后评价相关体系建设，提高集团企业自身经营效益的同时也有效提高了国有资金的使用效益。例如，招标采购管理期刊发表的《企业招标采购项目后评价及其应》一文，是笔者在某集团公司范围内组织开展了一次招标项目后评价活动并取得了一定的成效后编写的，是中国三峡集团公司对自身招标采购工作的总结与完善。招标采购管理期刊发表的《招标采购及合同管理后评价助力企业管理提升》一文也对后评价必要性、后评价实施和效果分析、招标采购效果指数构建及应用以及相关建议等进行了论述，此文是基于三峡集团招标采购及合同管理后评价的工作实际总结出的综合性经验，是企业践行规范化招标采购后评价体系的大胆尝试，也为其他企业提供了宝贵的实践经验。

随着市场经济的不断发展以及行政主管机构管理职能的不断完善，招标采购后评价体系将不仅在政府采购领域得到应用，在建设工程系统和企业中也成为必不可少的重要管理机制。近年来各集团企业、上市公司、国有企业、中外合资公司逐渐发展壮大，成为市场经济中的主力军，其业务体量大，经济贸易往来频繁，行业涉及范围广。相对于政府而言，企业的创新举措阻力较小，而且开放的市场环境和政府的支持政策也有利于企业创新。对国有企业而言，对国有资金的把控和招标采购项目的审查一直是企业发展中的重要环节。因此，建立起统一的招标采购后评价体系是企业发展的必然趋势，也是招标采购行业朝着规范化发展的必然要求。

第三节　招标采购后评价工作原则及重要性

一、招标采购项目后评价原则

招标采购项目后评价是一项涉及范围广，并且十分复杂的技术经济分析工作。为了保证招标采购后评价的工作质量，评价者应秉持一定的评价原则和科学合理工作方法。根据专业知识的积累与实践总结，中城天工认为后评价工作应遵循独立性、客观性、科学性、公正性、专业性和反馈性的工作原则。

（一）独立性原则

独立性是保证招标采购后评价公正性和客观性的前提。为此，招标采购后评价工作应由招标人及其委托的招标代理机构和投标人以外的第三者（所谓有资质的独立咨询机构或专家）来执行，避免出现项目决策者和管理者自评的情况。评价过程和结论不受项目决策者、管理者、执行者和前评估人员的干扰。同时，招标采购后评价工作机构也必须从各级管理部门中独立出来，由专门的评价机构执行。评价机构的设置应从人员组成、经费来源等方面综合考虑。独立性原则应贯穿于后评价工作的全过程，从后评价计划的制订、任务的委托到后评价小组人员的配置以及后评价报告的处理等，都必须坚持独立性原则，保持客观公正。

（二）客观性原则

招标采购后评价工作必须从实际出发，尊重客观事实。广泛听取各方面的反映和不同意见，尽量全面了解项目的历史和现状，广泛收集和深入研究项目招标采购过程中的相关数据和资料，去伪存真，客观分析。依据招标采购项目全过程的实际面貌、成果和已达到的各项指标，实事求是地衡量和评估招标采购过程的得失和优劣。被评价对象在提供项目资料时应该实事求是，不隐瞒，不藏拙。招标采购过程资料的真实性是指导企业未来正确投资决策的关键，不真实的资料会导致评价结果失真，从而无法给出切实有效的建议。在分析论证时，要坚持客观公正的科学态度，辩证地、全面地看问题，既不脱离当时当地的客观环境和条件来评估当时的工作，又要站在发展变化的高度评估项目的成功和失误，分析原因，总结经验教训。

（三）科学性原则

科学性是指招标采购后评价的方法和手段要科学，坚持评估方法、工作程序、组织管理以及评估结论的科学性。在评价过程中，前后对比的口径要一致，采用的数据要有可比性，设置的评价指标体系要科学合理。评价内容要具有系统性、合理性、准确性和全面性，评价过程要符合科学性、规范性和可行性的要求。坚持科学性，还取决于招标采购过程中的各种数据资料等信息的真实性和项目招标方及其委托的招标代理机构与各投标方共同参与后评价活动的主动性。只有坚持评价的科学性，才能得到客观、合理、有效性的评价结论，反馈的评价成果、经验和建议才有真正的实用价值。

（四）公正性原则

公正性是指招标采购后评价结论要公正，既要指明现实存在的问题，也要客观分析问题产生的原因和局限性，避免在发现问题、分析原因和做结论时避重就轻。既要实事求是地总结优秀招标采购项目的理论和实践经验，也要认真负责地总结招标采购活动中不规范操作等问题产生的原因，总结经验教训。同时，招标采购活动受国家相关法律法规及政策文件的约束，也是国家纪检监督部门开展工作的重点，因此，后评价结果的公正性尤为重要。

（五）专业性原则

专业性是指评价者的专业素质水平、后评价方法的精确性和后评价过程的透明度以及所采用资料信息的可靠性和真实性。专业性的一个重要标志是要同时精确反映出招标采购过程中的成功之处及存在的问题。为此，要求招标采购后评价工作必须由精通专业知识和经验丰富的专业评价人员担任，专业化的后评价人员或其团队应对招标采购各阶段和全过程的工作程序和工作内容把握准确，并经过后评价的专业培训。在后评价方法的选择上，要贴近评价项目实际，采用科学合理的后评价方法。在评价过程中要依据相关法律法规进行透明化评价。在参与人员上，还应有招标采购活动中的招标方及其委托的招标代理机构、投标方参与，保证后评价信息的真实可靠。最终形成的后评价成果报告需具有时效性、针对性，应突出重点，并应提出具体的措施和建议。

（六）反馈性原则

由于招标采购后评价的结果是用来规范未来实际采购工作的，因此，数据分析与后评价成果报告的反馈性至关重要。合格的招标采购后评价工作是对全过程进行诊断后得出参考性意见的。有效的招标采购后评价结果反馈和扩散机制的设置，有利于招标采购管理制度制定者和招标采购工作组织实施者提高专业水平，是完善招标采购管理制度和实现招标采购实施过程规范化的可靠依据。招标采购后评价的反馈性原则，是将理论和实践相结合，通过理论指导实践，通过实践发展理论的重要体现，良好的反馈机制对于提升政府及企业内部资金的利用效率及优化相关管理制度有着重要意义。

二、招标采购后评价工作的必要性

招标采购后评价工作是一项具有社会价值和经济价值的技术经济活动，无论对招标采购工作本身、参与招标采购活动各方主体、市场竞争环境，还是对行业的发展都具有一定的必要性。对此，中城天工对招标采购后评价的必要性简要作出了以下几点总结。

（一）促进招标采购工作自身的规范化

招标采购后评价是对招标采购工作的评价，国家颁布的法律法规约束着招标采购的全过程，包括项目的立项、招标方式的选择、招标文件的编写、开评标的工作流程、公示的对外发布、合同的签订以及是否需要入场接受监管等。虽然有相关法律法规的支持及相关行政主管部门的监督，但是市场中的招标采购活动仍呈鱼龙混杂、良莠不齐的状态。

有些集团企业内部尚未建立起统一的招标采购管理制度，在不符合国家相关标准规范的前提下进行自行招标，导致招标采购过程极为不规范，招标采购行为流于纸面，企业内部经济效益大打折扣。招标代理机构专业性不够，从业人员专业能力参差不齐，导致其代理的招标采购项目规范性差甚至有违相关法律法规的要求。

招标采购后评价工作通过采用合理的评价指标，建立合理的评价体系和评价模型，对招标采购全过程进行评价与分析，总结执行过程中的经验与不足，从而促进招标采购工作规范化。

（二）提升政府行政主管部门的绩效管理水平

作为现代市场经济交易中的重要表现形式，招标采购活动一直是政府行政主管部门绩效管理中的重中之重，也是国家监督审计部门工作的重点关注对象。政府采购资金性质的特殊性及招标后使用对象的特殊性，使得国有资金支出列项受到严格的监督与管理。

缺乏规范的招标采购活动不仅会对财政资金造成不同程度上的浪费，降低其使用效益，还会造成政府内部的腐败现象，产生钱权勾结问题，导致国有资金流失，有违"廉政党风"的建设理念。对审计监督及纪检部门来说，招标采购的不规范性也会给其造成巨大的工作阻力。

对于政府行政主管部门来说，招标采购后评价工作是提升招标采购专业性、规范性和促进政府主管部门廉政自律的重要方法，其通过后评价结果进行自我审视和整改，完善政策体系，提高财政资金利用率，从而有效提升绩效管理水平。

（三）提升集团企业内部管理水平

在市场经济迅速发展的今天，企业成为市场经济活动中的主力军，招标投标活动频繁，资金流动量大。国家相关行政部门对集团企业尤其是国有企业招标采购的"事中、事后"的监管逐渐加强。作为一种动态评价，招标采购后评价可以通过横向和纵向对比，使集团内部及时发现问题并进行整改，各级下属分公司的运营及管理工作进行比较，有效改善招标采购工作质量。

招标采购后评价工作通过对集团企业及其各级子公司招标采购管理制度审查评价，可以在制度层面规范集团企业的招标采购管理机制；通过对集团企业及其各级子公司的招标采购项目进行后评价，可以在具体招标采购工作实施阶段了解经验与不足；通过对数据的整理和分类，可以对招标采购项目进行多维度分析，得出招标采购工作执行过程中的经验与不足；根据集团招标采购制度及执行层面全方位分析得出综合性的后评价报告，并应用于企业的管理实践中，对突出问题作出整改，从而有效提升集团企业内部管理水平。

（四）提升招标代理机构专业化服务水平

作为专业的社会第三方服务机构，招标代理机构接受招标人（采购人）的委托，对接受委托的项目提供全流程招标代理服务。针对招标代理机构的规范性问题，国家相关主管部门也发布了《招标代理服务规范》，用以作为行业统一标准。后评价工作是对招标代理机构服务水平的一次检测，通过查漏补缺，不断提升招标代理机构专业化服务水平。

同时，招标采购后评价工作评估机构多为专业的第三方评价机构，即具有招标代理专业能力的招标代理机构。在对众多形式的招标采购活动及其他业内同行的操作过程的分析中，不断汲取行业经验，做到防患于未然，进一步提升自身专业化服务水平。

（五）有利于形成公开透明的市场竞争环境

招标采购的工作原则即公开、公平、公正和诚实信用原则，但在项目的具体执行过程中，难免会出现有违原则与初衷的情况，如恶意竞标、失信评标、围标串标、虚假中标等。除了部分项目进入当地有形市场及公共资源交易中心进行开标评标外，其他不受相关行政部门监管的项目在执行过程中不乏"暗箱操作"问题。而招标采购后评价工作，通过严格审查招标投标全过程资料，包括开标过程资料、评标小组评审过程资料、中标信息资料、合同签订资料、所有投标人的投标文件甚至开评标现场视频资料等，对整个招标采购过程进行全面的分析与评价。这一举措，尤其对大部分投标人来说，无疑是行业中的"机遇"与"挑战"，使众多参与到招标投标活动中的市场主体享受公开透明的市场竞争环境。

（六）促进招标采购行业的不断完善和发展

任何行业在发展中都要反复实践并不断提升，招标采购行业也不例外。在创新中求发展，在发展中实现自我完善。招标采购后评价工作通过对整体项目资料分析整理，对招标人、投标人、第三方招标代理机构、监督管理部门各方主体在招标投标过程中的工作痕迹进行整理分析。后评价结果的反馈，在操作规范上，有利于提升各方主体的专业化水平；在流程形式上，有利于电子招标投标的嵌入式发展；在行业发展上，有利于招标采购行业的不断完善和发展。

第四节 招标采购后评价与审计、内控及纪检的关系

一、招标采购工作后评价与审计的关系

传统的审计，通常是指按照《中华人民共和国审计法》的规定，由国家授权或接受委托的专职机构和人员，依照国家法规、审计准则和会计理论，运用专门的方法，对被审计单位的财政财务收支、经营管理活动及其相关资料的真实性、正确性、合规性、合法性、效益性进行审查和监督，评价经济责任，鉴证经济业务，用以维护财经法纪、改善经营管理、提高经济效益的一项独立性的经济监督活动。

（一）审计的类型

审计按内容分类，一般分为以下几种。

1. 财政财务审计

财政财务审计是指对被审计单位财政财务收支的真实性和合法合规性进行审查，旨在纠正错误、防止舞弊。具体来说，财政审计又包括财政预算执行审计（由审计机关对本级和下级政府的组织财政收入、分配财政资金的活动进行审计监督）、财政决算审计（由审计机关对下级政府财政收支决算的真实性、合规性进行审计监督）和其他财政收支审计（由审计机关对预算外资金的收取和使用进行审计监督）。财务审计则是指对企事业单位的资产、负债和损益的真实性和合法合规性进行审查。由于企业的财务状况、经营成果和现金流量是以会计报表为媒介集中反映的，因而财务审计时常又表现为会计报表审计。

财政财务审计在审计产生以后的很长一段时期都居于主导地位，因此可以说是一种传统的审计；又因为这种审计主要是依照国家法律和各种财经方针政策、管理规程进行的，故又称为依法审计。我国审计机关在开展财政财务审计的过程中，如果发现被审单位和人员存在严重违反国家财经法规、侵占国家资财、损害国家利益的行为，往往会立专案进行深入审查，以查清违法违纪事实，作出相应处罚。这种专案审计一般称为财经法纪审计，它实质上只是财政财务审计的深化。

2. 经济效益审计

经济效益审计是指对被审计单位经济活动的效率、效果和效益状况进行审查、评价，目的是促进被审计单位提高人财物等各种资源的利用效率，增强盈利能力，实现经营目标。

可以看出，传统的审计工作是针对财政财务、以经济效益为核心目标的，具有以下特点：

第一，审计工作的执行人为国务院和县级以上地方人民政府设立的审计机关。

第二，审计工作的依据为国家有关财政收支、财务收支的法律、法规和国家其他有关规定。

第三，审计工作的监督对象为国务院各部门和地方各级人民政府及其各部门的财政收支，国有的金融机构和企业、事业组织的财务收支，以及其他依照《中华人民共和国审计法》规定应当接受审计的财政收支、财务收支。

第四，审计工作的主要专业技术人员，为具有财政财务专业知识结构的财务会计、审计师等专业人员。

综上所述，传统审计本质是一项具有独立性的经济监督活动，是基于我国宪法关于建立国家审计机关，实行审计监督制度的内容而存在的。传统的审计机构（审计组织）包括国家审计机关、内部审计机构和社会审计组织。根据审计体系具有层次性的要求，相应形成国家审计机关组织体系、内部审计机构组织体系和社会审计组织体系。

（二）招标采购工作后评价与审计的关系

与招标采购工作关系最密切的，主要指工程项目的跟踪审计。对于跟踪审计的定义，理论界还没有形成一致的看法。国内对跟踪审计的研究大部分集中在工程项目上。在工程项目跟踪审计的理论研究中，研究的对象也有差异，有的研究工程项目全过程跟踪审计，有的研究则仅限于施工阶段跟踪审计。中城天工认为，跟踪审计是指审计人员旨在提高被审计对象的绩效（既指经济效益，也指被审计对象的合规性、合法性等），对被审计对象进行适时评价、持续监督及及时反馈的一种审计模式。工程审计的发起人，一般为拨付工程款的财政部门、国有资产监督管理部门等。工程审计的重点，一般为工程投资的合理、合规性。具体工程项目审计工作一般会委托第三方中介机构来开展，第三方中介机构一般应当为拥有注册造价工程师等专业技术人员的工程造价咨询企业。2021年6月28日，住房和城乡建设部办公厅发布了《关于取消工程造价咨询企业资质审批　加强事中事后监管的通知》，已经实质上取消了工程造价咨询企业的资质审批。现阶段，需要这类企业具备工程造价咨询服务能力，以及拥有相应专业造价工程师。

2019年10月11日，中国建设工程造价管理协会颁布《工程造价咨询企业服务清单》（中价协〔2019〕77号），明确了工程造价咨询企业可以进行政府投资项目审计，其中包括跟踪审计、工程竣工结算审计、项目竣工财务决算审计等工作。这三种审计工作，都包含部分关于招标投标工作的审计工作，其中跟踪审计部分的服务内容中关于项目招标投标跟踪审计的部分最为详细。

"审计"，从字面上理解，强调发现问题、进行纠错，会联系到与经济管理活动相关的违规责任、违法责任等问题。"后评价"，从字面上理解比较中性，强调"事后"和"评价"，既然是评价，它的范围应当会比审计大一些。

在实际工作中，经常会有委托方向我们询问二者的区别。中城天工认为，特定项目的后评价可以视为项目招标投标审计，但是后评价的概念是大于招标投标活动审计的，因为后评价除了工程项目的专项评价工作，还包括服务、货物等招标投标工作的评价。同时，后评价涉及的工作目标和工作任务也会比招标投标活动审计要更加丰富、更有深度。应当说，"审计"与"后评价"是两个有部分重叠关系的独立工作。

图3-1为工程项目跟踪审计工作结构图。

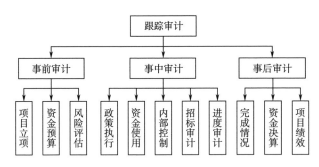

图3-1 工程项目跟踪审计工作结构图

二、招标采购工作后评价与企业内部控制的关系

根据财政部会同证监会、审计署、原银监会、原保监会制定的《企业内部控制评价指引》，内部控制评价被定义为，企业董事会或类似权力机构对内部控制的有效性进行全面评价、形成评价结论、出具评价报告的过程。企业董事会应当对内部控制评价报告的真实性负责。其实，这便是内部控制自我评价。这一评价主要针对企业在内部控制设计与实施中存在的问题，通过评价—反馈—改进—再评价的动态循环，实现内部控制的持续改进和自我完善。我国《企业内部控制基本规范》明确要求："企业应结合内部监督情况，定期对内部控制的有效性进行自我评价，出具内部控制自我评价报告。"

内控自评应该有一个系统的框架，并且同内部控制一样，全员参与，持续开展。如果参与者处在一个崇尚公开和坦白的沟通环境中，准确性就会提高；如果某个独立的外部者推动自我评估过程，客观性就会提高；如果参与者自己发现问题的根源，并作出解决此问题的决策，那么随后就更可能采取纠正措施。

　　严格地说，招标采购管理工作是企业内部控制工作的一个重要组成部分，因此，招标采购工作后评价可以视作促进企业内部控制工作提升的一个重要环节。事实上，中城天工在后评价项目的实施过程中，通过对于委托方招标采购管理制度的改善、招标采购实施流程的改善、委托方相关组织结构的优化、权责分配等工作建议，在很大程度上完善和提升了委托方的内控体系，增强了委托方的内控机制。可以说，招标采购工作后评价是提升企业内部控制机制的一个有效手段。

三、招标采购工作后评价与纪检监察的关系

　　企业纪检监察部门积极履行监督职能，已成为企业管理链条上的重要一环，形成一种高层次的管理的再管理，监督的再监督，发挥着不可替代的作用。纪检监察工作作为一种有效载体可使企业经营活动与廉政建设工作有机结合，它对于改进管理、堵塞漏洞、完善监督制约机制、为企业避免或挽回经济损失起到了积极的促进作用。企业纪检监察部门的工作主要包括现场监督和事后监察等。纪检监察部门对招标投标活动现场监督，主要是对招标文件制定的合法性、标底编制的保密性，开标、评标、中标程序的合法性，以及对贯彻公开、公平、公正原则等情况进行监督。事后监察，主要是对已完成项目的招标投标活动进行例行监察，或是根据相关线索进行有针对性的专项监察工作。

　　反腐倡廉工作，也是纪检监察部门针对招标投标领域开展监督工作的一个主要目的。十九届中央纪委四次全会要求，坚决查处资源、土地、规划、建设、工程等领域的腐败。各地工程招标投标领域中出现的规避招标、虚假招标、围标串标、领导干部和主管部门违规插手干预招标投标活动等问题，多与一些公职人员利用职务便利进行利益输送有关。为此，各地纪检监察机关加强监督检查，深入推进系统治理工作，逐步加大打击招标投标领域腐败问题力度，严肃处理违纪违法公职人员，斩断非法利益链条。各级纪检监察机关都不同程度地加强了招标投标活动的监管监察工作，尤其是针对工程建设项目。

　　中城天工在实际工作中发现，相当一部分纪检监察人员对招标投标的法律法规理解得不深不透，对纪检监察人员在参与招标投标活动中如何监督，监督什么，不是非常明确。毕竟招标投标工作有着很强的专业性，某些违规

项目甚至有着很深的隐蔽性，如何在庞大的、繁杂的过程信息中理出头绪、发现问题和疑点，逐步成为纪检监察工作人员的一个沉重负担。中城天工认为，招标采购工作后评价，尤其是专项后评价工作，能够为纪检监察工作提供有效的帮助，协助纪检监察部门更好地完成对于国有企事业单位的监督工作。可以说，招标采购工作后评价是纪检监察部门开展监督工作的一个有力工具。

第五节　招标采购后评价工作的现存问题及改善措施分析

中城天工通过招标采购后评价项目实际经验的积累，以及对行业发展的深入认知与研习，总结了我国招标采购后评价工作的现存问题，并对其改善措施作出初步分析。

一、评价工作发展不平衡

（一）现状分析

国内的招标采购后评价工作，从政府相关行政主管部门组织的专项整治工作开始，逐渐适用于集团企业，尤其是国有企业。由于政策需求及经费等多方面原因，招标后评价工作的发展并不平衡。

发展至目前，招标采购后评价工作呈现不平衡的态势，即：多见于"大型"而少见于"中小型"企业，多见于"国有"而少见于"民营"企业，多见于发达地区而少见于落后地区。

（二）改善措施分析

发展不平衡问题是行业发展的现实状态，需通过行业的深入发展及国家政策指引逐渐改善这一问题。

政府相关行政管理部门给予相关政策支持，加强立法，建立规范化的制度体系，明确多元化的评价主体，鼓励、引导支持中小型企业、民营企业及落后地区企业依法积极开展招标采购评价活动。推进城乡建设一体化，将招标采购后评价工作管理制度应用于落后地区的采购管理，提高地区经济效益。吸取国有企业操作经验，促进民营企业招标采购管理体系的建立与完善。另外，可加强招标采购后评价工作的组织宣传，使全社会广泛认识到其重要性。

二、评价工作存在"缺位"和"越位"现象

（一）现状分析

中国的国家机关、企事业单位往往缺乏一个有权威性的、独立的招标采购绩效后评价综合管理机构，将该职能设置在不同的部门，有的在审计部，有的在企业运营部，有的在法律部，甚至有的就设置在招标采购部，自己评价自己，既当"运动员"，又当"裁判员"。后评价工作主要分散在各管理部门，各部门又主要从技术性能、项目管理方面进行后评价，评价诉求、指标、方法和组织程序差异大，也就难以形成统一的、全面的后评价模式和体系。

此外，中国的国家机关、企事业单位多以上级部门检查评价下级部门为主，应内部开展并由上级监督指导的项目均由上级部门实施，存在着一定程度的"越位"现象。

（二）改善措施分析

国家机关、企事业单位应完善其招标采购后评价体系，设立独立后评价部门，聘用具备相关能力的工作人员，并且应避免评价者"身兼数职"，使后评工作更为客观、公正，形成专职专责，管办分离的后评价制度，使招标采购后评价工作更专业化、规范化。

在不适宜设立独立后评价部门的情况下，如招标采购项目数量不多、公司规模较小、相比成本过大等，可委托第三方招标采购后评价机构来完成后评价工作，这不仅能有效降低设立独立部门的成本，更能贴合公司的经营发展实际，又能保证评价过程的专业和规范程度，避免"缺位""越位"情况的发生。

三、评价体系不完善、缺乏专业性

（一）现状分析

当前，我国的招标采购后评价工作存在评价体系不完善和缺乏专业性的问题，在制度制定及项目实践中存在很多问题。例如：招标采购后评价体系尚未建立或与上位法相违背；评价体系指标缺乏专业性或不规范；招标采购后评价机构缺失；重视招标采购活动完成后评价，忽视招标采购过程后评价；只对大项目进行评价，而不评价小项目；缺乏战略性规划，难以适应制度发展的需要；制度不随着新规定作出更新，指导招标采购的制度落后等。

另外，我国目前的招标采购后评价指标设置存在"单一性"和"平面化"的特点，缺乏一套建立在严密数据分析基础上的科学、统一、完整的招标采购后评价指标体系，没有形成在不同层面、不同行业、不同阶段、不同支出性质等方面进行综合、立体评价的体系。

（二）改善措施分析

在体系完善上，国家机关及企事业单位应充分学习吸收国家颁布的有关法律法规及规范性文件，形成以法律法规为核心的招标采购后评价工作方法，建立不同阶段、不同主体、不同维度的后评价分析指标，可根据指标重要程度确定权重，以此形成统一规范的后评价体系。

在专业性问题上，可转变过去单一的评价主体模式，委托第三方评价机构，使具有丰富专业知识与实践经验的第三方机构承担后评价工作，以有效避免后评价工作中的一些问题，少走弯路。除直接委托第三方的方式外，政府及企事业单位可加强内部评价人员的队伍建设，定期培训以提高评价人员的专业素质，还可以借用高等院校和中介组织的力量，并吸纳社会相关专业的专家，优化评价人员结构。

四、评价结果约束乏力

（一）现状分析

在实践中我们发现，招标采购后评价结果大多只是作为各有关部门的项目档案加以保存，埋没了后评价的现实意义。

在资金拨付上，财政部门及企业投资部门在分配预算资金中很少参考招标采购后评价结果调整各采购部门的预算；在责任主体上，招标采购后评价结果对执行招标采购过程中的各环节责任人没有形成直接的约束，结果反馈的约束力不强，责任主体追究制度不完善，使招标采购后评价的"查漏补缺"的约束作用没有得到体现；在借鉴意义上，招标采购后评价标准不统一，不同部门之间缺乏借鉴意义，没有为其他部门采购新项目提供借鉴经验，使后评价工作流于形式，评价结果约束乏力，严重影响了招标采购后评价工作的权威性，而且制约了招标采购后评价工作的深入开展。

（二）改善措施分析

为了保证后评价工作的反馈性原则，使评价结果具有约束力，国家机关、企事业单位需要制定一些相关配套措施来辅助。

在资金拨付上，建立健全信息交流与沟通机制，逐步建立起招标采购后评价的数据库和信息收集网络，通过上层决策者与招标采购项目执行人员分享各类与招标采购后评价有关的信息，使项目资金在决策层面得到合理控制，极大限度地提高了采购效率。在责任主体上，根据过程环节落实主体责任，建立健全责任追究机制，设置奖惩制度，根据招标采购后评价的结果，对招标采购的执行和各有关责任人实施有效地制约和监督。在借鉴意义上，逐步建立统一的招标采购后评价指标，扩大适用范围，使不同部门及专业的项目以招标采购指标为核心，具有参考借鉴意义。

第六节　后评价工作质量的影响因素

招标采购工作后评价的工作质量，主要体现在后评价报告能否呈现出科学、公正、客观的评价结果，其结果能否为委托人后期的工作部署提供指导性决策意见。中城天工在过去的工作实践中总结了七个影响后评价工作质量的主要因素：

一、委托方及相关领导的重视程度

委托方及委托方的主要领导，对于开展后评价工作的重要性、必要性须具有非常明确的认识，并且在后评价工作的规划、启动、推进过程中高度重视该项工作，及时进行部署并积极推动。这个因素基本上是决定性的因素，是招标采购标工作后评价的重要推动力。

二、委托方的工作意图传达得是否准确

从大多数招标采购工作后评价实施主体看来，招标采购工作后评价的启动、实施范围界定、实施主体、资金来源、开展时机、后评价内容、后评价作用体现、后评价结论应用等相关问题都难以明确。中城天工在实际招标采购工作后评价的实践中，发现各地对招标投标后评价的认识不统一，评价推进的方向、后评价内容、管理方式等存在较大差异，对于招标采购工作后评价的作用、定位也各不相同。委托方必须和第三方后评价机构积极沟通，并且明确其开展后评价工作的具体诉求，主要包括工作目标、工作重心、后评价范围、后评价的深度等。委托方的目标和工作意图应当贯穿整个后评价过

程，不能随意变更，因为主要意图的调整，往往意味着后评价模型的调整，会造成返工，浪费大量人力、物力、时间。

三、后评价工作团队对于工作目标的把握

后评价工作团队，对于委托方的工作目标和工作意图必须有清晰、准确的把握，借此才能建立科学、准确、全面的后评价模型，指导团队在正确的道路上逐步推进。在实践中，有些委托人并不会或者不能够将自己的意图讲得非常明确，有的委托人甚至可能会在项目实施过程中随意更改工作目标，这就要求后评价工作团队不但在前期要尽力把握好委托人的主要诉求，并且在过程中发生变化时，有随机应变的能力去解决各种不确定性问题。

四、后评价工作团队的专业素质

后评价工作团队，除了应当具有招标投标、物资采购、法律领域的专业知识结构及丰富的实践经验，以及构建评价模型、数据统计及分析等专业技术能力，还需要具备良好的沟通能力、随机应变能力、敏锐的观察能力等综合能力，这样才能胜任招标采购后评价这一复杂的技术性工作。所以，并不是做过招标项目的专业人员就可以胜任招标采购后评价工作的。

五、后评价工作团队的工作经验和实践积累

综合性的专业素质结构和实践经验是同等重要的，每一个后评价项目都会遇见新问题，后评价工作团队过去建立的项目实施经验为解决相关难题提供了丰富和广泛的解决思路。中城天工在过去的后评价项目实践中，不但积累了丰富的后评价工作经验，并且沉淀了丰富的后评价模型模板，建立了自己独创的、针对不同后评价主体的后评价指标库，在一些项目中积累的丰富的数据库，为每一个客户的后评价项目的动态分析提供了珍贵的横向比较基础。

六、被评价对象的配合程度

后评价项目涉及复杂的利益关系、人际关系、内外部矛盾，需要被评价对象积极地配合后评价团队的工作，才能顺利地完成后评价工作。但是现实中，因为被评价对象自身的主观因素或客观原因，如工作水平、工作积极性、

抵触心理等原因，会在配合程度上表现出差异。被评价对象的积极配合，是后评价项目顺利推进的重要因素。

七、被评价对象的管理基础

某些被评价对象会存在主观故意，如故意不提供或者隐瞒档案材料或者相关信息数据，但是也确实有一部分被评价对象，是因为管理水平低下或者管理基础薄弱而不能够提供客观的招标投标资料供后评价团队开展工作之用。这些问题，都会影响后评价工作的准确性和客观性。

第七节　后评价工作的推动力与阻力分析

在招标采购后评价工作开展过程中，因为后评价的管理机制、后评价主体的决策机制、后评价主体、工作意图、后评价工作方法、后评价环境、后评价利益相关方等要素之间相互关联和相互作用，会产生不同的推动力与阻力。在工作部署之前，通过分析后评价的推动力与阻力，可以有目的、有针对性地制定工作推进方案，发挥推动力的积极作用，有针对性地排除各种障碍，使评价工作顺利开展。

一、后评价工作的推动力

（一）政府及相关行政监督主管部门的推动力

近年来，国家、部委、地方不断地颁布相关的指导意见、规范性文件，如《国务院办公厅关于促进建筑业持续健康发展的意见》（国办发〔2017〕19号）、《国务院办公厅转发住房城乡建设部关于完善质量保障体系　提升建筑工程品质指导意见的通知》（国办函〔2019〕92号）、《房屋建筑和市政基础设施工程招标投标监管的指导意见》（建市规〔2019〕11号）、《企业投资项目事中事后监管办法》（国家发展和改革委员会第14号令）、《全国人民代表大会常务委员会关于加强国有资产管理情况监督的决定》（2020年12月26日第十三届全国人民代表大会常务委员会第二十四次会议通过）等，这些相关要求都在不断督促着政府、相关行政监督主管部门以及国有企事业单位推动招标采购工作后评价的开展，这是招标采购工作后评价的最强大的行政推动力。政府行政行为的最突出特征，表现为以"全民利益"为最大化目标，这是由我国社会主义制度决定的。在这种经济制度下，政府作为国有财产的代表，必然要保护国有资产不受侵犯，必然要有效地管理和实现资源的优化配置。招标采购工作后评价是改善投资效益、提高宏观经济管理水平、企事业单位管理能力的重要方法，因此，无论是从维护市场秩序、建立客观的招标采购工作后评价机制来看，还是从作为运营主体应考虑的"全民利益"出发，政府都会大力推进招标采购工作后评价的开展，这将有助于指导经济持续而长期地全面发展以及更好地实现宏观经济和国有企业的经营绩效与战略目标，有助于政府更好地决策、提高管理能力，实现公共投资的科学化。

（二）企业提升内部招标采购工作机制的推动力

出于企业自身经营发展的现实需要，企业为了提高其经营绩效、提升招标采购管理工作的水平、增强内部管控机制、树立领导干部的廉洁作风、实现企业决策的科学化和规范化，迫切要求国有企业建立一个完善的招标采购工作后评价机制，这是企业推进招标采购工作后评价机制的内生动力。

（三）决策者或投资人管控国有资产监督管理工作的推动力

近年来，我国的基础设施建设、环境保护和生态建设等重要领域的投资力度不断增大，每年都有大量的固定资产投资、基础设施建设投资以及公共事业投资。在很多重要领域，国家都在不断推动军民融合、混合所有制等国有企业与民营企业的联合运营机制，许多这样具有多元化股东结构的混合所有制企业，出现在科技、教育、文化、卫生、体育、环保、军工、航空等公共投资建设领域。随着国家社会现代化建设进程的加快发展，公共投资力度不断增大，如何监督混合所有制企业的合规经营，如何保证其投资决策机制的科学性，如何提高国有资金的使用效率，已成为国有资产投资管理人亟待研究和解决的重要课题。在这一过程中，不仅要加强拨款监督、资金监督、决算监督，杜绝资金浪费和挪用，更重要的是应当切实、有效地监督和管控混合所有制企业的招标采购等涉及国有资产投资的行为，形成对混合所有制企业经营者强有力的约束机制。

（四）社会公众要求国有资产使用情况公开透明的推动力

国有企业的公共投资行为，有时会在招标采购环节出现一些负面影响，主要包括领导干预招标采购活动、未批先建、招标采购过程不规范、应当招标而不招标、错误选择招标方式、设置不合理条件阻碍市场竞争、利益输送、围标串标、虚假招标、监管工作不力、严重超概、高价购买低档产品等破坏公平竞争、破坏国有资产监督管理的违法违规行为，这些行为会在不同程度上，增大社会公众或利益相关方要求国有企业或监管机构采取更加透明化、更加规范化的招标采购行为的诉求。随着国家经济的快速发展，社会公众的法制观念、作为纳税人的责任意识、社会参与意识逐步增强，对国家、政府的投资监督意识也逐步增强。公众参与和公众监督，逐步加快了国家招标采购管理制度法制化、规范化、透明化建设进程的步伐，成为推动招标采购工作后评价的外部推动力。

（五）纪检监察部门对于获取更多线索的推动力

十九届中央纪委四次全会要求，坚决查处资源、土地、规划、建设、工程等领域的腐败。各地工程招标投标领域中出现的规避招标、虚假招标、围标串标、领导干部和主管部门违规插手干预招标投标活动等问题，多与一些公职人员利用职务便利进行利益输送有关。这些问题已经促使各地纪检监察机关加强监督检查，深入推进系统治理工作，加大打击招标投标领域腐败问题力度，进而严肃处理违纪违法公职人员。因为招标采购涉及的工作流程、档案资料等专业性非常强，已经有部分纪检监察机关通过第三方招标采购审计、后评价机构来发现和挖掘其中的相关线索，深度、专项的招标采购后评价工作能够为纪检监察机构后期调查取证工作提供方向性的选择。

二、后评价工作的阻力

在实践中，开展招标采购工作后评价时会遇到很多障碍。招标采购工作后评价之所以发展缓慢，受到许多因素的制约，包括体制性障碍、后评价管理机制及后评价队伍障碍、决策主体障碍及后评价资金障碍等。下面就影响后评价开展的主要因素进行简要分析。

（一）法制环境的障碍

虽然近年来，国家、部委、地方不断颁布相关的指导意见、规范性文件，但是还没有针对招标采购工作后评价工作提出明确的工作要求，一些文件中提出了"探索建立相关评价指标体系""引入第三方机构进行相关工作"等建议，但是都处于比较模糊的状态。缺乏招标采购后评价工作管理的法制体系顶层设计，相关的实施规范、操作指引也处于摸索和试行阶段，这样的制度环境会造成委托人在面临具体工作时踌躇不前、摇摆不定，相关工作规划难以落地。

（二）决策主体的阻力

在这里，决策主体是指具有招标采购后评价工作发起责任和发起权力的、具备决策能力和决断权力的领导或行政主管机构。决策者能否树立科学的决策理念，掌握科学决策的方法，熟悉科学决策的程序与运行规则，重视对后评价工作的研究与运用，不断提高利用"外脑"的能力，决定了决策者能否在招标采购工作这一重要工作领域深入推进"事后"监管的措施。在招标采购工作后评价的法制化管理不尽完备的情况下，决策主体对于国有资产监督管理认识的高度，对于相关招标采购管理工作改善的诉求，对于打破"隐蔽"小团体的既得利益的勇气，都会对招标采购后评价工作的推进产生不同程度的阻力。实践中我们发现，某些决策主体缺乏责任意识，加之他们担心被追究决策责任，因此很难主动开展招标采购后评价工作，即使进行后评价，他们也不会积极配合，很难保证后评价工作质量。这些阻力主要包括：

1.存在心理障碍

任何项目的招标采购工作都不可能十全十美，都或多或少地存在着缺陷，开展后评价，就是要发现问题、分析问题，并总结项目的经验教训，客观地评价招标采购工作过程的细节。因此，无论是政府部门、国有资产监督管理部门、决策部门，还是代表国家、政府、公共事业单位的决策者，不愿意推动项目后评价开展的最大障碍就是担心招标采购工作过程中的问题暴露出来，并追究他们的行政责任、经济责任甚至法律责任。

2.存在片面认识

在许多决策者中存在这样一种片面认识，认为投入很多经费用于招标采购工作后评价是不值得的。他们只看到了投入，而没有看到后评价所带来的效益。后评价带来的效益有直接效益，而更多的是长期效益。认识不到位，就不可能重视后评价工作。因此，政府部门或国有资产监管部门的相关领导应当认识到后评价工作的重要性。

3.缺乏责任意识

招标采购工作是一个非常敏感的领域，存在复杂的利益交织关系。作为投标人，追求和获取合理经营收益和商业机会是无可厚非的。作为招标采购的实施主体，保障招标采购工作在一个科学、有效、公开、透明的管理体系下运行，是首要责任。招标采购工作后评价除了帮助国有资产投资主体改善国有资产使用效率、提高管理水平外，还要确保有序地划分投资主体责任。很多国企都有过招标采购工作后评价或者类似的想法与初步计划，但是在现实中，国有资产投资主体和决策主体有时会刻意回避与资金、投资、采购这些敏感工作有关的责任，会产生招标采购工作后评价"由谁来做？""怎么发起？""覆盖面多大？"等顾虑和疑问，使得决策者责任意识与招标采购工作后评价功能发生矛盾，也给后评价工作的顺利开展制造了障碍，制约着具体工作的落地实施。

（三）后评价实施队伍障碍

招标采购工作后评价第三方中介服务体系发展迟缓，符合这一领域工作胜任力模型的第三方机构非常少。在现实中，传统的招标代理公司只专注传统业务，不具备后评价、数据统计分析等专业技术人员及业务团队，专门从事审计、数据统计分析等工作的中介服务机构又缺乏具备招标采购工作专业经验和实操经验的技术人员，很难为招标采购工作委托人提供客观、公正、科学、专业的后评价服务，这种矛盾制约了招标采购工作后评价专业队伍的发展。

（四）经费的障碍

开展招标采购工作后评价需要投入一定的资金，资金是开展后评价的重要支持。我国在开展招标采购工作后评价资金方面存在的主要障碍是：

第一，没有明确规定后评价资金来源和后评价收费标准。这使得在开展招标采购工作后评价的取费中难以操作和把握。

第二，对后评价存在片面认识，认为开展后评价需要投入资金，难以产生具体的、有形的投资回报，没有看到后评价的功能及产生的巨大效益。因此，不舍得投入资金开展后评价工作。

第三，不尊重服务的价值。某些部门或者相关领导，一直存在对后评价服务这种"软性"智力产品的歧视，认为这些工作无非就是几个人、几台电脑、几张飞机票而已，成果也就是一摞或薄或厚的报告。所以在实践中，经常存在轻视第三方中介服务单位，进行超越边际的压价行为，有时甚至会提出提供免费服务的要求。

由于存在以上种种原因，开展招标采购工作后评价的资金往往难以落实，制约了工作的顺利进行。随着国家经济发展水平的不断提升，实现政府监督管理职能的要求越来越高。因此，政府如何适应不断变化的新形势、新挑战、新要求，提高政府行政效率，推进公共管理改革是摆在政府目前的一项战略任务。越来越多的证据表明，当财政资源的短缺和公共部门的低效率妨碍了生产率增长时，评价的价值便会提高。政府监督管理部门必须充分认识到这一点，转变观念，正确处理好近期利益与长远利益的关系，充分认识到后评价的价值功能。

（五）被评价方的阻挠

招标采购后评价工作成果的应用是多角度的，它既作为对投资的客观评价机制，可以为投资者、决策者产生激励，提供动力；同时评价结果具有强制性，能够对违规投资者、决策者形成有效约束和警示，因此被评价方可能会采用不配合、不提供材料、提供虚假信息、隐瞒重要信息，以及通过表面的管理缺失掩盖事实的错误等各种方式积极或者消极地阻碍后评价工作的开展。

第四章 招标采购工作后评价的内容体系及主要研究方法

第一节　招标采购工作后评价的组织实施机构

招标采购工作后评价的组织与实施机构一般为企业内部监督管理部门、第三方咨询机构和招标投标行政监督管理部门。

一、企业内部监督管理部门

招标采购工作后评价的组织和实施机构可以是企业内部监督管理部门，其从监督管理者的角度对项目的决策、执行、确定结果等各过程进行回顾。一般由企业招标采购项目监督管理部门、企业投资计划部门、生产运营部门、工程造价成本部门、财务审计部门等人员组成评价小组，组织和实施自我后评价。此外，也可以由企业内部监督管理部门自行组织，外聘有专业技术经验的专家负责实施评价。

企业内部监督管理部门组织后评价的目的是通过自我检查、对比分析、找出原因、提出建议、汲取教训以实现自我完善和改进，促进企业管理水平的提升。自我后评价成果表现形式为自我后评价报告，是所属企业依据项目基础资料，按照项目后评价报告编制细则要求编制而成的。

（一）内部监督部门组织和实施后评价工作的主要特点

1.沟通效率高

在评价小组审查资料过程中，如遇到提供的资料不齐全、资料的内容不明确、项目的执行过程中存在若干问题等需要核实的情况，内部监督管理部门可直接要求当面澄清。这在很大程度上提升了沟通效率。

2.对各单位或各项目情况有深入了解

企业内部监督管理部门在工作中会采取事中事后的形式实行项目监管，其对各单位或各项目情况有深入了解，评价小组对各单位或各项目情况也是有一部分基础了解的，这为项目后评价工作的开展提供了很多有利条件，很大程度上降低了项目后评价的实施难度，缩短了后评价工作的时间。

（二）适用企业内部监督管理部门组织和实施招标采购后评价的情形

适用企业内部监督管理部门组织和实施招标采购后评价的情形，包括企业特定项目评价、企业内部非重点项目集中评价，以及不适宜对外公布的涉密项目评价等。

二、第三方咨询机构

大部分招标采购工作的后评价由业主下达命令，并由聘请的第三方咨询机构组织并实施完成。为高标准、高质量地完成后评价工作、达成评价目标，所聘请的第三方咨询机构应具备多种素质要素。

（一）第三方咨询机构的素质模型

1.有完整的招标专业技术人员团队

第三方咨询机构拟派的招标采购后评价工作评价小组应由具有招标行业技术能力的专业人员组成，一般是有相关资格证书或通过招标采购技术能力评价认定的专职人员，应具备完善的工程建设、政府采购及国际机电等领域招标采购项目的实操能力和丰富的招标工作管理经验。

2.有丰富的招标采购工作后评价的实践经验

有丰富的实践经验是顺利组织和实施招标采购后评价工作的有力支撑，无相关后评价的实践经验很容易出现评价组织和实施流程混乱、评价标准不统一、评价维度不全面、评价深度不达标及评价进程缓慢等情况，从而影响评价结果的精准程度，无法总结出特性问题并提出合理化建议。

3.有统计专业能力的技术人员

在招标采购工作后评价的组织和实施过程中涉及大量的统计和分析工作，包括制定统计指标、指标体系和统计分类，给出统一的定义、标准，以及提出收集、整理、分析数据的方案和工作进度等。这部分工作需要由有足够经验的统计专业技术人员来完成。通过对数据不同维度的归纳、总结得出的统计结论是招标专业技术人员开展分析工作的基础。

4.对各评价区域的招标投标相关法律法规熟练掌握

熟练掌握各评价区域的招标投标法律法规和行政管理部门的规章制度是开展招标采购后评价工作的前提和基础，尤其体现在集团企业整体招标后评价工作中。集团企业开展后评价工作一般是审查全国各地下属分公司、子公司的招标采购项目执行情况，对第三方咨询公司的法律法规掌握程度要求很高，如达不到熟练掌握的程度，会致使评价标准失衡，评价结果无效。

5.要求企业拥有良好的信誉

要求第三方咨询机构具有良好的企业信誉，没有处于被责令停业、财产被接管、冻结、破产状态，且公司员工个人的作风正派、品德端正，能够确保评价工作过程保密、结果客观公正，还应熟悉当地从业企业的综合实力、信誉、履约能力等情况。

（二）第三方咨询机构组织和实施招标采购后评价工作的主要特点

    1.评价周期短且效率高

聘请有经验的第三方咨询机构组织和实施后评价工作可以提高整体效率、缩短评价周期，避免因周期较长影响各单位或各项目的整改或优化时间。

    2.专业团队评价质量高

不同类别项目的目标实现程度和各阶段评价结论都能够从一定程度反映出各类业务某一阶段的执行效果，其信息的传达可以进一步指导招标业务管理制度的编制。由专业团队完成评价工作，能够执行多种性质、类别、规模的项目评审，招标、统计、造价、财务专业技术人员合作，可以满足更深程度的评价需求。

    3.反映的问题更全面

第三方咨询机构组织和实施招标采购后评价工作，能够有效综合项目的多维度指标，让评价结果更精准；能够通过独立问题发现聚合性表现，也能在共性中发现个性问题，系统地提出有针对性的建议，最终形成高质量书面后评价报告。

（三）适用第三方咨询机构组织和实施招标采购后评价的情形

第三方咨询机构组织和实施的招标采购后评价，适用于集团企业整体招标采购工作后评价、国家重大建设项目专项评价、企业单项项目评价、企业内部重点项目集中评价及上级监督管理部门如财政部、国资委重点审查的项目评价等。

三、招标投标行政监督管理部门

近些年来，随着社会经济的发展，国有企事业单位基建项目投资活动日益呈现多样性和复杂性，随着住房和城乡建设部《关于进一步加强房屋建筑和市政基础设施工程招标投标监管的指导意见》的公布，各地区招标投标行政监督管理部门开始加大对建设项目的招标投标后评价力度，强化风险评价意识与防范措施，逐步在各地行政主管范围内发起一定周期的招标投标项目集中后评价工作。招标投标行政监督管理部门对于后评价工作的组织与实施是促进招标投标活动健康、有序和持续发展的重要推手。只有加强对招标投标的管理和监督，并通过对招标投标活动全过程的评价，发现并及时纠正招标投标活动中各参与主体、各阶段和重要环节上存在的问题，查处违法、违规行为，最大可能地提高资金的使用效益，方能确保招标投标活动在遵循公开、公平、公正和诚实信用原则的前提下有序竞争、规范运行。

（一）招标投标行政监督管理部门组织和实施后评价工作的主要特点

1.组织能力强，实施力度大

国家发展和改革委员会对于国拨资金的工程项目建设投资、财政部门对于使用财政资金进行的招标采购行为、国资委对于国有企业使用国有资金进行的招标采购行为，国家各级住建委对于其管辖范围内的工程建设招标投标行为的规范性，都有监督管理的职责。这些行政监督管理部门对于招标采购工作进行的审查、审核、整治等后评价相关工作一旦发起，会以严肃的发文形式从上至下贯彻和执行，各下一级机构一般都会积极配合开展相应的工作，并在约定时间进行总结汇报，这种行政力量非常强大，在组织和实施方面都凸显了强有力的执行力。

2.方向性、针对性很明确

行政监督管理部门发起的后评价工作，方向性会非常明确，针对性很强。例如，2019年8月20日，国家发展和改革委员会、工业和信息化部、住房和城乡建设部、交通运输部、水利部、商务部、铁路局、民航局等八部委联合发布的《工程项目招标投标领域营商环境专项整治工作方案》（发改办法规〔2019〕862号），对整治范围、整治内容、整治方式、工作步骤、工作要求、截止时间等都有明确的规定和要求。2021年2月20日，国家发展和改革委员会、工业和信息化部、住房和城乡建设部、交通运输部、水利部、农业农村部、商务部、国家广播电视总局、能源局、铁路局、民航局等十一部委，联合发布《关于建立健全招标投标领域优化营商环境长效机制的通知》（发改法规〔2021〕240号）。各级相关部门进行的工作必须按照上述工作方案和通知的要求推进，并在既定的时间进行汇报，方向性、针对性都非常明确。

3.发现问题后能够有力整治

通过各类专项整治工作，行政监督管理部门通过完善招标投标法规政策体系、督促建立责任清单、优化招标投标实施与监管流程、追究招标投标领域相关市场主体责任、加强招标投标领域廉政建设等手段，强化了行政监督管理部门的事中事后监管职能，从源头上规范招标投标领域营商环境的治理发展，加强了对于违法违规行为的震慑。

（二）招标投标行政监督管理部门组织和实施招标采购后评价的项目情形

　　招标投标行政监督管理部门组织和实施招标采购后评价常见的主体为财政部、国资委、发展和改革委员会以及建设主管部门。组织和实施主体不同，其评价的方向和目的就有所不同。下面以发展和改革委员会组织和执行的后评价为例，重点选择实施后评价的项目情形：

　　（1）单个标段招标预算金额2亿元及以上的施工、3 000万元及以上的专业工程、1 000万元以上的材料、设备或服务。

　　（2）招标过程中异议较多或者有投诉的项目。

　　（3）信访件质疑招标投标公开、公平、公正的项目。

　　（4）舆论、媒体关注的项目。

　　（5）群众反映强烈的项目。

　　（6）在建工程出现质量、安全事故的项目。

　　（7）涉及上级部门交办事项或纪检监察、审计等有关部门移交线索的项目。

第二节　招标采购工作后评价的主要研究方法

　　具体项目的后评价采取切实可行的评价方法，是保证后评价质量的基础。目前国内外项目后评价的主要方法有对比法、因果分析法、调查法、逻辑框架法、成功度法、层次分析法和模糊综合评价法。基于招标采购工作后评价的特殊性质，适用的评价方法有层次分析法、模糊综合评价法、横向比较法、纵向比较法、因果分析法和成功度分析法几种。应当根据项目的特点和后评价工作要求，选择最为合适的方法或组合来完成评价工作。

一、层次分析法

（一）层次分析法的概念简述

　　层次分析法英文简称为AHC，是美国著名运筹学家、匹茨堡大学教授T.L.萨蒂（T.L.Satty）于20世纪70年代初在课题中提出的一种定量与定性相结合的层次化、系统化的分析方法。这种方法的特点就是在对复杂决策问题的本质、影响因素及其内在关系等进行深入研究的基础上，利用较少的定量信息使决策的思维过程数学化，从而为多目标、多准则或无结构特性的复杂决策问题提供简便的决策方法。它也是对难以完全定量的复杂系统作出决策的模型和方法。层次分析法根据问题的性质和要达到的总目标，将问题分解为不同的组成因素，并按照因素间的相互关联影响以及隶属关系将因素按不同的层次聚集组合，形成一个多层次的分析结构模型，从而最终使问题归结为最低层（供决策的方案、措施等）相对于最高层（总目标）的重要权值的确定或相对优劣次序的排定。运用这种方法可以在不同层次上对复杂问题进行分解和剖析，然后再结合实际情况对各类因素的权重进行科学合理的配置，同时采用定量的分析方法对各层指标的重要性进行确定。

在物资采购、工程项目招标评价过程中，采用层次分析法，操作更加简单，流程更加透明，并且收到的评价结果也更加客观、科学合理。层次分析法的有效应用可分为四步：一是明确问题，建立层次结构模型；二是建立判断矩阵；三是单层单排序和检验一致性；四是综合排序层次。

（二）层次分析法的应用

1.建立层次结构模型

充分了解需要评价的问题元素是建立层次结构模型的首要前提。应充分掌握各评价准则包含的范围和因素，并需要弄清楚这些评价准则的隶属关系和关联关系，对上述内容有了清晰的了解后，才能对即将分析的总目标所涉及的评价因素进行归类，构造出各问题元素相互关联的层次结构模型图（见图4-1）。

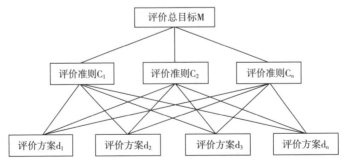

图4-1 层次结构模型图

层次分析法是将评价标准按总目标（M）、评价准则（C_1，C_2，C_n）直至具体评价方案（d_1，d_2，d_3，d_n）的顺序分解为多层次结构，然后用求解判断矩阵特征向量的办法，求得每一层次的各元素对上一层次某元素的优先权重，最后再加权递阶归并各方案对总目标的最终权重。其中：

最高层为总目标（M），表示需要进行招标采购后评价的目标，也就是此次招标采购后评价工作运用层次分析法所达到的总目标。

中间层为评价准则（C），表示实现总目标（M）的中间环节，是衡量总目标的指标、准则等。

最底层为评价方案（D），表示实现总目标的具体评价方案和措施等。

运用层次分析法进行系统建模时，实施内容大致分为以下几点：

第一，通过对系统的深刻认识，确定该系统的总目标，弄清规划决策所涉及的范围、所要采取的措施和政策，实现目标的准则、策略和各种约束条件等，广泛地收集信息。

第二，建立一个多层次的递阶结构，按目标的不同、实现功能的差异，将系统分为几个等级层次。

第三，确定以上递阶结构中相邻层次元素之间的相关程度。通过构造两两比较判断矩阵及矩阵运算的数学方法，确定对于上一层次的某个元素而言，本层次中与其相关元素的重要性——相对权值排序。

第四，计算各层元素对系统目标的合成权重，进行总排序，以确定递阶结构图中最底层各个元素的总目标中的重要程度。

第五，根据分析计算结果，考虑相应的决策。

2.建立判断矩阵

判断矩阵是表示本层所有因素针对上一层某一个因素的相对重要性的比较矩阵。判断矩阵的元素用萨蒂的1~9标度法给出，成对比较的因素不宜超过9个，即每层不宜超过9个因素。

建立判断矩阵在招标采购后评价工作中，常被用于评分权重的确定。例如，某企业进行设备货物的招标采购后评价，就招标采购公告阶段的权重确定而言，设定总目标元素为M，再设定与总目标层相连的准则层各元素为C_1、C_2、C_3，C_1表示公开招标项目是否按规定在指定媒介发布资格预审公告或者招标公告，C_2表示同一招标项目在不同媒介发布的资格预审公告或者招标公告的内容是否一致，C_3表示招标信息（资格预审公告、招标公告、投标邀请书）中投标人资格要求等主要内容是否符合相关规定。M对C有支配关系，假设以目标元素M作为准则，通过评价小组评定在M下元素C_i对C_j的优劣比较，C_1、C_2、C_3的标度设定如表4-1所示，根据表4-1的内容构建两两比较判断矩阵，并计算每列之和，如表 4－2所示。

表4-1　0~9标度量化表

	元素C_i量化值	元素C_j量化值
C_i与C_j"同等"重要	1	1
C_i与C_j"稍微"重要	3	1/3
C_i与C_j"明显"重要	5	1/5
C_i与C_j"强烈"重要	7	1/7
C_i与C_j"极端"重要	9	1/9
两相邻判断之间的中间值	2，4，6，8	

表4-2　比较判断矩阵表（第一层要素）

M	C_i	C_1	C_i
C_1	1（a_{11}）	5/3（a_{12}）	5/7（a_{13}）
C_2	2/5（a_{21}）	1（a_{22}）	3/8（a_{23}）
C_3	8/5（a_{31}）	7/2（a_{32}）	1（a_{33}）
列总和	3	6.167	2.089

表 4－2中数值表示：a表示对目标M来说，C_i对C_j相对重视性的数值体现。两个因素比较时，前一个元素和后一个元素的标度互为倒数。利用这些标度，可以将量纲不一定一致的定性因素进行定量比较，并且在此基础上得到需要的判断矩阵。

将各元素归一化。把表 4－2矩阵表中每一个元素除以其所在列总和，组成标准的两两比较矩阵，如表 4－3所示。

表4-3　比较判断矩阵表（第一层标准）

M	C_1	C_2	C_3
C_1	0.333	0.270	0.342
C_2	0.133	0.162	0.180
C_3	0.533	0.568	0.479

计算表 4 –3中每一行的平均值，得出每行要素的权重，计算结果如表 4 –4所示。

表4-4 权重（特征向量）计算结果

	权重（特征向量）
C_1	0.32
C_2	0.15
C_3	0.53

3．单层单排序和检验一致性

随机一致性比率CR是该过程的权衡因素，由判断矩阵一致性指标CI与平均随机一致性指标RI的比值确定。随机一致性指标RI的值如表 4 –5所示。若$CR<0.1$，则通过检验；若未通过，需继续调整矩阵直至满足所需条件。

表4-5 随机一致性指标

阶数	1	2	3	4	5	6	7	8	9
RI	0	0	0.58	0.9	1.12	1.24	1.32	1.41	1.45

（1）由比较判断矩阵表（表4-2）与特征向量表（表4-4）相乘，获得赋权和向量，再将每个赋权和向量除以对应的特征向量，计算结果见表4-6所示。

表4-6 赋权和向量

	赋权和向量	赋权和向量/特征向量
C_1	0.942	2.986
C_2	0.474	3.158
C_3	1.556	2.955

（2）取赋权和向量/特征向量计算结果的平均值：

$$\lambda 值=（2.986+3.158+2.955）/3=3.03$$

（3）计算CI一致性指标：

$$CI=(\lambda-n)/(n-1)=0.015$$

（4）通过查询表4-5中随机一致性指标，得到$RI=0.58$，那么一致性比率$CR=CI/RI=0.026<0.1$，通过了一致性检验，无须再次调整判断矩阵。以此类推可以确定出不同评价准则因素的权重。

4.综合排序层次（层次总排序）

计算各个层次元素的组合权重。

在做好确定总目标M的$C_1，\cdots，C_n$的单层排序工作及权重计算工作后，重复上述步骤继续完成对于准则层C_i来讲的子准则层的单层排序工作（如有），再重复上述步骤做对于子准则层来讲的方案层单层排序工作，最后再进行总排序。

（三）在招标采购工作后评价中层次分析法存在的优缺点

1.优点

（1）准确建立所有要素的层级，清晰呈现各层、各准则与各要素的关系。

（2）简化评估过程，计算过程简单易懂。

（3）若研究资料存在遗漏或不足的地方，仍能求得各要素的重要性。

2.缺点

（1）要素之间两两比较有时比较困难。

（2）当要素比较多时，一致性检验可能无法通过（所以一般把要素控制在7个以内）。

（3）分析时没有考虑要素的相关性问题。

二、模糊综合评价法

（一）模糊综合评价法的概念简述

模糊综合评价法（Fuzzy Comprehensive Evaluation，FCE），最早是由我国学者汪培庄提出的，是以模糊数学为基础，运用模糊关系合成原理，把一些边界不清晰、归属不明确、不易定量的因素定量化，从而进行综合评价的一种方法，用于解决定性信息较多的评价问题，是随着模糊数学的迅速发展而开发出的一种较为先进的评价方法。在评价过程中，使用的评价因素通常都带有模糊性和不确定性，且没有十分明确的界限和清楚的外延，不存在十分精确的肯定与否定，故受主观因素的影响，不同的人对同一因素的评价各不相同，不能直接用简单的数学方法来确定因素的具体判断值。采用模糊综合评价方法，可以使定性分析与定量分析得到较好的融合，避免了原来项目后评价工作中的主观随意性，得出的结论较为客观，用于招标采购工作后评价的评价标准制定还是比较适合的。可以通过对招标采购项目各阶段多项指标进行分析打分并加权计算得分后，评价项目质量。

招标采购工作后评价中采用模糊综合评价法，一方面符合招标采购项目后评价指标定性分析的特性，在对项目的"优秀、良好、合格、较差"的判断中带有一定的模糊性；另一方面，模糊综合评价法具有对多层次、多种类指标进行分析、评价的功能，能够有效综合项目的多维度指标体系，适用性强，能够满足多种性质、类别、规模的招标采购项目后评价，进而从发包方式、项目类型、阶段划分等各个维度对单独项目或项目集情况作出较为客观的评价。因此，模糊综合评价方法具有较强的科学性和综合性，能够有效满足对招标采购项目开展后评价的需要。

在具体的评价过程中招标采购工作后评价指标具有层次性，且指标种类较多，建立多层次多维度的模糊综合评价标准，能够有效对指标进行梳理和归类，有利于招标采购工作后评价的开展。其评价的基本步骤如图4-2所示。

图4-2　模糊综合评价的基本步骤

在应用过程中，指标权重的确定是关键步骤之一。确定指标权重的方法有很多，可以由若干相关领域的专家根据指标的重要程度确定，亦可选用层次分析法或熵权赋值法确定，定量和定性相结合，将人的主观判断用数量形式表达和处理，尽量减少由个人主观臆断所带来的弊端，使项目评价结果更为可信。

（二）利用模糊综合评价理论建立模型

先将后评价项目的评价目标看成一个模糊集合（称为"因素集U"），这个模糊集合由多种因素组成，这些因素就是评价指标。再将这些因素评定为若干个评价等级，这些等级组成评价的模糊集合。然后根据评价因素的性质构造隶属函数，用隶属函数分别求出单因素对各个等级的归属度，组成隶属度矩阵（称为"模糊矩阵**R**"或"评判矩阵**R**"），根据各个因素在评价目标中所占的权重，通过模糊矩阵的转换和合成，求出评价的综合定量解值。

（三）模糊综合评价法运用的具体步骤

1.确定评价对象的评价因素U

根据评价对象的特性和设置指标体系的基本原则，确定评价对象的评价指标体系。该体系有n个评价因素，组成评价因素集U=（U_1, U_2, …, U_n）

2.确定评判集C

将每一个因素的评价结果划分为 m 个不同的等级，构成评判集C=（C_1, C_2, …, C_m）。每一个等级可对应一个模糊子集。

3.构造模糊关系矩阵（隶属度矩阵）**R**

在构造了等级模糊子集后，就要从每个因素上量化被评价对象，来确定从单因素来看被评价对象对等级模糊子集的隶属度，这就需要构造相应隶属函数，根据隶属函数得到模糊关系矩阵：

$$R=\begin{bmatrix} r_{11}, & r_{12}, & \cdots, & r_{1m} \\ r_{21}, & r_{22}, & \cdots, & r_{2m} \\ \vdots & \vdots & & \vdots \\ r_{m1}, & r_{m2}, & \cdots, & r_{mn} \end{bmatrix}$$

在模糊关系矩阵 **R** 中第i 行第 j 列元素 r_{ij} 表示被评价对象从因素U_i来看对C_j等级的隶属程度，所以 **R** 也叫作"隶属度矩阵"。模糊综合评价法与其他的评价方法不同，在其他评价方法中某个因素U_i方面被评对象的表现，是由一个指标的实际值来体现的，而在模糊综合评价中，则是通过模糊关系矩阵**R**来体现的，所以，模糊综合评价法比其他评价方法需要的信息要更多、更全面。

4.确定评价因素的权重向量**W**

在模糊综合评价中，确定指标权重的方法有很多，可以由若干相关领域的专家根据指标的重要程度确定，亦可选用层次分析法或熵权赋值法确定。

使用基于熵权的指标权重赋值法确定评价因素的权重向量的具体操作方式为：①建立指标体系，即确定项目后评价因素集后，对各个指标得出可能的评价结果，按照具体类型和情况划分为若干个等级，及时建立评价集，如设评语集为：$C=(C_1, C_2, C_3, C_4)=$（优秀，良好，合格，较差）。②发放评价问卷。每个指标得到实证数据主要是通过发放问卷的形式。对通过问卷形式得到的数据进行研究。首先，对按各个指标对应的数据进行整理，将最后得到的数据进行处理。其次，将每一个指标转化为评价值，对每个因素的评价结果进行量化，得出每一项指标基于熵值法的客观赋权的权重。先确定二级评价指标的权向量：$W=(W_{i1}, W_{i2}, \cdots, W_{in})$。再确定一级评价指标的熵权向量：$W=(W_1, W_2, \cdots, W_n)$

5.合成模糊综合评价结果矩阵S

根据模糊矩阵和指标的权重进行转换，合成评价结果矩阵，在分析评价结果时，最大隶属度原则是最常用的方法，但在某些情况下采用这种方法会很勉强，会损失很多有用的信息，甚至会得出不合理的评价结果。因此，本研究使用加权平均求隶属等级的方法，对于多个被评事物可以依据其等级位置进行排序。本章中模糊综合评价方法采用加权平均型模型：

$$b_j= \sum (a_i r_{ij})$$

运算时兼顾了各元素的权重大小，评价结果体现了被评价对象的整体特征，对于整体指标的优化还是很适合的。利用合适的算子将各被评事物的R与W进行合成，可以得到各被评价对象的模糊综合评价结果向量S。即：

$$S=W \cdot R= (W_1, W_2, \cdots, W_n) \cdot \begin{bmatrix} r_{11}, & r_{12}, & \cdots, & r_{1m} \\ r_{21}, & r_{22}, & \cdots, & r_{2m} \\ \vdots & \vdots & & \vdots \\ r_{m1}, & r_{m2}, & \cdots, & r_{mn} \end{bmatrix} = (S_1, S_2, \cdots, S_n)$$

式中，S_i为被评价对象属于C_j等级模糊子集的程度。

得出了模糊综合评价结果也就得出了该项目的评价结果，根据得出的结果对项目的各项指标进行详细分析，找出存在的问题，提出相应建议。

以招标项目后评价为例：

首先，建立综合评价的影响因素集$U=(U_1, U_2, U_3, U_4)=$（招标前期阶段工作评价、开评标阶段工作评价、定标阶段工作评价、备案阶段工作评价），其中，u_i（$i=1$，2，3）又含有各自的二级、三级子因素。选择各指标项目专家，各专家根据工作经验选择定向评价意见或以调查问卷的形式确定，根据各因素评价结果，建立最底层指标评价集，构造出总的评价矩阵R。

其次，按照从低到高逐层推进的顺序，确定各基础评价标准权重向量$W=（W_1，W_2，\cdots，W_n）$，则综合评判结果为$S=W \cdot R=（S_1，S_2，\cdots，S_m）$，将此结果作为上一层次中各因素的单因素评判，同时给出这些因素赋予相应的权重W'，则可以进行第二级的综合评判：$C=W' \cdot S'=（S_1'，S_2'，\cdots，S_m'）$。同理可以进行第三级或更多级的综合评判。最后，即可获得对总体的综合评判结果。

（四）模糊综合评价法的特点

1.模糊性

模糊综合评价法决定了评价结果是一个集合，而不是某一个点值，描述了事物本身的模糊特性，它的评判结果是用各个等级的隶属程度来表示的，模糊综合评价一般都是对被评价对象逐个进行的，所以评价结果对被评价对象具有唯一性，不论被评价对象处于什么评价集合中，评价结果都不会改变。

2.层次性

模糊综合评价的核心特征是综合处理多级指标，招标项目的评价指标和维度较多且各指标之间存在层次性，须建立分级别层次的指标体系，以确保评价模型的合理性和科学性，所以模糊综合评价是对多级层次性指标的综合评价。

3.可循环性

模糊综合评价的前一个过程的评价结果可以作为下一个评价过程的原始数据使用，也就是说评价的原始数据是可以循环使用的，对于性质较为复杂的评价对象不仅可以进行单级单层次的模糊综合评价，还可以进行多级多层次的模糊综合评价。

4.权重处理

在模糊综合评价中，权重系数是可以描述指标的重要性向量，不是在评价模型中的特定向量，它也许是根据评价专家的经验估计出来的数值，所以在综合评价中必须对权重赋值。

三、横向比较法

（一）横向比较法的概念简述

横向对比法是将项目实施后的结果与同行业内类似项目或与其他地区同

类项目进行指标横向对比，从而判断项目的效率和效果的方法。在招标采购工作后评价中将项目实施后的结果与同行业内类似项目或与其他地区同类项目进行指标横向对比，可以判断出项目执行的效率和效果，但在进行这一比较研究时应注意，对不同研究对象进行比较有一个前提条件，即它们必须是同类的或具有相同性质的企业或项目，而且必须是处于同一时期的。

例如，中城天工为某集团组织和实施集团整体招标后评价工作，在后评价执行过程中横向对比了同一时期内其他企业主体项目执行成果，比较了招标采购项目在招标采购前期、开评标、定标、备案及合同履行上的优劣，找到与行业标杆的差距，汲取行业中先进经验，改进自身的不足。

（二）横向比较法的基本内容

（1）对于某个需要评价的项目C，在同一时期同一行业横向选择出相类似的项目Xn作为参照项目，以确定评价的标准 Q。

（2）选择可反映招标采购项目全过程执行情况的参数作为评价指标R，R应包括招标采购前期、开评标、定标、备案及合同履行等阶段内容，并把R分解成不同层次，如A层、B层、C层。

（3）可根据层次分析法确定各指标各层次的权重K值。

（4）把指标数值与评价标准值的比值定为评价指数V，根据V值从小到大或从大到小的顺序，确定优秀、良好、合格、较差四个等级，确定等级评语G。

（5）计算出最基层（如C层）指标的评价指数V_C，依次加权计算出V_B、V_A值，得到不同指标不同层次的评语G_C，G_B，G_A，从而得到需评价项目的基本特征，找到它在行业范围内的优势，找出自身项目执行的不足，分析产生的原因，指出今后招标采购工作执行和管理方面的发展意见。

（三）选择评价指标R所遵循的基本原则

1.系统整体性原则

指标应能综合反映招标采购项目各阶段，即招标采购前期、开评标、定标、备案及合同履行等阶段的执行过程。

2.指标应具有层次性原则

指标之间并不是毫无关系的，而应呈现出相互关联或相互归属的层次性。可以把指标分解为A，B，C，D四个层次。

3.指标数值应易于收集

指标的数值一定要易于收集，这一点是非常重要的，再好的指标，如果数值收集不到，也就难以用于执行。

四、纵向比较法

（一）纵向比较法的概念简述

纵向比较法也称为"历史比较法"或"垂直比较"法，是指对同一事物在不同历史时期里的发展变化进行比较的方法。在招标采购工作后评价中可以以时间为顺序，以过去某一周期的招标项目执行情况为单位逐一比较，可以较为轻松地归纳出企业招标投标执行情况的发展趋势和发展轨迹，从而抓住推动发展的有利关键点，总结出项目执行的经验和一直未解决的问题。

纵向比较法的特点是以时间为坐标，通过测量与比较研究对象在先后不同时间段中的变化，发现问题并找到解决的方法。

例如，在中城天工为某企业进行的两个周期的后评价工作中，就利用了纵向比较法，将此次周期的招标采购项目执行情况与过去一周期的项目执行情况做对比，总结出了执行较好和较差的各个方面，较好的方面继续保持，较差的方面加以改正，这样能够更好地推动企业招标采购方面向着高质量、高层次发展。

（二）纵向比较法的基本内容

将单项评价指标的评价结果，与上一年度或任一年度的统一评价指标结果做比较，观察其变化情况，看其是否有进步以及进步大小。在后评价工作中可以进行全部比较，也可以任选某些指标进行比较。

这种比较，必须在计算方法、量值不变的条件下进行，否则需要进行调整。比较结果可以通过曲线图4-3表示。

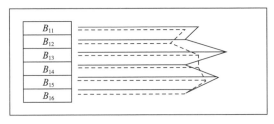

—— 当年的评价指标结果　- - - 比较年度的评价指标结果

图4-3　评价指标结果比较图

五、因果分析法

（一）因果分析法的概念简述

因果分析法在项目管理中，尤其在项目执行的质量管理中有着广泛的应用，主要通过对后评价结果产生的原因进行分析。由于有些招标采购项目后评价的广度较大，评价涉及范围广，建设周期较长，且在项目实施过程中参与方较多，有些评价阶段的评价主体不同，受国家宏观经济政策的影响较大，所以各阶段评价结果存在差异性。因此，在招标采购项目后评价时，为了及时分析出问题，提出解决此问题的响应对策，就需要运用一系列的方法。运用因果分析法可以找出造成各阶段评价结果差异的原因，从而可以分析出造成总评价结果不理想的原因，以便总结经验和教训，提出改善的措施和建议。

（二）因果分析法的主要内容

1.对合规程度进行分析

对招标采购项目管理法规、条例的合规程度进行分析。主要分析以下内容：

（1）工程项目的建设是否遵照国家规定的项目管理程序。

（2）是否按照项目立项决策、勘察设计、资金筹措、项目招标投标、施工组织管理、工程监理、竣工验收工作等环节进行。

2.对执行情况进行分析

对招标投标各阶段操作程序的执行情况进行分析。主要分析以下内容：

（1）前期文件编制的规范性。

（2）项目决策与审批的规范性。

（3）资金落实情况。

（4）招标项目的审批核准或备案情况。

（5）项目公告发布及招标文件编写情况。

（6）招标文件异议答复情况。

（7）工程项目造价成果编制情况。

（8）评标委员会的组建情况。

（9）开标会的组织情况。

（10）评标会的评审情况。

（11）项目中标公告发布及中标信息编写情况。

（12）定标原则的合规情况、质疑、异议、投诉的处理情况。

（13）合同签订的规范情况。

（14）档案资料的完整情况。

（15）档案资料反馈项目执行的合法合规情况等。

　3.对质量有关指标进行分析

对招标采购项目前期阶段和履行阶段质量有关指标变化进行分析。主要分析以下内容：

（1）设计方案的变化。

（2）工程建设规模及数量的变化。

（3）项目总投资及单项工程投资的变化。

（4）资金来源渠道及融资方式的变化。

（5）工程支付方式、数量及时间的变化。

（6）设施及设备技术标准的变化。

（7）设备采购方式的变化。

（8）技术设备引进及人员培训方式的变化。

（9）工期变化等。

六、成功度分析法

（一）成功度分析法的概念简述

成功度是对项目成败程度的衡量标准。

成功度分析法是项目后评价的一种综合评价方法，也就是通常所称的打分法。该方法的运用过程为：通常依靠评价小组的经验，结合项目的运行情况制定评价指标体系，根据项目各方面的执行情况综合评价各项指标，对各项指标分别进行打分，最后得到项目的综合分数并完成评级，对招标采购项目执行的成功程度得出定性的结论。该方法多用于需要综合分析各评价对象数据项目完成情况的集团企业整体招标后评价工作。

项目后评价，特别是项目事后评价需要对项目的总体成功度进行评价，得出可信的结论。项目成功度评价需对照项目开展前编制的招标实施方案和执行目标，分析实际实现的情况与其差别，以评价招标采购项目的执行成功程度。在做招标采购项目成功度评价时，要十分注意项目原定目标合理性、实际性以及条件环境变化带来的影响，并进行分析，以便根据实际情况，评价项目的成功度。

（二）成功度分析法的指标体系

成功度分析法的核心和前提在于要根据项目经验和论证结果建立科学合理的指标体系。

1.评价指标体系的确定

评价指标可分为一级指标和二级指标。

2.指标权重的确定

指标权重的确定可以采用经验判断法，一般要设计相应的调研表，请专家组对指标权重做出评价，打出相应分值，取用专家打分的平均值决定指标权重。

3.评价等级的确定

根据实际经验，可以将项目成功度分数划分成五个等级，如表4-7所示。

表4-7　项目成功度等级设定表

完全成功 优秀：≥90分	基本成功 良好：<90分且≥80分	部分成功 合格：<80分且≥70分	不成功 较差：<70分且≥60分	整体失败 失败：<60分
招标采购项目的招标投标过程合法合规，完全遵循公开、公平、公正的市场竞争原则，项目的各项目标均已实现	招标采购项目的招投标过程基本合法合规，基本遵循公开、公平、公正的市场竞争原则，项目的大部分目标均已实现	招标采购项目的部分招标投标阶段合法合规，项目实现了原定的部分目标，总体还有较多的改进空间	招标采购项目的招标投标过程存在大部分违规现象，没有依照国家相关法律法规的要求执行招标投标过程，项目的目标基本没有实现	招标采购项目未遵守必须招标的工程项目的规定，应公开的未公开、应执行的未执行、规避招标或无招投标过程，且项目的目标均未实现

（三）成功度分析法测定步骤和方法

项目成功度评定表设置了招标采购后评价项目的主要指标。在对具体项目进行成功度评定时，并不是要对评定表中的每一项指标都进行评定。评价小组人员应根据评价任务的性质、目的、类型和特点确定与项目的相关程度，从而确定各评价指标的重要性，一般把它们划分为三类，分别为"重要"、"次重要"和"不重要"，在表中注明的"相关重要性"处完成填写。在招标采购项目评价过程中，只测定其中的"重要"和"次重要"的指标，标注为"不重要"的指标不用进行评定，就一般的招标采购项目而言，实际需要测评的指标在10个左右。

在对各项指标做评定时，会采用打分制的方式，即按上述项目成功度等级设定表中后四项的四个等级分别用A，B，C，D表示。通过综合指标重要性分析和单项成功度结论，可以得到整个招标采购项目的成功度指标，同样用A，B，C，D分别表示，将其填入成功度评定表中的"总成功度"一栏中。

在操作具体招标采购项目后评价中，项目评价小组的成员分别完成表格填写后，对各项指标的设定和等级进行内部详细讨论，或经必要的数据处理后，形成评价小组的成功度表（见表4-8），再把相应的结论做好汇总写入后评价报告。

表4-8　招标采购项目成功度评定表

评定项目指标	相关重要性	评价分数	备注
1.项目竣工验收和结算资料的归档情况			
2.项目决策与审批的规范性			
3.资金落实情况			
4.招标项目的审批核准或备案情况			
5.项目公告发布及招标文件编写情况			
6.招标文件异议答复情况			
7.工程项目造价成果编制情况			
8.评标委员会的组建情况			
9.开标会的组织情况			
10.评标会的评审情况			
11.项目中标公告发布及中标信息编写情况			
12.定标原则的合规情况			
13.质疑、异议、投诉的处理情况			
14.合同签订的规范情况			

续表

评定项目指标	相关重要性	评价分数	备注
15.档案资料的完整情况			
16.档案资料反馈项目执行的合法合规情况			
17.开工资料的完备情况			
18.施工过程资料的完整情况			
19.项目竣工验收和结算资料的归档情况			
合计分数	/		
总成功度			

第三节　招标采购工作后评价的主要分类

一、单项项目执行的后评价

（一）单项项目执行后评价的概念

单项项目执行的后评价是指招标项目在确定中标人后，由企业监督审计部门组织相关领域的专家对该项目招标全过程进行分析、评价和总结，对招标过程提出合理建议。其特点为：后评价实施对象为某个项目，通过对单项项目实施过程、结果及其影响进行调查研究和全面系统回顾，与项目前期阶段确定的进度计划方案、人员配备方案及招标采购工作方案等指标进行对比，找出差别和变化、分析原因、总结经验、汲取教训、得到启示、提出对策建议；通过信息反馈，改善对项目招标采购工作的管理和决策方案，达到提高招标采购工作质量的目的。

（二）单项项目执行后评价的实施过程

单项项目执行的后评价工作的评价程度一般为广度和深度相结合的评价。广度评价一般体现在大范围的资料审查上，一般包括从项目可行性研究阶段开始到项目结算完成所留存的所有档案资料。深度评价体现在项目招标投标活动的各方面细节上，如项目进度的合理性、招标采购工作的规范性、公告发布的准确性、项目结算的时效性等各个方面。依据评价的各方面拟定更为深入细化的评审标准，从深入层面发掘问题，提出相应建议。

二、集团企业整体招标工作后评价

（一）集团企业整体招标工作后评价的概念

集团企业整体招标工作后评价是指根据后评价工作的内容和范围，将集团企业所属各级子公司、分公司、项目部分别作为评价对象，对各评价对象在过去的一个评价周期内的招标采购管理与实施工作的合法合规、标准化程度等进行详细梳理、综合评价与总结归纳。对后评价工作成果进行分析后找出其中有代表性的共性问题，对发现的问题提出改进意见或建议，并督促整改，同时对总结的经验予以推广。实施集团企业整体招标工作后评价可以不断地促进项目决策科学化，完善集团公司招标采购管理制度，提高招标采购工作执行力，持续提升招标采购管理工作的质量和水平。

（二）集团企业整体招标工作后评价的实施过程

为了建立科学、稳定的集团公司内部招标采购工作后评价工作机制，企业往往先聘请专业能力强、招标投标领域经验丰富的技术咨询单位，协助企业进行首次招标采购后评价工作。在对企业过去的一个评价周期内的招标采购管理与实施工作进行梳理与总结的同时，建立专业的评价标准及评价模型。再次开展特定周期的集团企业招标后评价工作时，只需根据政策法规和市场环境变化修订和完善，让工作逐步体系化、制度化，逐步建立招标投标后评价工作的长效机制，形成对招标投标活动事前核备、过程监督、事后评价的闭环监管体系。

三、行政主管部门发起的特定目的的后评价

（一）行政主管部门发起的特定目的后评价概念

行政主管部门发起的特定目的的后评价一般是招标项目在确定中标（候选）人后，由监管部门组织行业专家开展的，是对招标过程的体检。后评价是评价专家小组对该项目招标全过程进行分析、评价和总结，对招标过程提出合理化建议，由监管部门依法处理招标过程中存在的问题并追究相关主体责任的活动。这项工作对项目招标情况进行客观公正的评价，旨在进一步加强对评标专家事中事后动态管理，促进招标和评标水平的持续提高，打击围标串标，优化营商环境。这项工作提高了招标代理工作质量和服务水平、规范了评标专家的评标行为，进一步规范了招标投标市场环境。

　　行政主管部门发起的特定目的的后评价最常见于招标投标行政监督管理部门开展的建设工程招标投标情况监督评价工作。实施方式可以是自行组织专家评价，亦可选择多家合法成立、具备管理服务经验、综合服务实力较强、熟悉建筑市场的专业机构共同完成。后评价以招标结果是否合理作为导向，重点评价项目的招标结果是否实现"择优和竞价"的招标目的。评价的范围和内容一般为随机检查评价。

（二）行政主管部门发起的特定目的后评价的实施过程

　　工作组从监督区域的公共资源交易平台上完成招标投标全过程的项目中，依照不低于招标项目总数20%的原则，以指定加随机的方法选取相应比例的项目作为被抽查项目，形成项目抽取统计台账。聘请专业评价机构，组成5人以上单数的评价小组。组成评价小组的人员一般为从事相关专业领域工作时间长、专业素质高、取得职称年限长且无不良信用记录的专职人员。评价小组的每位成员应独立评价，意见不一致时执行少数服从多数的原则。依据《中华人民共和国招标投标法》《中华人民共和国招标投标法实施条例》以及有关制度办法、规范性文件，对被检查的各个项目及各执行主体开展检查工作，依据评价的目的及评价指标模型完成特定目的的后评价工作，形成评价结论和评价报告，对外公布问题、整改意见及处罚措施。

四、组织和实施后评价工作的重要意义

（一）有利于提高评标专家的责任心

　　评标专家既要有丰富的专业知识，也要有廉洁自律、客观公正的职业道德。开展招标采购后评价，就建立了一种监督机制，无形中给评标专家增加了压力，从而促使评标专家在遵守相关政府采购、招标投标法律、法规、规章制度的前提下，认真执行自己的权力，认真履行自己的义务，本着对招标投标行业认真负责的态度，严肃对待每一次评标工作。

　　各地政府相关主管部门发起的特定目的的后评价工作几年来的信息反馈显示，评标专家的评价意见已经有了较大的改观，明显的随意、不负责任的现象大大减少，极端评分的不公正现象也几近绝迹。由此可见，这种政府指导监督和专家自律的管理模式，确实有利于提高评标专家的责任心。

（二）有利于提高招标代理的工作质量

　　招标采购后评价对招标代理工作也是一种有力监督。通过评价，可判断出

该项目招标程序是否规范，评标办法是否合理，开评标过程中是否存在异议，以及工程量清单和清标分析是否准确等。招标代理工作的本质是一项社会中介服务，它的工作性质决定了这是一个各方利益和矛盾的汇聚点。因此，招标代理能否协调好各方面的关系，不仅影响到它的服务质量，甚至可能直接影响到招标投标活动的进展。所以招标代理机构必须坚持原则，增强服务意识，用科学的概念、严谨的程序、高标准的工作要求，确保招标代理工作的质量。

（三）有利于提高后续项目执行的规范性、合法性

各企业或招标投标监管部门通过招标采购后评价可以发现和总结招标投标过程中，尤其是评标活动中的问题和经验，如关于低于成本报价的界定问题，关于评标程序过简、评标时间过短的问题，以及关于带有串标嫌疑的组团式投标问题等。从项目中收集和掌握相关信息，及时整改招标投标环节的执行问题，深入研究并推而广之，以期制定科学合理的评标办法。这有利于加强后续工程项目管理，确保工程质量与安全，提高经济效益，保证项目质量，进而不断完善招标投标制度，推动招标投标事业的健康发展。

（四）有利于保护各方利益，促进招标投标活动稳定开展

招标投标是市场竞争的一种重要方式，其最大优点就是能够充分体现"公开、公平、公正"的市场竞争原则。但目前有些项目与"公开、公平、公正"的市场竞争原则背道而驰。组织和实施招标采购项目后评价工作，是监督招标投标市场发展的一种手段，可以进一步保护国家的利益、社会的公共利益及招标投标活动当事人的合法权益，能够促进招标投标活动开展的稳定性、连续性、统一性，有利于保证招标投标的规范化与法制化，提高后续招标项目的质量，提高国有资金使用效率，推动投融资管理体制和各行业管理体制的改革。

第四节　招标采购工作后评价的指标、体系与模型的构建

要对招标采购项目开展后评价工作离不开评价指标和体系的构建，只有评价指标和体系科学合理，才能确保评价工作更高效。合理的项目后评价指标体系能够有效地反映出各执行阶段的问题，也是招标采购工作后评价质量的重要保障，因此，在招标采购工作后评价开展前必须形成科学的后评价指标体系，确保指标实用性、科学性及对应性。

建立评价指标体系是一项系统化的工作，该体系也是项目后评价体系的重要组成部分，建立该体系需要有科学合理的方法做指导。整个体系是由若干个单项指标构成的，每个单项指标都应该反映项目的各方面特征，确保后评价指标能够涵盖招标采购项目的所有阶段和过程。指标体系实际上应与招标采购项目后评价有明确的对应关系，可以将量化指标转化为客观评价。以下按招标采购后评价的三种不同类型介绍如何进行指标体系的构建。

一、单项项目执行的后评价指标体系与模型的构建

招标采购项目完整的招标采购过程包括招标、开标评标、定标、备案四个环节，每个环节都有各自特定的程序，任何环节出现问题都可能降低招标质量或直接导致招标采购的失败，所以后评价工作也可围绕着这四个环节开展。下面以工程建设项目为例阐述后评价阶段划分和指标确定的内容。

（一）工程建设项目后评价阶段的划分

工程建设项目后评价可以划分成六个阶段，分别为招标前期阶段的评价、公告和文件发售阶段的评价、开评标阶段的评价、定标阶段的评价、备案阶段的评价以及履行阶段的评价。

1.招标前期阶段的评价

招标前期工作也称为项目准备工作，包括从项目建议书或可行性研究报告编制到组织实施招标投标这一过程的各项工作内容。一般来说，项目前期工作费用支出少，但所需时间较长。前期工作对于后期招标投标的结果是有着一定影响的，有时会从根本上决定项目招标投标的结果，从而影响各阶段的进展。因此，前期阶段的后评价工作是整个后评价工作的重要内容之一。前期阶段评价要以项目建议书、项目可行性研究报告、规划立项批复文件及招标方式的核准文件等各项内容的编制质量、内部审批、外部核准等必要环节作为主要评价指标进行评价。

2.公告和文件发布阶段的评价

招标公告、招标文件是招标活动的法律文件，编制招标公告及招标文件是招标过程中一个很重要的环节，在每一次招标活动中，国家有关政策法规是否得到贯彻和执行，招标人的需求是否准确、全面、合理地予以表达，影响投标报价和有关标的的多方面指标是否全面、准确、明晰地陈述，对投标人资格、格式、要求等是否表达清楚，有无歧义，评标标准及方法是否明确

详细，都关系到招标公告及招标文件的质量。招标公告，尤其是招标文件的质量直接影响了招标的质量和成败。公平、无倾向性和无歧视性是招标公告及招标文件编制的一个最重要的准则，也是公告和文件发布阶段的评价重点。

3.开标评标阶段的评价

这阶段的工作包括对专家抽取、组织开标会、组织评审会到项目出评审结果各环节工作的评价，可以对项目组织机构、招标代理机构及评标专家的能力作出综合评判。开标评标阶段评价的目的，在于揭示项目在组织过程中，招标人对开标评标内容、实施进度等方面的把控是否符合国家和现行法律法规的要求，以便总结在项目组织开标评标过程中成功的经验或失败的教训。

4.定标阶段的评价

定标是指招标人根据评标委员会的评标结果确定中标（候选）人的行为，在这一阶段，招标人所要进行的工作包括：决定中标人、通知中标人其投标已经被接受、向中标人发放中标通知书、通知所有未中标的投标人、向投标人退还投标保证金及与中标人签订合同等。对采用综合评分法定标的施工项目及部分前期服务类重点项目开展评价工作的，以招标结果的合理性为导向，对异常情况和招标结果进行调查分析，科学、客观、公正地评价工程货物服务招标投标情况的合法合规性以及疑似"合法不合理"的现象。

5.备案阶段的评价

备案阶段是指将处理完毕且具有保存价值的文件资料经系统整理后交档案室保存备案备查的过程，备案阶段招标项目应评价的档案资料至少包括立项审批核准文件、内部请购审批文件、招标公告、招标文件、文件领取情况记录、专家抽取记录、开评标过程资料、中标公示、中标通知书、合同审批、合同文件等。档案资料是反映招标采购活动过程及各项决策的记录，是项目全过程的原始资料，必须妥善保存，严格管理。

6.履行阶段的评价

履行阶段的评价是指从项目开工到竣工验收、交付使用的全过程，包括项目开工、施工、竣工、验收及结算等重要环节。履行阶段是财力、物力集中投放和使用的阶段，也是建设单位最为重视的阶段。一般深度后评价会涉及履行阶段的评价工作。

（二）工程建设项目后评价指标的确定

工程建设项目后评价指标及评价内容如表4-9所示。

表4-9　工程建设项目后评价指标及评价内容

一级评价指标	二级评价指标	评价内容	数据来源
1.招标前期阶段	前期文件编制的规范性	（1）项目建议书是否经过相关主管部门的批准	归档资料
		（2）项目建议书的编制质量，项目的构思、产生和选择是否正确	归档资料
		（3）项目建议书的编制是否建立在充分的市场调研的基础上	归档资料
		（4）项目建议书是否经过企业内部相关权力机构的初步论证，形成论证记录	归档资料
		（5）可行性研究报告是否经过相关主管部门的批准	归档资料
		（6）可行性研究报告的编制质量中建设理由是否充分	归档资料
		（7）目标实现程度如何	归档资料
		（8）市场预测是否准确、资源条件分析是否准确	归档资料
		（9）项目的组织机构和人员配备是否完善	归档资料 线索征集
		（10）资金是否到位或融资方案是否合理	归档资料 线索征集
		（11）可行性研究报告的委托方式、开展时间、研究深度是否符合国家和行业的相关要求	归档资料
	项目决策与审批的规范性	（1）前期材料的内部审批流程和审批时效是否合理	归档资料
		（2）外部核准的办理流程是否完善	归档资料
		（3）决策与审批手续是否完整留存	归档资料
	资金落实情况	（1）项目招标投标开展前资金落实情况是否满足工程建设、采购服务的需要	归档资料
		（2）预算金额的产生是否有相关的依据	归档资料
		（3）招标项目的资金来源是否经相关主管部门审批	归档资料 线索征集
		（4）社会集资项目是否有国家相关部门的审批文件且申请额度是否合理	归档资料
		（5）资金是否及时到位，是否存在资金缺口等	归档资料 线索征集

一级评价指标	二级评价指标	评价内容	数据来源
1.招标前期阶段	招标项目的审批核准或备案情况	（1）招标项目是否有审批核准或备案手续（未达到核准或备案标准的除外）	归档资料
		（2）自行招标采购的项目是否有国家主管部门的审批资料	归档资料
		（3）委托代理机构完成招标采购活动的，代理机构是否完成相关备案，是否有资格承接该类型项目	归档资料 线索征集
2.公告及文件发布阶段	项目公告发布及招标文件编写情况	（1）招标条件设置的合法合规性	归档资料
		（2）对应进行公开招标的项目，项目招标人是否按照国家发展和改革委员会10号令的要求在规定媒介发布招标公告	归档资料
		（3）评标办法的合法合规性	归档资料
		（4）编制的招标文件是否经过内部审批或有关部门的审批	归档资料
		（5）招标人是否按规定发出招标文件	归档资料
		（6）招标文件、补遗（答疑）文件、相关报告及函件的编制质量	归档资料 线索征集
	招标文件异议答复情况	是否按流程接受投标人对招标文件的疑问并按要求发出澄清	归档资料 线索征集
	工程项目造价成果编制情况	（1）标底是否通过内部审查或有关部门的审查	归档资料
		（2）工程量计算是否正确，各个分部、结构和配件的名称、计量单位、数量和规格是否符合设计的要求	归档资料
		（3）招标控制价是否正确。计算各个分项工程的单价是否与设计规定的分项工程内容相吻合，名称、计量单位、数量和规格是否一致。评价各项费用标准。各项费用在工程中占有较大的比重，是评价招标控制价编写情况的重要内容	归档资料
		（4）是否存在盲目估价、任意抬高货价、虚列材料成本等问题	归档资料 线索征集
3.开评标阶段	评标委员会的组建情况	（1）评标委员会的组建是否符合招标投标法的有关规定	归档资料
		（2）对依法必须进行招标的项目，项目评标委员会的专家成员是否从评标专家库内相关专业的专家名单中以随机抽取方式确定	归档资料
		（3）组建的评标委员会成员人数或专业结构配置是否符合相关文件规定	归档资料

续表

一级评价指标	二级评价指标	评价内容	数据来源
3.开评标阶段	开标会的组织情况	（1）开标工作程序的合法性	归档资料线索征集
		（2）招标人是否在规定的时间和地点开标	归档资料线索征集
		（3）投标人是否按规定时间依据招标文件的要求密封报送投标文件	归档资料线索征集
		（4）是否接收了逾期送达或未按招标文件要求密封的投标文件	归档资料线索征集
		（5）开标会现场的特殊情形包括但不限于投标人对开标有异议、授权人未到场或未提供有效证件等，是否在开标记录表上做好记录	归档资料线索征集
		（6）是否存在投标人在开标会现场提出异议，招标人未在当场做出答复的情况	归档资料线索征集
	评标会的评审情况	（1）评标工作程序的合法性	归档资料线索征集
		（2）评标过程相关用表质量情况，是否出现与招标文件规定不一致的情况	归档资料
		（3）投标人是否持有工商管理部门核发的营业执照，有无办理备案登记手续	归档资料
		（4）根据招标文件的要求评价投标企业的资质文件、经营范围等情况，核发的资质证书所批示的资质级别是否满足招标文件的资格要求	归档资料
		（5）投标人的技术条件和经济实力是否符合招标项目的商务技术要求	归档资料
		（6）投标企业的财务状况，技术人员素质等与文件要求的符合程度	归档资料
		（7）投标人的业绩情况，了解投标人是否有承担类似项目的经验和类似项目完成情况	归档资料线索征集
		（8）投标文件中是否按要求提供信用证明文件，包括资信证明、未被信用中国列入失信被执行人名单截图等。未提供信用证明文件的应手动完成查询，评价投标人是否违规	归档资料信息搜集

续表

一级评价指标	二级评价指标	评价内容	数据来源
3.开评标阶段	评标会的评审情况	（9）投标人是否主动披露关联关系情况，未主动披露的，应手动完成跟其有关联关系的单位的查询	归档资料 线索征集 信息搜集
		（10）投标人是否有与本项目的招标人、代理机构及其他投标人存在控股、管理关系的情况	归档资料 线索征集 信息搜集
		（11）是否存在不同投标人委托同一单位或者个人办理投标事宜的情况	归档资料 线索征集
		（12）是否存在不同投标人的投标文件由同一单位或者个人编制的情况	归档资料 线索征集
		（13）是否存在不同投标人的投标文件载明的项目管理机构成员出现同一人的情况	归档资料 线索征集
		（14）是否存在不同投标人的投标文件异常一致或者投标报价呈规律性差异的情况	归档资料 线索征集
		（15）是否存在不同投标人的投标文件相互混装的情况	归档资料 线索征集
		（16）是否存在不同投标人的投标保证金从同一单位或者个人的账户转出的情况	归档资料 线索征集
		（17）公开招标、邀请招标投标人投标报价是否唯一	归档资料
		（18）评标委员会是否按照招标文件和法律法规规定的原则、标准、方法、程序进行评标	归档资料 线索征集
		（19）评标委员会成员在评标过程中是否做到客观公正地履行职责，是否遵守职业道德，是否有倾向性或限制性的行为	归档资料 线索征集
		（20）评标委员会的打分，是否存在基于客观评审因素给出的评分不一致的情况	归档资料
		（21）后评价工作小组应对评标委员会评审数据进行校对、核对，看是否存在分值畸高、畸低等重大差异评分的情况	归档资料
		（22）投标人否决环节是否遵循择优和竞价原则	归档资料 线索征集
		（23）依据招标文件的要求，中标人在所有递交文件的投标人中是否属于实力较强、信誉较好、价格合理的投标人	归档资料

续表

一级评价指标	二级评价指标	评价内容	数据来源
3.开评标阶段	评标会的评审情况	（24）评价评标报告的内容（评审过程及结果）是否完整	归档资料
		（25）流标项目的流标原因是否准确	归档资料
4.定标阶段	项目中标公告发布及中标信息编写情况	（1）中标候选人公示及中标结果公示发布的媒介是否和公告一致	线索征集信息搜集
		（2）中标信息（中标候选人公示、中标结果公告）主要内容是否符合规定	线索征集信息搜集
	定标原则的合规情况	（1）定标原则是否符合公平、公正、择优的特性	归档资料线索征集
		（2）招标人是否存在评标委员会、依法依规推荐的中标候选人以外确定中标人的情况	归档资料信息搜集
		（3）招标人是否存在在所有投标被评标委员会否决后自行确定中标人的情况	归档资料
		（4）招标人是否存在无正当理由不发出中标通知书的情况	归档资料线索征集
		（5）招标人是否存在中标通知书发出后无正当理由改变中标结果的情况	归档资料线索征集
	质疑、异议、投诉的处理情况	是否按照国家招标投标相关法律法规的要求处理质疑、异议、投诉	归档资料线索征集
	合同签订的规范情况	（1）招标人、中标人订立的合同主要条款与招标文件、中标人的投标文件的内容是否一致	归档资料
		（2）是否在中标通知书发出之日起30日内完成签订合同	归档资料
		（3）未按要求时限签订合同的，是否通过文件形式说明未及时签订的原因	归档资料
5.备案阶段	档案资料的完整情况	（1）档案资料是否完整	归档资料
		（2）档案资料签字盖章是否齐全	归档资料

一级评价指标	二级评价指标	评价内容	数据来源
5.备案阶段	档案资料反馈项目执行的合法合规情况	（1）项目公告、投标、开标、评标、公示、中标通知书时间节点是否合理	归档资料信息搜集
		（2）招标文件、中标结果、合同等重要文件是否盖章	归档资料
		（3）招标项目的执行过程是否符合国家和地方招标投标相关法律法规及行政管理部门的规章制度的相关规定	归档资料
6.履行阶段	开工资料的完备情况	（1）施工准备是否满足开工要求（含资金落实、有满足施工需要的施工图纸及技术资料、有保证工程质量和安全的具体措施等）	归档资料
		（2）实际开工时间与合同签订的开工时间是否一致	归档资料线索征集实地调研
		（3）工程进度计划和资金使用计划的编制情况	归档资料
	施工过程资料的完整情况	（1）合同文件的内容与法律规范的适配情况	归档资料
		（2）合同的履行情况，是否在今后项目的管理方面总结经验和教训	归档资料
		（3）是否将项目实施过程内容与合同条款的内容相对照，找出问题，分析利弊	归档资料线索征集实地调研
		（4）工程施工进度或货物供货进度是否与预期计划吻合	归档资料线索征集实地调研
		（5）实际施工技术方案与投标阶段的施工组织设计是否有较大出入	归档资料线索征集实地调研
		（6）建设资金的运用是否合理有效	归档资料
		（7）资金的综合利用效率	归档资料
		（8）项目是否按期完工或货物按期供货，分析未按期完成的原因	归档资料线索征集实地调研
		（9）设备购置的数量、规格、质量是否与预期情况相符，分析原因	归档资料线索征集实地调研

续表

一级评价指标	二级评价指标	评价内容	数据来源
6.履行阶段	施工过程资料的完整情况	（10）工程设备质量情况，看设备是否满足工程需要	归档资料线索征集
		（11）有无重大质量或安全事故，分析应对和解决方案	归档资料线索征集
	项目竣工验收和结算资料的归档情况	（1）竣工验收是否符合规定的验收标准	归档资料
		（2）各项验收资料是否齐全	归档资料线索征集
		（3）各单项工程的验收情况	归档资料实地调研
		（4）是否存在先使用、后验收的情况	线索征集
		（5）是否存在竣工验收通过后长期未交付使用的情况，分析其原因	线索征集
		（6）收尾工程及遗留问题的处理情况	线索征集
		（7）竣工结算情况，分析项目最终结算额超资或节余情况的原因	归档资料

二、针对集团企业整体招标工作后评价指标体系与模型的构建

集团企业整体招标工作后评价是对集团企业招标采购管理制度及已完成的招标采购项目的执行情况的系统分析和研究，是促进招标采购管理工作质量提升的有效途径之一。定期进行招标采购的后评价工作，梳理、发现问题，并及时进行整改完善，可以不断促进项目决策科学化，完善集团公司招标采购管理制度，提高招标采购工作执行力，增强集团各级管理与实施操作人员的责任意识，持续提升招标采购管理工作的质量和水平。

（一）集团企业整体招标工作后评价内容的划分

集团企业整体招标工作后评价主要评价两个方面，分别为集团企业招标采购管理制度和招标采购项目执行情况。其中，对于集团企业招标采购管理制度，可从招标采购战略管理、招标采购活动实施管理、招标采购活动监督管理三个层面确定集团企业招标采购管理制度后评价工作指标。对于集团企

业招标采购项目执行情况，可从招标前期阶段、公告及文件发售阶段、开标评标阶段、定标阶段、备案阶段和项目履行阶段六个层面确定招标采购项目后评价指标。

（二）集团企业整体招标工作后评价工作指标的确定

因集团企业整体招标项目是由集团或其下属企业的若干个单项项目组成的，其招标采购项目执行情况的相关评价指标可参考单项项目执行的后评价指标，详见表4-9。表4-10提供的集团企业招标采购管理制度评价指标可作为集团企业整体招标项目后评价工作的参考。

表4-10　集团企业招标采购管理制度评价指标

一级评价指标	二级评价指标	评价内容	数据来源
招标采购战略管理	招标采购计划管理	（1）招标采购计划的申报和管理制度是否完整	集团企业招标采购管理制度
		（2）招标采购计划及采购预算申报流程是否明确	
	招标采购人员管理	（1）是否根据企业情况设立专业化招标机构或根据项目特点委托专业机构进行招标	
		（2）企业是否有专职人员负责招标采购管理	
		（3）招标管理部门的人员配置是否科学、合理，适应本单位实际工作需求	
招标采购活动实施管理	采购需求管理	是否有完善的招标采购需求和执行方案的管理程序及审批流程	
	招标采购组织形式和方式管理	（1）是否确定招标采购的组织形式和招标采购方式	
		（2）招标采购管理制度中是否有变更采购方式的管理办法	
		（3）选择招标采购方式时是否遵守国家法律法规的规定，如在符合招标条件范围内制定本企业适用的招标采购规模标准	
		（4）是否要求根据项目特点选择相应采购方式，优先选择竞争性强、透明度高的采购方式	
		（5）是否有评标专家聘用管理规定	
		（6）是否制定选用邀请招标的审核管理制度	

续表

一级评价指标	二级评价指标	评价内容	数据来源
招标采购活动实施管理	招标采购组织形式和方式管理	（7）企业是否对询比、竞价、竞争性谈判、竞争性磋商、直接采购制定招标采购目录，并通过目录或制度规定本企业招标采购方式的适用范围和规模条件	集团企业招标采购管理制度
		（8）是否在国家法律法规的要求下，在管理制度中规定紧急采购、特殊采购的细目	
	招标采购范本管理	企业是否依据本行业、本企业特点编制标准的招标采购项目文件范本，并对其适用条件和适用范围作出规定	
	招标采购验收管理	是否在招标采购管理制度中规定采购验收的管理办法	
	招标采购合同管理	（1）招标采购合同的签订是否规定相应的审核和审批流程	
		（2）企业是否依据本行业、本企业的特点编制各类型的制式合同，并对其使用条件和适用范围作出规定	
		（3）管理制度中是否规定了合同变更的程度和审批流程	
	招标采购档案管理	是否在企业招标采购管理制度中规定项目资料的归档要求	
招标采购活动的监督管理	招标内控流程	招标内控流程（如重点检查招标项目、可不招标事项审核审批及实施操作等）是否健全、科学、完善	
	异议与投诉	（1）是否明确了异议与投诉的主体和异议与投诉的接收部门	
		（2）是否按照国家相关法律法规的要求规定合理的异议处理时间	
	社会监督	除保密项目外，是否要求可公开的重点项目将招标文件的关键内容、中标候选人关键信息、评标结果信息、投诉处理决定公开发布，主动接受社会监督	

三、行政主管部门发起的特定目的的后评价指标体系与模型的构建

行政主管部门发起的特定目的的后评价是指招标投标活动完成后，由建设工程招标投标监督部门对其监管招标项目的招标投标活动过程是否符合公开、公平、公正及诚实信用原则，招标结果是否合理、招标主体是否廉政进

行的评价。

（一）行政主管部门发起的特定目的的后评价内容的划分

行政主管部门发起的特定目的的后评价工作应围绕以下几个层面的内容展开：前期审批立项阶段、招标阶段、施工阶段、验收及资金拨付、招标主体廉政建设。可以看出，行政主管部门发起的特定目的的后评价不仅审查项目招标投标活动的开展和执行情况，也加大了招标主体廉政建设方面的评价力度，严肃打击了勾结串通、违规及腐败的行为。

（二）行政主管部门发起的特定目的后评价工作指标的确定

表4-11　行政主管部门发起的特定目的后评价工作指标及评价内容

一级指标	二级指标	评价内容	数据来源
前期审批立项阶段	项目审批的规范性	（1）是否存在超越权限审批政府投资项目的行为	归档资料
		（2）是否存在对不符合规定的政府投资项目予以批准的行为	归档资料
		（3）是否存在为不符合规定的项目安排投资补助、贷款贴息等政府投资资金的行为	归档资料
		（4）是否存在履行政府投资审批职责中其他玩忽职守、滥用职权、徇私舞弊的情形	归档资料线索征集
	投资规划调整的规范性	（1）是否按照规定的程序审批相关投资规划	归档资料
		（2）是否存在未经批准变更项目的建设地点或者对建设规模、建设内容等作较大变更的行为	归档资料
		（3）是否存在未按照规定核定或者调整政府投资项目的投资概算的行为	归档资料
		（4）是否存在未经法定程序批准，擅自审批超规模、超标准、超概算进行工程建设的项目的行为	归档资料
招标阶段	招标方式选择的规范性	（1）是否执行了达到法定限额标准的，必须进行公开招标的规定	归档资料
		（2）是否存在将依法必须进行招标的项目化整为零或者以任何其他方式规避招标的行为	归档资料
		（3）是否存在招标人利用划分标段规避公开招标的行为	归档资料

续表

一级指标	二级指标	评价内容	数据来源
招标阶段	招标方式选择的规范性	（4）是否存在应公开招标的项目采用了邀请招标等其他方式的行为	归档资料
	保证金的规范性	（1）是否存在投标保证金过招标项目估算价的2%的行为	归档资料
		（2）投标保证金有效期与投标有效期是否一致	归档资料
		（3）是否存在招标人要求履约保证金超过中标合同金额的10%的行为	归档资料
		（4）中标人是否按照招标文件要求缴纳履约保证金	归档资料
	交易场所的规范性	是否存在依法必须进入公共资源交易平台进行招标的项目，在场外进行招标的行为	归档资料
	是否存在串通投标	（1）是否存在招标人在开标前开启投标文件并将有关信息泄露给其他投标人的行为	归档资料 线索征集
		（2）是否存在招标人直接或者间接向投标人泄露标底、投标人名称及数量、评标委员会成员等信息的行为	归档资料 线索征集
		（3）是否存在招标人明示或者暗示投标人压低或者抬高投标报价的行为	归档资料 线索征集
		（4）是否存在招标人授意投标人撤换、修改投标文件的行为	归档资料 线索征集
		（5）是否存在招标人明示或者暗示投标人为特定投标人中标提供方便的行为	线索征集
		（6）是否存在招标人、招标代理机构以胁迫、劝退、利诱等方式，使特定投标人以外的其他投标人放弃投标或者中标人放弃中标的行为	线索征集
		（7）是否存在依法公开招标确定中标人之前，某特定投标人已经开展该项目招标范围内的工作的行为	归档资料 线索征集
	投标人之间是否存在围标行为	（1）是否存在投标人之间协商投标报价等投标文件实质性内容的行为	归档资料 线索征集
		（2）是否存在投标人之间事先约定中标人的行为	归档资料 线索征集
		（3）是否存在投标人之间约定部分投标人放弃投标或者中标的行为	归档资料 线索征集

续表

一级指标	二级指标	评价内容	数据来源
招标阶段	投标人之间是否存在围标行为	（4）是否存在同属于某集团、协会、商会等组织成员的投标人按照该组织要求协同投标的行为	归档资料 线索征集
		（5）是否存在投标人之间为谋取中标或者排斥特定投标人而采取的其他联合行动的行为	归档资料 线索征集
		（6）是否存在不同投标人的投标文件由同一单位或者个人编制、打印、复印的行为（如投标人参与同一项目招标投标活动中使用的计算机网卡MAC地址、CPU序列号、硬盘序列号、加密锁序列号等信息相同的）	归档资料 线索征集
		（7）是否存在不同投标人委托同一单位或者个人办理投标事宜的行为	归档资料 线索征集
		（8）是否存在不同投标人的投标文件载明的项目管理成员为同一人的行为	归档资料
		（9）是否存在不同投标人的投标文件异常一致或者投标报价呈规律性差异的行为	归档资料
		（10）是否存在不同投标人的投标文件相互混装的行为	归档资料
		（11）是否存在不同投标人的投标保证金从同一单位或者个人账户转出的行为	归档资料
		（12）是否存在不同投标人的法定代表人或者委托代理人、项目负责人、项目总监等人员有在同一单位缴纳社会保险的行为	归档资料
	中标人资料的真实性和合规性	（1）中标人是否存在使用伪造、变造的许可证件的行为	归档资料
		（2）中标人是否存在提供虚假的财务状况或者项目业绩的行为	归档资料 线索征集
		（3）中标人是否存在提供虚假的项目负责人或者主要技术人员简历、劳动关系证明的行为	归档资料 线索征集
		（4）中标人是否存在提供虚假的信用状况的行为	归档资料 线索征集
		（5）中标人是否存在使用通过受让或者租借等方式获取的资格、资质证书投标的行为	归档资料 线索征集

续表

一级指标	二级指标	评价内容	数据来源
招标阶段	投标条件的公平性和合规性	（1）是否存在就同一招标项目向潜在投标人或者投标人提供有差别的项目信息的行为	归档资料
		（2）是否存在设定的资质、资格、技术、业绩等商务条件与招标项目的具体特点和实际需要不相适应或者与合同履行无关，或者设置的资质、资格条件已经被国家取消的行为	归档资料
		（3）是否存在依法必须进行招标的项目以特定行政区域或者特定行业的业绩、奖项作为加分条件或者中标条件的行为	归档资料
		（4）是否存在对潜在投标人或者投标人采取不同的资格审查或者评标标准的行为	归档资料
		（5）是否存在限定或者指定特定的专利、商标、品牌、原产地或者供应商的行为	归档资料
		（6）是否存在依法必须进行招标的项目非法限定潜在投标人或者投标人的所有制形式或者组织形式的行为	归档资料
		（7）是否存在以抽签、摇号等方式进行资格预审、评标评审或者确定中标人的行为	归档资料
		（8）是否存在以投标人的企业所有制形式、所在注册地作为报名或评审条件的行为	归档资料
		（9）是否存在以其他不合理条件限制、排斥潜在投标人或者投标人的行为	归档资料
	评标委员会工作规范性	（1）是否存在评标委员会成员以招标文件规定之外的评标标准和方法作为评标依据的行为	归档资料
		（2）是否存在评标委员会成员私下接触投标人或者与招标结果有利害关系的人、收受投标人给予的财物或者其他好处的行为	线索征集
		（3）是否存在评标委员会成员向招标人征询确定中标人的意向、接受任何单位或者个人明示或者暗示提出的倾向或者排斥特定投标人要求的行为	线索征集
		（4）评标委员会是否存在其他不客观、不公正履行评标委员会职务的行为	归档资料 线索征集

续表

一级指标	二级指标	评价内容	数据来源
招标阶段	招标代理机构工作规范性	（1）招标代理机构是否存在涂改、出租、出借、转让招标代理资格、资信证书的行为	归档资料线索征集
		（2）招标代理机构是否有在其资格许可和招标人委托的范围之外开展招标代理业务的行为	归档资料线索征集
		（3）招标代理机构是否存在泄露应当保密的与招标投标活动有关的情况、资料的行为	线索征集
		（4）招标代理机构是否存在为所代理的招标项目的投标人编制投标文件或为投标人提供咨询的行为	线索征集
		（5）招标代理机构是否有在所代理的招标项目中参与投标、代理投标的行为	线索征集
		（6）招标代理机构是否存在其他与招标人、投标人串通损害国家利益、社会公共利益和他人的合法权益的行为	归档资料线索征集
施工阶段	合同签订的规范性	（1）是否存在招标人和中标人未依照招标投标法和招标文件的规定签订书面合同的行为	归档资料
		（2）是否存在签订合同的标的、价款、质量、履行期限等主要条款与招标文件和中标人的投标文件内容不一致的行为	归档资料
		（3）是否存在招标人和中标人未在自中标通知书发出之日起30日内，按照招标文件和中标人的投标文件订立书面合同的行为	归档资料
		（4）是否存在招标人和中标人再行订立背离合同实质性内容的其他协议的行为	归档资料
	发包工作的规范性	（1）是否存在招标人将工程发包给不具有相应资质的单位或个人的行为	归档资料线索征集
		（2）是否存在依法应当招标未招标或越过法定招标程序直接发包的行为	归档资料
		（3）是否存在招标人将一个单位工程的施工分解成若干部分发包给不同的施工总承包或专业承包单位的行为	归档资料线索征集

续表

一级指标	二级指标	评价内容	数据来源
施工阶段	是否存在挂靠行为	（1）中标人是否存在将资质借给没有资质的单位或个人承揽工程的行为	归档资料 线索征集
		（2）是否存在有资质的施工单位相互借用资质承揽工程的，包括资质等级低的借用资质等级高的，资质等级高的借用资质等级低的，相同资质等级相互借用的行为	线索征集
		（3）是否存在投标人的法定代表人授权的代表人不是投标人本单位人员的行为	归档资料 线索征集
		（4）是否存在实际施工单位或团队与承包人无实质产权、人事、财务关系的行为	归档资料 线索征集
		（5）工程分包的发包单位不是该工程的承包人的（项目法人依约作为发包单位的除外）	归档资料
		（6）是否存在承包人派驻施工现场的项目负责人、技术负责人、财务负责人、质量管理负责人、安全管理负责人中部分人员不是本单位人员的行为	归档资料 线索征集
		（7）是否存在其他在建筑材料采购、劳务分包等工作中不能对中标人的人事、采购、财务的行为进行合理解释并提供材料证明的行为	归档资料 线索征集
		（8）是否有其他法律法规规定的出借或借用资质行为	归档资料 线索征集
	是否存在转包行为	（1）是否存在承包单位将其承包的全部工程转给其他单位（包括母公司承接建筑工程后将所承接工程交由具有独立法人资格的子公司施工的情形）或个人施工的行为	线索征集
		（2）是否存在承包单位将其承包的全部工程肢解以后，以分包的名义分别转给其他单位或个人施工的行为	线索征集
		（3）是否存在施工总承包单位或专业承包单位未派驻项目负责人、技术负责人、质量管理负责人、安全管理负责人等主要管理人员，或派驻的项目负责人、技术负责人、质量管理负责人、安全管理负责人未与施工单位订立劳动合同且没有建立社会养老保险关系的行为	归档资料 线索征集
		（4）是否存在派驻的项目负责人未对该工程的施工活动进行组织管理，又不能进行合理解释并提供相应证明的行为	归档资料 线索征集

续表

一级指标	二级指标	评价内容	数据来源
施工阶段	是否存在转包行为	（5）是否存在合同约定由承包单位负责采购的主要建筑材料、构配件及工程设备或租赁的施工机械设备，实际由其他单位或个人采购、租赁，或施工单位不能提供有关采购、租赁合同及发票等证明，又不能进行合理解释并提供相应证明的行为	归档资料线索征集
		（6）是否存在两个以上的单位组成联合体承包工程，在联合体分工协议中约定或者在项目实际实施过程中，联合体一方不进行施工也未对施工活动进行组织管理的，并且向联合体其他方收取管理费或者其他类似费用的行为	归档资料线索征集
		（7）是否存在采取联营合作等形式的承包人的其中一方将应由其实施的全部工程交由联营合作方施工的行为	归档资料线索征集
		（8）是否存在全部工程由劳务作业分包单位实施，劳务作业分包单位计取的报酬是除上缴给承包人管理费之外全部工程价款的行为	归档资料线索征集
		（9）是否存在承包人不履行管理义务，只向实际施工单位收取管理费的行为	归档资料线索征集
		（10）是否存在法律法规规定的其他转包行为	归档资料线索征集
	是否存在违法分包行为	（1）是否存在承包单位将其承包的工程分包给不具备相应资质或安全生产许可的单位或个人的行为	归档资料线索征集
		（2）是否存在施工总承包单位或专业承包单位将工程分包给不具备相应资质单位的行为	归档资料线索征集
		（3）是否存在施工总承包单位将施工总承包合同范围内工程主体结构（钢结构工程除外）的施工分包给其他单位的行为	归档资料线索征集
		（4）是否存在专业分包单位将其承包的专业工程中非劳务作业部分再分包的行为	归档资料线索征集
		（5）是否存在专业作业承包人将其承包的劳务再分包的行为	归档资料线索征集
		（6）是否存在其他法律法规规定的违法分包行为	归档资料线索征集

续表

一级指标	二级指标	评价内容	数据来源
验收及资金拨付	履约验收工作的合规性	（1）是否存在项目建成后未按照国家有关规定进行竣工验收工作的行为	归档资料
		（2）是否存在竣工验收合格后未按合同约定办理竣工财务决算的行为	归档资料
		（3）是否存在将未及时申请竣工验收或未经竣工验收及竣工验收不合格、未办理工程竣工备案手续的项目擅自投入使用的行为	归档资料 线索征集 实地调研
	工程款支付的合规性	（1）是否存在招标人要求施工单位垫资建设的行为	归档资料 线索征集
		（2）是否存在招标人未按照有关规定和施工合同约定，根据施工进度及时拨付建设资金的行为	归档资料
		（3）招标人是否存在要求中小企业接受不合理的付款期限、方式、条件和违约责任等交易条件的行为	归档资料
		（4）招标人是否存在违约拖欠中小企业的工程、货物、服务款项的行为	归档资料
		（5）招标人是否存在强制要求以审计机关的审计结果作为结算依据的行为（合同另有约定或者法律、行政法规另有规定的除外）	归档资料
廉政建设	领导干部干预项目决策的行为	（1）是否存在要求有关行政主管部门允许未经审批、核准或者备案的工程建设项目进行建设的行为	归档资料 线索征集
		（2）是否存在要求建设单位对未经审批、核准或者备案的工程建设项目进行建设的行为	归档资料 线索征集
		（3）是否存在违反规定调整和变更城乡建设规划、容积率、土地用途等行为	归档资料
		（4）是否存在要求有关部门审批或者核准违反产业政策、发展规划、市场准入标准以及未通过节能评估和审查、环境影响评价审批等不符合有关规定的工程建设项目的行为	归档资料
		（5）是否存在要求有关部门或者单位违反技术标准和有关规定，规划、设计项目方案的行为	归档资料
		（6）是否存在违反规定以会议或者集体讨论决定方式安排工程建设有关事项的行为	归档资料
		（7）是否存在有其他违反规定插手干预工程建设项目决策的行为	归档资料 线索征集

续表

一级指标	二级指标	评价内容	数据来源
廉政建设	领导干部干预招标活动的行为	（1）是否存在要求招标人对依法应当招标的工程建设项目不招标或者依法应当公开招标的工程建设项目实行邀请招标的行为	归档资料线索征集
		（2）是否存在要求有关部门或者单位将依法必须进行招标的工程建设项目化整为零或者假借保密工程、抢险救灾等特殊工程的名义规避招标的行为	归档资料线索征集
		（3）是否存在为招标人指定招标代理机构并办理招标事宜的行为	线索征集
		（4）是否存在影响工程建设项目投标人资格的确定或者评标、中标结果的行为	线索征集
		（5）是否存在其他违反规定插手干预工程建设项目招标投标活动的行为	归档资料线索征集
	领导干部干预工程施工的行为	（1）是否存在要求建设单位或勘察、设计、施工等单位转包、违法分包工程建设项目，或者指定生产商、供应商、服务商的行为	归档资料线索征集
		（2）是否存在要求试验检测单位弄虚作假的行为	归档资料线索征集
		（3）是否存在要求有关部门违反招标投标法和政府采购法的有关规定，进行物资采购的行为	归档资料线索征集
		（4）是否存在要求有关部门对不符合预算要求、工程进度需要的工程建设项目支付资金的行为	归档资料线索征集
		（5）是否存在对符合预算要求、工程进度需要的工程建设项目不及时支付资金的行为	归档资料线索征集
		（6）是否存在要求项目单位违反规定压缩工期、赶进度，导致发生工程质量事故或者严重工程质量问题的行为	归档资料线索征集
		（7）是否存在对有关行政监管部门或者中介机构施加影响，导致发生工程质量事故或者工程质量问题的行为	归档资料线索征集
		（8）是否存在其他违反规定插手干预工程建设实施和工程质量监督管理的行为	归档资料线索征集
		（9）是否存在有其他违反规定插手干预工程质量监督、物资采购、资金拨付等正常项目管理职能的行为	归档资料线索征集

续表

一级指标	二级指标	评价内容	数据来源
廉政建设	领导干部干预公共资源交易合规性的行为	（1）是否存在违反规定以会议、集体讨论决定名义干预插手工程建设有关事项的行为	归档资料 线索征集
		（2）是否存在利用职权或职务影响，本人或通过家人、亲友、身边工作人员及特定关系人，采取打招呼、写条子、指定或授意、暗示等方式，违规插手干预工程招标投标、政府采购、土地和矿业权出让、药品采购、国有产权交易等公共资源交易等行为	归档资料 线索征集
		（3）是否存在以保护本地区或本行业企业利益为借口，要求有关部门将应当公开交易的项目搞邀请招标或直接发包，或将交易项目化整为零规避招标、竞拍、竞价，或搞明招暗定的行为	归档资料 线索征集
		（4）是否存在在工程建设项目未取得合法批准，或未取得合法用地、规划许可、施工许可等手续的情况下，要求公共资源交易机构违规交易的行为	归档资料 线索征集
		（5）是否存在违反规定将必须在各级公共资源交易服务中心进行交易的项目，安排进行场外交易的行为	归档资料 线索征集
		（6）是否存在违反规定指定评标专家、代理机构、工程建设单位和供应商等行为	归档资料 线索征集
		（7）是否存在违反规定直接或者变相变更中标单位、转包或分包建设项目的行为	归档资料 线索征集
		（8）是否存在违反规定插手干预工程建设资金的拨付，挤占挪用项目资金，对合同价款设置支付障碍，或利用支付工程款谋取不正当利益的行为	归档资料 线索征集
		（9）是否存在其他利用自身权力或影响力干扰公共资源交易公平合理、合法合规性的行为	归档资料 线索征集
	行政监督管理的合规性	（1）是否存在有关行政监督管理部门不依法履行职责，对违反招标投标法和本条例规定的行为不依法查处的行为	归档资料 线索征集
		（2）是否存在有关行政监督管理部门不按照规定处理投诉、质疑、不依法公告对招标投标当事人违法行为的行政处理决定的行为	归档资料 线索征集
		（3）是否存在行政监督管理部门利用职权插手或干预招标实质性工作的行为	归档资料 线索征集

第五章 | 单项项目执行后评价的实施和操作

第一节 后评价工作启动阶段

一、确定后评价对象

评价对象是指需要进行评价的事物，在后评价中就是指被评价的项目。按项目类型划分可以分为工程项目、服务项目、货物项目，按项目性质划分可以分为工程建设项目、政府采购项目、国际招标项目，按隶属关系划分可以分为中央项目、地方项目，按资金来源划分可以分为自筹资金项目、财政资金项目、内资项目、外资项目，按项目规模划分可以分为大型项目、中型项目、小型项目等。招标采购后评价工作开展之前，应由业主单位从项目的价值角度确定需要进行后评价的项目。

（一）评价项目的选择应该具备的特性

原则上，招标采购工作后评价应该被纳入项目管理程序之中，但事实上，受到人力资源有限、经费有限等很多条件的约束限制，不可能对所有招标采购项目都进行后评价工作。由于有很多客观条件不成熟，从事后评价的专业人员相对较少，加之目前我国后评价体系不完善，后评价项目的选择问题就显得尤为必要。评价项目的选择应具备以下特性：

1.典型性

所选项目在同类项目中应具备一定的代表性，如重点项目、与合同有较大差异的项目、出现施工安全管理事故的项目等。

2.特殊性

所选项目与其他项目相比应有明显的特征，要具备一定的特殊性，如大型项目、涉及民生和社会影响力较大的项目或特别复杂的项目等。

（二）建议进行后评价的项目

招标投标监督管理部门开展项目专项评价时，通常对以下几种项目比较关注：

1.被国家、市级、区级列入重点建设项目名单的招标项目

重点建设项目是对整个国民经济的发展起关键作用，是发展生产和改善人民生活所急需的建设项目。被国家、市级、区级列入重点建设项目名单的招标项目可以作为后评价工作的重点。

2.企业内部认定的重大招标项目

根据一定周期内企业项目的实施情况，可以将企业内部认定的投资金额较大、实施较为复杂的招标项目作为开展后评价工作的重点。

3.大规模集中采购的项目

集中采购是指将集中采购目录中的货物、工程及服务集中进行采购。集中采购在企事业单位中比较常见，会把需要采购的项目打包分类，集约化形成年度采购计划再进行有效实施。可以将投资金额较大的集中采购项目作为重点审查项目，根据降低企业成本、节约采购费用等经济指标深入开展后评价工作。

4.招标不规范且问题集中的项目

在一定周期内，企业监督管理部门或采购项目执行部门会对周期内的招标采购项目开展自查工作。选取这样的问题项目进行后评价工作，可以剖析更深层面的问题。评价小组提出解决问题的建议，完善问题项目招标流程的同时，对部门或企业今后招标项目的实施和发展也存在重要意义。

5.实际效果与预期目标有较大差距的招标采购项目

无论是工程、货物还是服务项目，实际效果与预期目标相差较大，就有必要从该项目招标环节切入实施评价，从深层剖析问题，分析产生较大差距的原因。此类实际效果与预期目标有较大差距的招标项目可以作为重点审查项目开展后评价工作。

6.已被列入行政主管部门监察范围的项目

为有效监督招标投标活动按照公开、公平、公正及诚实信用原则进行，各地招标投标监督管理部门通常每年会开展至少一次其监管范围内招标投标活动的过程检查工作。企业在其监管范围内的项目都有被检查的可能，为避免审查发现招标不合理执行的情况，企业可以以单项项目后评价的方式开展自查工作，及时整改，规避一定的风险。

7.涉及民生、社会影响力较大的项目

涉及民生、社会影响较大的项目一直是工程建设行政主管部门事中事后审查的重点，加大涉及民生和社会影响较大项目的后评价工作的自我评价力度，也是对企业发展和管理的保障。

8.存在较多异议和投诉举报的项目

招标过程中存在较多异议和投诉举报项目的企业容易被招标投标监督管

理部门列入重点监察对象，被实施大规模、全覆盖的自上而下的严格审查。故可以将企业存在较多异议和投诉举报的项目作为重点开展后评价工作，深化专项整治，查找执行漏洞，从而加强风险防控。

9.其他需要进行后评价的招标采购项目

这是指企业认为其他需要进行后评价的招标采购项目。

二、确定后评价组织和实施主体

后评价项目的组织和实施主体可以是内部的，也可以是外部的，分为项目执行部门或企业内部监督管理部门组织实施和委托第三方咨询机构组织实施两种。

（一）项目执行部门或企业内部监督管理部门组织实施

由企业项目执行部门或企业内部监督管理部门组织后评价工作，组建至少由企业招标采购项目监督管理部门、企业投资计划部门、生产运营部门、工程造价成本部门、财务审计部门等部门的人员组成的评价小组。

（二）委托第三方咨询机构组织实施

项目执行部门或企业内部监督管理部门为掌握项目的执行情况和实现程度，下达单项项目执行评价的命令，委托第三方咨询机构组织实施评价工作，签订评价合同或委托协议书。其工作内容通常要包括评价对象、评价范围（广度、深度）、评价目的、评价所需时间、评价方法、主要指标体系、服务费用、需要完成的特殊要求等。在委托第三方咨询机构进行单项项目执行的后评价过程中，项目执行部门或企业内部监督管理部门要对合同的执行进行必要的监督和指导。

三、成立后评价工作小组

第三方咨询机构在接受单项项目执行后评价的委托协议或评价合同后，应根据协议的要求和招标采购项目后评价工作的需要，成立后评价工作小组。后评价工作小组成立后，在开始后评价工作前，应先确定后评价工作实施依据并编制后评价工作计划，明确开展招标采购项目后评价工作的原则、内容、评价方法、时间安排和配合需求等。

（一）组建单项项目执行后评价工作小组

招标采购项目后评价是一项极其复杂的工作，对评价人员的素质要求较高。后评价工作小组可以由内部和外部两部分人员组成。

内部人员是指第三方咨询机构人员，必须是具有招标行业技术能力且有一定的招标采购后评价工作经验的专职人员，由于他们具有专业的招标技术能力，且熟悉招标采购后评价的程序和过程，了解评价目标，因此可作为后评价工作小组的主力人员。

外部人员是指第三方咨询机构招标专职人员以外的咨询专家，一般为统计行业专业技术人员、财务人员及经济学方面的专家，是根据所评价项目的特点和要求来确定的，不满足评价条件的也可以由第三方咨询机构对外聘请。

单项项目的后评价工作，其评价小组成员不应是参与过此项目的标前评估或招标过程工作的成员，成员应设置5~7人，为满足执行需求，专业技术人员应尽量不少于评价小组总人数的2/3。

（二）确定后评价项目负责人

评价合同或委托协议书签订后，后评价机构应及时任命项目负责人。项目负责人应具备较强的项目组织能力、实施能力、专业技术能力和综合分析能力，其主要职责是组织项目组按时保质完成项目后评价工作并出具后评价报告。项目负责人必须要保证后评价工作的公正性和客观性，故不能由项目执行部门或企业内部监督管理部门的人来担任。

第二节　后评价工作准备阶段

一、编制单项项目执行的后评价工作方案

第三方咨询单位接受委托并完成组建评价小组的工作后，应由项目负责人根据项目的特点，组织编制单项项目执行的后评价工作方案，以明确项目分工，责任落实到人。工作方案应包含以下几部分内容。

（一）评价目的

审查评定项目招标执行的规范情况、利用横向比较法对比出与同行业招标执行水平的差异、对项目招标全过程的成功做法加以归纳总结、为今后项目执行提炼成功经验、对出现的失误和问题归纳总结、分析问题产生的原因、作出项目后评价的总体评价结论、提出招标采购项目执行的合理化建议。

（二）项目后评价执行地点及工作进度安排

在单项项目后评价工作方案编制前，应与业主方就必要的评价条件，如项目后评价执行地点及评价周期等内容完成深入的讨论，落实清楚后体现在后评价工作方案中。工作进度安排应以表格、时间轴或横道图的方式展现，须明确时间节点和各节点对应的具体工作内容。除发生不可抗力情况外应严格按照工作进度安排进行，以此可以按部就班，保质保量地完成单项项目执行的后评价工作。

（三）项目后评价工作小组的组成及分工

在单项项目后评价工作方案中，应明确工作组成员名单及各自在此次后评价工作中所担任的岗位和职责，落实进度控制措施及质量控制措施，并具体到人。

（四）后评价工作原则

后评价工作应遵循独立性原则、客观性原则、可信性原则、实用性原则、科学性原则、公正性原则、专业性原则和反馈性原则。

（五）后评价工作内容

应对后评价工作的启动阶段、工作准备阶段、评价阶段、撰写报告阶段、报告的反馈与应用阶段的各项工作内容做简要的叙述，需要让业主方清楚每个阶段都要做什么样的安排。

（六）后评价工作方法

后评价方法是进行后评价的手段和工具，没有切实可行的后评价方法就无法开展后评价工作。对在单项项目执行的后评价工作中将会运用到的工作方法加以叙述，如运用模糊综合评价法确定后评价指标体系、运用层次分析法确定指标的权重、运用横向比较法和同类型项目进行对比、运用成功度分析法评价项目执行的效果。

（七）确定的后评价模型

后评价模型的建立是后评价工作准备阶段的重要环节，是确定后评价工作评价的内容和标准。指标选取计算是否科学合理，后评价模型建立是否成功，直接影响到项目后评价结论的客观性、科学性和决策指导性，可以通过调查法、专家论证法等方式在后评价工作准备阶段确定后评价模型。

（八）成果展现的方式

成果展示的方式可采用阶段性报告加总体报告的形式，须附评价小组签字的评审过程资料、评审影像资料等，并在报告中体现成果文件的份数及成果完成后是否需要进行成果汇报等内容。

（九）审查的资料清单

资料清单是进行招标采购工作后评价的基础性资料，在工作方案中应明确招标采购工作后评价所需审查的资料清单，清单应根据项目情况和指标体系编制，至少应包含以下资料：

（1）招标前期阶段：从项目建议书、可行性研究开始的前期阶段中的评估报告、审查意见、批复文件、初步设计及其批准文件、项目调整报告及有关批准文件等。

（2）公告及文件发布阶段：公告发布截图、招标文件、异议回复文件、补遗文件，工程项目还须提供造价成果文件等。

（3）开评标阶段：专家抽取过程及结果、开评标过程资料、投标文件等。

（4）对定标阶段：中标候选人公示截图、中标结果公示截图、中标结果确认、中标通知书、合同文件。

（5）备案阶段：归档的其他资料。

（6）履行阶段：项目开工报告，工程建设总体部署，项目管理组织形式及管理制度，工程设计、施工、采购、监理总结报告，工程质量评定表，工程质量检测及总结报告，设计变更情况统计，工程完工报告，三查四定组织及验收交接报告，环境设施竣工验收监测报告及批复文件，验收报告及批复文件，项目竣工决算报告，项目竣工决算审计报告，生产岗位人员配备表，试运行方案及操作规程，项目试运行总结报告（包括物料准备、进度、事故处理情况总结），项目运行事故分析报告及整改情况，项目的成本、营运收入、利润等财务报表，稽查报告，效能监察报告等。

（十）后评价工作配合要求

需要明确业主配合的事项，如后评价地点的确定、后评价通知的编制下发等。

二、签署保密承诺书

为了有效地保护商业秘密，防止商业秘密泄露或公开揭露，签订保密协议以明确责任，约束义务方，减少因商业秘密泄露造成的损失。在招标采购项目后评价工作中，为了有效保护业主及评价项目信息，第三方咨询公司应签署招标采购项目后评价保密承诺书，承诺书的内容应包含保密的相关信息、保密的义务、相关信息的移交、违约责任、保密期限、其他保密要求等。

三、确定后评价工作依据及主要方法

（一）确定后评价工作的评价依据

进行后评价工作时的主要依据包括：

（1）国家和现行有关法律、法规、标准、规范及有关强制性条文的规定；

包括但不限于：《中华人民共和国招标投标法》（2017年修正）（国家主席令第21号）、《中华人民共和国招标投标实施条例》（国务院令第613号）、《招标公告和公示信息发布管理办法》发展和改革委员会令第10号、《必须招标的工程项目规定》发展和改革委员会令第16号、《评标委员会和评标方法暂行规定》（2013年修正）七部令第12号、《中央政府投资项目后评价管理办法》《中央政府投资项目后评价报告编制大纲（试行）》、资产监督管理部门有关招标工作考核标准。

（2）相关行业标准、定额、规范及准则；

（3）集团公司相关管理制度和管理要求；

（4）规划设计文件、招标方案、招标立项文件；

（5）招标文件、投标文件和评标过程文件；

（6）招标项目决策意见；

（7）招标项目合同文件；

（8）招标项目实施过程文件、验收文件；

（9）行业相关企业的后评价实践成果。

（二）确定后评价运用的主要方法

招标采购后评价方法是展开后评价工作的重要工具，缺乏切实可行的方法就不能有效地进行后评价工作，有了科学合理的后评价方法才能确保得到准确的评价结果。工欲善其事，必先利其器，所以开展招标采购工作后评价必须选择适合的后评价方法。评价时需要将对比分析、综合分析、定量定性分析的方法相结合。评价时要精准把握招标企业的合理性需求，根据被评价项目的情况及业主对后评价工作的深度和广度的要求选择招标采购后评价的工作方法。在招标采购后评价的实际操作中主要采用的方法有层次分析法、模糊综合评价法、横向比较法和纵向比较法。

四、确定后评价指标体系和模型

招标采购后评价工作的指标体系可以划分为一级指标和二级指标。其中，一级指标一般由一个或若干个二级指标组成，二级指标是招标采购后评价指标体系的主要单元。如业主方对于后评价指标有更为细化的要求，那二级指标需要划分为更加详细的三级指标用于评价。在招标采购后评价指标设定过程中，一级指标可以按招标工作的各阶段划分，依照各阶段的工作内容设置评价内容，二级指标为一级指标的细化，可以是招标各阶段容易产生的若干问题。

（一）后评价指标体系设计的原则

指标体系的设定是开展招标采购工作后评价的基础，建立科学合理的后评价指标体系非常重要。评价指标体系的设定，要能足够反映出招标采购项目评价的主要情况，同时也要能体现出评价对象的因果关系，要符合行业的宏观经济发展要求，所以建立后评价指标体系应遵循一定的原则。

1.系统性原则

招标采购后评价工作属于一项系统工程，其后评价指标体系应能全面反映招标采购项目从前期准备阶段到竣工验收履行阶段的全过程状况，反映评价项目的实际执行情况。建立后评价指标体系时要遵循系统性原则，不仅要设置反映评价项目执行的合规程度的指标，还要设置反映项目实施效率的指标。

2.独立性原则

招标采购后评价工作应业主的要求，涉及的范围较为广泛，设置的指标一般也比较多，有些指标在评价的信息上存在重叠是较为常见的，可能会造成一些数据的重复消耗，造成计算上的重复。因此，在指标的构建中应尽量避免指标间的交叉，要保持评价指标各自的独立性，这也是确定指标后进行权重值计算的前提。

3.可行性原则

可行性原则是指各指标在实际应用中要有实用性和可操作性，要能够切实反映出项目的监督能力、执行水平和管理能力。各指标要从可行性角度出发，建立明确的内容和范围，针对性、代表性要强，要做到既能说明问题又能够便于进行定量和定性的分析比较，便于操作和使用。

（二）对指标体系设置的要求

一个理想的招标采购后评价指标体系应满足以下要求：

1.灵活性

能够适用于各种类型的招标采购项目后评价工作，通用性较好，可以根据项目的特性灵活增加指标。

2.客观性

能够正确反映此次评价招标采购项目的客观情况，可以让评价结论经得住推敲和检验。

3.使用方便

评价的数据分值简便易行，便于计算机进行数据处理。

（三）各项指标的确定方式

1.模糊综合评价法

可以利用模糊综合评价的方法，从若干个指标中选择较为适合或较为重要的指标，形成指标集。

2.调查法

调查法是指采用问卷或访谈的方式，收集招标采购项目后评价信息的方法。调查法的一般步骤如下：

第一步，确定调查对象。可以采取个别调查、全面调查、抽样调查等方法了解若干指标中最为重要的指标，形成指标集。

第二步，选取调查指标并对调查指标加以分析，明确调查内容。

第三步，设计问题。紧扣调查指标的内容，设计一系列可以让被调查者直接回答、填写，问题的设计应注意明确具体，便于回答和统计。

第四步，对调查结果进行整理和统计分析，作为招标采购后评价工作开展的依据。

3.专家论证法

将通过调查法收集的指标集进行论证，论证会一般是由第三方咨询机构组织行业内与本次招标采购后评价项目相关的专业的评委专家来完成的。要提前确认好论证会的时间和地点、参会的人员等内容。鉴于项目评价的保密性，咨询机构只能向评委专家透露项目的简要情况，不得对外透露项目名称、业主名称及中标等重要信息。通过专家论证的指标可以作为项目后评价的最终指标。论证会的论证资料应当留存，并作为后评价报告的重要组成部分。

第三节 评价阶段

一、项目档案资料的移交

（一）档案资料核对

招标项目执行方应根据后评价工作通知中项目的档案资料移交内容与第三方咨询机构完成移交工作。第三方咨询机构应将项目执行单位上交的档案资料，与通知中要求提供的资料进行核对，询问部分资料不完善的原因，并做好记录。

（二）档案资料的移交

档案资料核对完成后，应及时填写档案资料接收单，列明递交的档案资料明细，经递交人员与接收人员双方签字后，密封留存，待招标采购项目后评价工作完成后，按档案资料接收单内容退还。

（三）完成其他资料的收集工作

评价阶段除获得招标项目执行方递交的档案资料外，还应通过以下几种方式收集项目资料。

1.线索征集（利益群体分析法）

线索征集（利益群体分析法）主要应用于项目的社会评价中。项目的利益群体是指与项目存在直接或间接利害关系，并对项目的成败有直接影响的该招标项目的受益人或受害人。利益群体的划分通常是根据各群体与项目的直接关系，及其对项目的影响程度决定的。下面对利益群体的划分做一下简单的介绍。

（1）利益群体的划分；

a.项目受害人；

b.项目受益人；

c.项目受影响人；

d.其他利益群体，如招标项目的咨询单位、勘察设计单位建设单位、造价单位、招标代理机构等与项目有关的政府及非政府组织。

（2）利益群体分析的主要内容：

a.根据业主单位的要求和后评价执行的主要目标，确定该项目所涉及的主要利益群体；

　　b.明确各利益群体的利益内容、各利益群体之间的相互关系和与项目的实际关系；

　　c.分析各利益群体参与项目实施和设计等的各种可能方式。

　　（3）项目利益群体分析法的一般程序：

　　首先，构造项目利益群体一览表。这一步骤主要需要完成以下工作：对项目所有潜在的利益群体进行识别；对项目各利益群体的利益与项目各项评价指标之间的关系进行分析。

　　其次，分析评价各利益群体对项目成功与否所产生作用和影响的重要程度。这一步主要需要完成以下工作：就现有的问题和项目的方案，考察分析各利益群体的利益会受到怎样的影响；选择某些关键指标对项目的利益群体进行调查。

　　再次，根据项目的目标和具体评价情况，对项目各利益群体对指标的影响程度作出评价，收集除招标项目执行方递交的档案资料外其他指标的评价依据。

　　最后，对通过对线索征集（项目利益群体分析法）收集到的材料进行整理，将整理结果作为招标采购后评价资料的一部分。

　　2.信息搜集

　　（1）信息搜集的概念及主要内容：

　　信息搜集是指依据一定的目的，通过有关的信息媒介和渠道，采用相适宜的方法，有计划地获取信息的工作过程。评价小组应分专业通过网络信息搜集的方式查阅相关资料、核准有关数据，对资料进行全面认真的分析，去粗取精，去伪存真，使资料具有合理性、及时性、准确性、完整性和可比性。在对评价项目进行分析中，要对信息搜集所获得的资料数据进行整理、归纳、汇总，形成条理性和系统性的资料，并对指标进行剖析和对比，揭示事物内在联系和发展变化的规律性。

　　（2）信息搜集的一般程序

　　a.确定信息搜集的目的，明确需要通过信息搜集评价的指标；

　　b.制订信息搜集计划，明确搜集的内容，选择信息搜集的媒介和渠道；

　　c.设计必要的提纲；

　　d.组织实施，安排具体的时间和地点，加强信息搜集过程的沟通，保证信息搜集的质量。信息搜集的过程必须遵循及时性、准确性、经济性和适用性原则。

（3）可以采用信息搜集方式获取资料的指标：

a.评价投标人是否主动披露关联关系情况，未主动披露的，应手动完成跟其有关联关系的单位的查询；

b.评价投标人是否有与本项目的招标人、代理机构及其他投标人存在控股、管理关系的情况；

c.评价中标候选人公示及中标结果公示发布的媒介是否和公告一致；

d.评价中标信息（中标候选人公示、中标结果公告）主要内容是否符合规定；

e.评价招标人是否存在评标委员会、依法依规推荐的中标候选人以外确定中标人的情况；

f.评价项目公告、投标、开标、评标、公示、中标通知书时间节点是否合理。

3.实地调研

（1）实地调研的概念和主要内容：

实地调研法也叫实地观察法，是调查者深入现场获取所需社会信息的方式，在招标采购项目后评价中，很多所需的资料都可以通过现场参观、考察获得。在阅读文件、收集项目评价资料的基础上，为了进一步核实情况、收集评价相关信息，确定评价基础文件，必须去项目现场进行实地调研，以此了解项目的真实情况。通过实地观察，能较快获得许多有用的信息，该方法最大的优点是在于具有较高的直观性和可靠性。该方法主要的缺点，是所获取的招标采购项目后评价信息具有一定的表面性和偶然性。调查内容包括项目实施情况，项目评价目标的合理性，原定目标的实现程度以及影响目标实现的关键因素等。

（2）在实际的评价过程中，实地调研法的运用应注意以下几点：

a.要做好充分的工作准备，通常要拟定现场的调研计划和时间计划，如果实地调研的区域范围较大，也可以分成几段时间来完成；

b.在做好现场实地调研的同时，也要安排足够的时间对现场收集到的资料进行核对和整理；

c.要做好实地调研的调研记录，把所调查的结果尽快汇总，避免出现记忆模糊或未记录的情况；

　　d.努力避免实地调研所带来的干扰，尽量保证调研结果的真实性；

　　e.评价小组在实地考察中不得对某一现象或事件发表个人看法，以免引起一些被评价对象的抵触情绪。

　　（3）可以采用实地调研方式获取资料的指标：

　　a.实际开工时间与合同签订的开工时间是否一致；

　　b.将项目实施过程内容与合同条款的内容相对照，找出问题，分析利弊；

　　c.工程施工进度或货物供货进度是否与预期计划吻合；

　　d.实际施工技术方案与投标阶段的施工组织设计是否有较大出入；

　　e.项目是否按期完工或货物是否按期供货，分析未按期完成的原因；

　　f.设备购置的数量、规格质量是否与预期情况相符，分析原因；

　　g.是否存在将未及时申请竣工验收、未经竣工验收或竣工验收不合格、未办理工程竣工备案手续的项目擅自投入使用的行为。

二、后评价工作小组开展评价会议

　　后评价工作小组应由招标代理专职人员、统计行业专业技术人员、财务人员及经济学方面的专家组成。工程项目中清单和控制价成果文件的编制是招标工作中非常重要的环节，也是中标与失标的主要参考依据。因此，对造价成果文件的评价也是工程建设项目施工招标后评价的重点。工程项目单项评价工作因涉及造价成本控制的相关指标，也需造价成本相关专职人员参与后评价工作。

　　后评价工作小组应组织专家在查阅档案资料、数据搜集，并进行实地调研的基础上，对已经获得的大量信息进一步进行梳理、消化吸收，形成概念。依据档案资料及收集到的其他资料，后评价工作小组要开展评价会议，根据招标采购项目各评价阶段的评价指标进行详细评审，对项目执行的合法合规性、档案资料的完整性等重点评价，并核实项目整体的科学性、合理性和真实性。后评价工作小组在评价过程中应独立评分，标注有异议需要讨论沟通的指标，待后评价工作小组的全体成员完成独立评价后，对异议项进行深入沟通，给出合理的评价意见和评价分数。

三、后评价数据的统计分析

统计分析是从数量上认识事物的科学分析方法，是利用调查整理所掌握的大量资料，运用统计学原理，对问题和情况进行客观、科学的综合分析，揭示其本质，探求其规律的一类方法。一般单项项目执行后评价中的统计工作分后评价数据的收集、整理、分析三个阶段进行。

（一）后评价数据的收集

后评价数据的收集是统计分析得以开展的前提条件，在单项项目执行的后评价工作中，使用的统计数据必须具有准确性、合理性、完整性等特性。通过对后评价工作小组各成员评价分值的收集工作，可以核查后评价工作小组个人评分情况。

（二）后评价数据的整理汇总

后评价数据的整理汇总是根据项目后评价的目的，对后评价工作小组通过独立评审的方式产生的个人评价结果进行整理和汇总，归纳成为具有条理性和系统性的评价结果资料，以得出反映单项项目总体特征的资料的过程。后评价数据的整理汇总通常包括数据分类、数据汇总和编制评价汇总表。数据分类是数据整理的前提条件。数据汇总是指对个人数据进行逻辑检查和计算，以确定资料的准确性。例如，在单项项目执行的后评价工作中，经常会出现某一项评价分值畸高、畸低等情况，后评价工作小组在数据整理的过程中应及时发现这种情况，并就分值差异较大项进行复核，从而使评价结果更加准确。

（三）后评价数据的分析

后评价数据的分析是根据单项项目后评价的目的和要求，采用数理统计分析的方法，对评价项目进行剖析和对比，揭示评价数据内在的联系和发展变化的规律性的过程。在后评价的实践过程中，对于通过后评价工作小组复核后的分数，需要按照不同维度完成统计分析工作，用于后期的后评价报告的撰写。维度的划分可以按一级指标中标注的阶段进行划分，也可以按二级指标中的详细过程进行划分，整理统计各维度的评价分数。

四、得出评价结论和建议

由评价小组根据后评价报告编制细则和项目实施情况，对项目招标前期阶段、公告及文件发售阶段、开评标阶段、定标阶段、备案阶段，以及项目履行阶段等阶段的内容以书面形式提出评价意见。后评价结论是在后评价工作小组的最终数据汇总整理的基础上形成的，主要是直观地展现项目的执行情况、各阶段评价目标的实现程度及项目的可持续性等方面的情况，并认真总结经验和教训，对项目存在的问题提出切实可行的整改意见。

正常来说，项目后评价的结果、问题及整改意见须提前以文件的形式交至业主方相关部门分析和评议，征求其意见，第三方咨询机构根据其反馈意见的合理性，决定后评价报告的内容编制方向。

第四节　撰写报告阶段

项目后评价报告是评价结果的汇总，是后评价工作成果的重要表现形式，要能反映真实情况，客观分析问题，认真总结经验，进而为今后招标采购项目的执行、发展和管理提供科学合理的对策建议。

项目负责人组织后评价工作小组依据专业后评价评审意见和结论，按后评价报告编写的要求编制后评价报告。项目后评价报告初稿经后评价工作小组专家组共同讨论修改后，形成后评价报告送审稿。在后评价报告（送审稿）编制完成后，可征求业主方、建设单位及管理单位等多方意见，后评价工作小组可视其意见的合理性，决定是否调整或修改。

一、后评价报告的内容

后评价报告中评价结论要有事实与证据支持，没有事实证据支持而发表评价意见，是不严谨和不严肃的，应坚决避免。评价小组应对评价依据的可靠性、分析对比指标的合理性及评价结果的准确性负责。在撰写项目后评价报告时，应包括以下几个部分：

（一）前言

前言是写在后评价报告前面的文字。书籍中的前言，刊于正文前，主要说明基本内容、编著（译）意图、成书过程、学术价值及著译者的介绍等，由著译、编选者自撰或他人撰写。文章中的前言，多用以说明文章主旨或撰文目的。在后评价项目中，前言应当为项目后评价过程的精华部分，应以简短的篇幅介绍后评价工作的背景和目的、缘起和提出评价要求的现实情况，此次后评价工作的评价要点、项目存在的问题及开展后评价工作的意义，引出报告的主题给读者以引导。

（二）项目综述

项目综述的编写内容包括但不限于：评价项目名称、项目执行单位名称、招标代理名称（如有）、项目招标类型、评价开始时间、结束时间、评价周期、评价地点、后评价工作小组的组成、后评价工作的目的和意义、后评价各阶段工作内容、后评价工作概述等。

（三）评价模型的建立

根据前述内容叙述评价模型的建立过程、评价方法、评价依据、评价内容和最终的评价模型。

（四）项目评价

对项目实施后评价的基本特点进行简单说明，对后评价各阶段的工作内容详细叙述。其内容应包括项目档案资料的核对及移交情况、其他档案资料的收集情况、项目后评价工作小组后评价会议开展情况等。

（五）项目分析

叙述后评价工作小组各成员评价数据的收集和整理汇总过程、后评价分数分析情况、项目成功度分析情况、按业主方要求和前期设定的维度分析的结果等。

（六）评价结论

招标采购项目的后评价应对项目分析阶段的各数据进行汇总，从而得出项目实施和成果的定性结论。通常情况下，对评价结论的分析一般采用成功度分析法，总结项目的实际执行成功度。

（七）问题和改善建议

问题和改善建议一般为单项项目执行的后评价报告中的最后一部分，也是最重要的一部分。撰写后评价报告时，要在深入了解项目从立项到履行实施全过程的基础上，全面分析项目的执行、作用、影响及存在的问题，通过总结经验、汲取教训，提出针对性的建议，从而为后续招标采购项目的执行提供指导与借鉴。

（八）经验和教训

经验和教训应从项目、企业、行业和宏观四个层面分别进行分析。这样做，一是有利于改进项目的设计、施工管理，二是有利于企业改善经营管理，三是有利于提高项目的执行水平。总结经验和教训还应注重可复制性，对于在今后项目执行和管理中有借鉴意义，可复制、可推广的经验和教训应重点总结，增强后评价成果对未来工作的参考和指导作用，提高后评价工作的实用性。

（九）后评价报告附件

后评价工作小组评价的原始记录表是后评价结论的支持文件，应作为后评价报告的附件，是后评价报告的重要组成部分。每个招标采购项目的后评价工作报告都应有相应的附件支持，相应测算底稿如有归档的价值，也可以另行归集成册随后评价报告一同归档。

二、后评价报告的编制要求

首先，一定要建立在客观事实的基础上，文字要精练概要，把关键环节工作说清楚，与评价结论紧密相关的重要评价依据（如批复意见、评标过程记录等）还应做好摘录工作。其次，要说明问题的分析过程，要将判断项目执行单位存在某问题的依据叙述清楚，必要时还须进行严密地论证。最后，要明确阐述项目后评价的结论。

（一）层次清晰

后评价报告中的回顾与总结部分，应尊重客观事实，文字描述应客观公正，并要完整记录。由事实分析引出的评价结论，应逻辑清晰并进行严密论证。招标采购项目后评价报告中的评价结论应层次清晰、观点明确、简明扼要、用词规范。

（二）结果真实

所有指标的评价结果都应有依据，要做到来源真实可靠，结构内容全面完整。后评价工作小组应在后评价报告中对评价项目明确阐述其最终的专业判断意见。

（三）重点突出

后评价工作报告应力求反映对后评价结果有重大影响的内容。应根据内容的不同，对重要问题详细阐述，对一般问题简要叙述。

（四）格式规范

招标采购项目后评价报告所采用的格式应规范、简洁。应多用表现力强的直观图表工具来阐述观点。尽量避免通篇文字，多使用能够直观说明问题的图表，使报告的内容更加丰富完整。一般来说，第三方咨询机构的评价小组应对后评价报告的格式进行规范设计。

（五）对策与建议部分

针对后评价过程中发现的问题和总结出的经验教训，后评价报告还应提出有针对性的对策和建议，通常分两个层面：一是对项目执行单位的建议；二是对项目管理单位的建议。其中，对项目执行单位的建议应该立足于对项目本身的缺陷补救与项目执行改进方面，对项目管理单位的建议应着眼于总结项目经验与指导未来发展方面。

（六）存档格式

招标采购项目后评价报告及附表应尽量采用电子版形式规范编写，可编辑版本及完整扫描版应全部留存，便于以后随时调档查阅。

第五节　后评价成果的反馈与应用

一、后评价成果的反馈

后评价成果的反馈是开展后评价工作能否达到评价目的的关键。然而受机构、体制和手段等方面影响，有些招标采购项目后评价成果的反馈并不理想，对今后项目的执行、管理和发展的影响甚微。

后评价成果的反馈是项目后评价体系中的一个决定性环节，是一个表达和扩散评价成果的动态过程，同时后评价成果的反馈还应保证这些成果在今后的招标采购项目执行过程中得到应用和采纳。因此，后评价所起的作用取决于所总结的经验在项目执行中被应用和采纳的效果。

反馈过程具有两个要素，分别是后评价报告和扩散、评价成果及经验教训的应用。招标采购项目后评价的结果和存在的问题都应该反馈到项目决策、项目执行和项目监督等部门。成果及经验的应用，有利于改进和调整企业政策的制定。在后评价成果的反馈过程中，必须在后评价工作小组及其评价成果应用者之间建立良好的沟通机制，以保持紧密的联系。后评价成果的反馈可看成是一个动态过程，即通过招标采购项目后评价成果的反馈和应用，使后评价获得的经验教训，能在执行新的招标采购项目时得到应有的重视。结果的反馈必须是及时的、容易接受的、有针对性的、便于操作的。在后评价结果的反馈过程中应主要与两个方面建立紧密建立联系，即与企业相关政策制定建立联系和与项目执行过程建立联系。

二、后评价成果的应用

（一）加强对国家相关招标投标法律法规的应用

项目责任单位应加强各阶段前期工作，熟悉国家和地方对招标采购项目执行中涉及的相关法律、政策及规定，准确掌握有关专业知识，通过对项目潜在的信息进行全方位了解、对项目具体情况进行分析，科学地编制各阶段中涉及的项目文件，为今后项目的顺利实施打下坚实基础。

（二）后评价成果成为编制招标采购管理制度的参考和依据

招标采购项目后评价成果（经验、教训和政策建议）应成为编制招标采购管理制度的参考和依据。《招标采购项目后评价报告》应作为项目不规范执行责任追究的重要依据。

（三）后评价成果成为项目管理信息系统建立的基础

企业在新项目执行时，应参考过去同类型项目的后评价结论和主要经验及教训。在新项目立项申请审批前，应尽可能参考此次招标采购项目后评价指标体系，建立项目管理信息系统，随项目进程开展实时监测分析，改善项目日常管理，并为项目后评价积累资料。

（四）后评价成果为今后项目的执行提供借鉴

项目后评价的成果将为项目的建设实施提供良好的经验及建议，为项目的安全生产运营提出合理有效的经营责任目标及整改措施，为项目上级主管部门的大规模审查提供有价值的审查基础。

第六章 | 集团企业整体招标工作后评价的实施和操作

第一节　后评价工作启动阶段

一、确定后评价组织管理机构

（一）组建后评价工作管理机制

招标项目后评价管理是企业项目管理的重要组成部分，其目的是应用专业的后评价模型进行统计分析，发现并指出制度及招标采购工作中存在的问题，并提出相应的合理建议，从而推动企业在未来的招标采购管理工作中不断完善和进步。企业的投资项目决策、管理、实施部门都应参与开展招标项目后评价工作。后评价工作要遵循统一制度、归口管理、分级负责管理的原则。

1.统一制度

统一制度就是形成标准统一、管理规范的招标采购制度体系。要依据国家现行的法律法规相关管理规定，制定适合本企业的规章制度和管理办法。企业应制定招标项目后评价管理办法及实施细则、各类招标项目后评价报告编制细则，建立评价模型，制作管理手册后评价分册等。

2.归口管理

项目后评价工作应由各级管理部门归口管理，其主要职责是全面负责组织和协调项目后评价工作，包括制定项目后评价工作管理制度，编制下达项目后评价工作计划，委托咨询单位进行独立后评价，组织后评价成果研究、后评价信息反馈和落实整改等。所属企业按规定要求进行后评价，咨询单位按规定要求开展第三方后评价。

3.分级负责

企业管理部门根据各自职责和权限，在归口管理的基础上，依据项目分级管理权限，按照"谁主管、谁负责"的原则，形成统一领导、分工合作、密切配合、相互协作的管理格局。

（二）确立后评价工作管理职责

为了后评价工作的顺利开展，确保后评价工作的科学化、规范化、法制化，应建立由领导机构、管理机构和执行机构各负其责的三级后评价管理体系。

1.招标后评价领导机构

招标后评价领导机构的主要职责是：负责招标后评价工作的管理、指导、组织和协调；制定后评价制度、后评价实施办法及指导性原则，规范后评价方法；审核监督评价机构所做的后评价报告及后评价结论应及时反馈到领导及决策部门。

2.招标后评价管理机构

招标后评价管理机构的主要职责是：负责贯彻领导机构制定的后评价实施办法及指导性原则和评价方法；对后评价工作进行组织、管理、指导和协调；结合地区、部门或行业特点制定招标后评价的具体实施办法和后评价工作程序；接受领导机构的委托审核后评价单位的资格；选择或抽取后评价项目，组织培训后评价工作人员，判断评定后评价质量；审核、监督下属的或委派的后评价机构所做的后评价工作，并向领导机构提交审核报告及综合报告，供决策参考。

3.招标后评价执行机构

招标后评价执行机构是指由企业投资计划、工程建设、生产运营、工程造价、财务审计等部门组成的执行机构或外聘的第三方评价机构，以及以多种形式单独组建的后评价中介组织机构。后评价执行机构的主要职责是接受各部门或各行业委托的招标项目后评价工作任务；加强决策监督，为评价主体服务，为领导机构决策提供科学依据；面向市场、开展服务、靠评价质量求生存、求发展。当然，不同的执行机构因评价目的不同，表现出不同的特点，如由企业集团组建的后评价机构，其主要任务就是选择企业的典型招标项目进行后评价，加强招标决策监督，提高招标后评价工作质量，准确确立评价目标，为企业领导决策提供参考依据。

（三）制定后评价工作实施办法

1.实施办法的必要性

后评价工作实施办法是后评价制度体系的重要组成部分，对规范招标项目后评价工作流程具有重要意义。实施办法的执行应在规范管理人员职责、保证后评价质量方面发挥重要作用。为贯彻落实企业领导的决策部署，推进招标项目的科学性、合法性和合理性，切实提高项目的执行质量，结合招标工作实践，有必要制定后评价工作实施办法。

2.实施办法的总体思路

一是贯彻落实《中华人民共和国招标投标法》《中华人民共和国招标投标法实施条例》《中华人民共和国政府采购法》《中华人民共和国政府采购法实施条例》等法律法规以及部门规章，加强企业招标后评价制度建设，完善规章制度和程序。二是解决企业招标采购部门规章制定过程中存在的问题。充分发挥招标后评价工作的实际作用，以后评价过程中反映出的共性问题为导向制定实施办法。

3.实施办法的主要内容

实施办法是以相关实施细则为配套，各业务简化评价编制模板、报告编制细则、项目量化评分标准等规定为支撑、后评价方法为指导的有机统一整体。实施办法主要明确管理职责要求及后评价内容和形式，在后评价工作中居于纲领性地位，进一步细化了工作要求和发展方向，对规范各业务后评价内容和方法起到有效的指导作用。按照集成性、可操作性原则编制形成的后评价实施办法，是细化和解读制度规范、指导实际操作的有效工具，其主要内容包括：

（1）确定后评价项目主体。

（2）选择后评价项目的原则。

（3）招标项目后评价的依据。

（4）招标项目后评价主要工作程序。

（5）后评价内容及方法的选择。

（6）后评价报告的具体要求。

二、成立后评价工作小组

（一）成立后评价工作领导小组

按照相关管理规定，项目单位在接到上级部门下达的后评价工作计划或通知后，应及时成立后评价领导小组。领导小组的主要工作有：一是沟通协调，通过与后评价任务下达部门沟通，明确项目评价范围、评价时点、评价原则要素；二是制订工作方案，明确项目评价的思路和重点，确定项目执行过程中各关键节点的工作内容和时间进度要求；三是动态跟踪，通过适时检查，及时掌握项目的进展情况，并在完成后评价报告初稿后，组织相关部门对报告进行检查，及时发现和协调解决报告编制中的问题；四是评审验收，通过组织召开有特邀专家和相关业务管理部门参加的项目评审验收会，对后评价报告的内容和深度进行审查，提出意见和建议。

（二）确定后评价项目负责人

按照相关管理规定，项目单位还应明确后评价工作的项目经理，其主要职责是负责组织项目组按时保质完成后评价报告。项目经理应具备较强的组织能力、专业技术背景和综合分析能力，熟悉项目的全过程管理，能够组织项目组系统地回顾项目历程，做好项目组内部沟通协调，及时解决出现的各种问题，确保资料收集齐备，掌控工作局面，保证后评价工作按计划完成。

（三）成立后评价工作小组

按照相关管理规定，项目单位在接到上级部门下达的后评价工作计划或通知后，可以自行组建后评价工作小组，也可以委托第三方咨询机构完成后评价工作。自行组建后评价工作小组的，该小组应由项目单位的招标采购监督管理部门、企业投资计划部门、生产运营部门、工程造价成本部门、财务审计部门等相关人员组成，其主要工作职责为收集和提供相关资料、协调和支持后评价工作的开展及编制后评价报告。

招标项目后评价是一个复杂的系统工程，需要多部门的参与和协同作战。在后评价工作中如果项目单位因人力资源不足，难以对项目影响与持续性等相对专业或复杂的内容和关键点进行分析评价，则可以聘请相关专业专家对相关内容进行深入分析评价。

三、确定评价对象和目标

（一）确定后评价对象

1.自我后评价

自我后评价是以建设管理单位为实施主体，从项目执行者的角度，对项目决策、管理、执行等全过程进行回顾，对项目进行全面、系统、深入的分析和评议，总结经验以指导实践的过程。自我后评价任务是自我总结，汲取教训以实现自我完善和改进，提出建议以促进管理水平提升。自我后评价任务既可由上级后评价管理部门下达，也可由项目执行者自行安排。自我后评价成果表现形式为自我后评价报告，是所属企业依据项目基础资料，按照项目后评价报告编制细则要求进行编制的。

2.上级管理部门后评价

上级管理部门后评价是建设管理单位的后评价管理部门从企业经营管理需要的角度，选择具有指导性和代表性的项目自行开展的自我后评价。

其与自我后评价在程序上的差别主要是项目的审查验收方式不同，自我后评价报告完成后由上级后评价管理部门组织审查验收，而上级管理部门后评价由建设管理单位自行组织审查验收。

3.上级建设主管部门后评价

上级建设主管部门后评价是以上级建设主管部门为主体，遵循"客观、公正、科学、独立"的原则，在所属企业自我后评价和管理部门的基础上，针对项目的特点和委托要求，对招标项目的全过程与管理、环境和社会影响、目标与持续性等进行全面、客观分析与评价的过程。建设主管部门后评价报告要突出重点和项目特点，紧紧围绕影响招标项目的关键因素和环节展开，要能反映真实情况，要客观分析问题，认真总结经验，为招标项目的建设和管理提供科学合理的对策和建议。

（二）确定后评价目标

1.项目执行主体

项目执行主体应加强前期调研工作，科学地编制后评价实施方案，促使项目责任单位加强招标前期市场调研工作，熟悉国家和地方与招标采购中涉及的工程和采购物资相关的法律、政策及规定；准确掌握有关专业知识，通过对项目潜在的市场信息进行全方位了解、对项目具体情况进行分析，科学地编制后评价实施方案，帮助各级管理人员掌握招标采购管理、合同管理的重点环节及实施要点，为项目的顺利实施打下坚实基础。

2.项目主管部门

项目主管部门应采取有效措施，提升招标采购工作质量，加强对企业招标工作质量的检查力度，对招标工作的事前研究、事中管控、事后评价进行检查，及时发现招标工作中存在的问题，确保招标工作质量不断提升。将招标采购、合同管理工作中的关键控制点在信息系统中固化，从而有效控制风险。对企业在过去的一个评价周期内的招标采购管理与实施工作进行梳理与总结，发现制度及招标采购工作中存在的问题提出解决方案，从而推动企业在未来的招标采购管理工作中不断完善和进步。

第二节　后评价工作准备阶段

一、确定后评价方法

（一）评价方法的选择原则

招标项目后评价包含的内容有合规性评价、前期工作及实施评价、招标过程评价、影响与持续性评价等方面。围绕项目后评价不同阶段的评价内容，在评价方法选择上应遵循以下原则：

1.实用性

后评价方法的选择应体现实用性，起到客观分析项目的作用。例如，比较不同企业对同类项目的执行差异，则可选择横向比较法等。

2.可操作性

尽可能选用简单易行的方法。对不同招标的项目，因为项目类型和性质的差异，可以选择更具可操作性的评价方法。

3.针对性

根据招标项目的周期、范围，有针对性地选择项目后评价方法。例如，对重大投资的典型招标项目，可以采用因果分析法来寻找各阶段、各部分招标后评价的影响因素，为了达到项目后评价的目的，有时也选用几种方法相结合进行评价。

需要指出的是，在项目后评价中需要根据项目招标的不同阶段确定不同的评价内容，凡是能够采用数字或定量指标表示其效果的都应采用定量分析，便于找出项目实施效果的差距，有利于从中总结经验教训，提出对策和建议。对影响比较广泛、关系较为复杂、潜在的因素较多及难以定量计算的一些评价内容，只能进行定性分析方法或采用定量分析和定性分析相结合的分析方法。

（二）评价方法的选择

招标项目后评价常用的方法以对比评价分析为主，通过对比评价分析，找出项目各方主体的行为活动、各类文件等与标准规范文件的差异，并通过层次分析、因果分析等方法，从系统的角度分析项目不合规或失败的主要原因，对项目或企业给出一个全面、系统客观的评价。项目后评价方法选择详见表6-1。

表6-1　项目后评价方法及其选择

后评价方法		方法的选择
对比分析法	横向对比	适合于项目后评价的各阶段评价，其中，横向对比主要用于项目之间的评价与对比，纵向对比主要用于不同时期同类项目的对比
	纵向对比	
因果分析法		多用于后评价工作程序，用于后评价指标的分析，是后评价方法的补充印证
成功度分析法		多用于招标项目综合后评价
模糊综合评价法		
层次分析法		

二、确定后评价模型

（一）评价体系

　　后评价体系的建立是一项系统化工作，也是招标项目后评价的重要组成部分，需要有科学的方法论做指导。评价体系是由评价指标体系和评价模型组成的有机整体，应该反映项目的各方面特征，保证指标涵盖项目的所有过程。评价体系应与招标项目后评价结论建立明确的对应关系，将量化的指标转化为客观的评价。通过逐步建立量化、细化的评价体系，形成具有特色的招标后评价工作模式，进一步完善具有规范性、包容性、可操作性的后评价规范体系。

　　评价工作是目的性很强的一项管理咨询活动。开展项目后评价，首先要明确评价目的，简单来说就是评价该项目的理由。在确定评价目的之后，将其分解为一个或几个评价目标。如果设定的评价目标综合性很强，涉及的内容很广，还需要将这个综合性的目标分解为几个分目标。然后根据每个评价目标的属性，又可以将其分解为几个评价指标。

　　指标体系的设置是开展后评价的前提和基础，是影响后评价质量的关键之一，建立科学合理的后评价指标体系尤为重要。总的来说，评价指标体系的设置，要能够反映评价对象的主要情况，能够体现评价对象的因果关系，要符合国家、行业宏观经济发展要求。

1.根据被评价对象确立

企业招标采购项目后评价工作的评价对象主要是招标人、投标人和招标代理机构，因此，根据被评价对象的不同，一般可分为招标人评价、投标人评价和招标代理机构评价三个维度。

2.根据项目类型确立

按照发包方式分类，可分为招标项目和非招标项目。

按照项目类型分类，可分为工程项目、货物采购项目和服务项目。

按照招标方式分类，可分为公开招标和邀请招标。

按照采购方式分类，可分为询价采购、竞争性谈判采购、竞争性磋商、单一来源采购、直接采购和其他方式采购。

3.根据项目执行阶段确立

按照项目执行阶段分类，招标项目可分为招标前期阶段项目、开评标阶段项目、定标阶段项目、备案阶段项目；非招标项目可分为招标前期阶段项目、开评标阶段项目、定标阶段项目、备案阶段项目。

（二）评价指标

指标体系是由多个相互联系、相互作用的评价指标，按照一定层次结构组成的有机整体。评价指标体系是联系评价者与评价对象的纽带，也是联系评价方法与评价对象的桥梁，只有选用科学合理的评价指标体系，才有可能得出科学公正的评价结论。

指标一般是统计工作中反映社会经济现象特征的一个概念，由特定概念（指标名称）和具体数值（指标数值）两部分构成。指标有利于认识所研究对象的某个特征，或者对某个简单的事实进行说明。对任何一个招标项目进行全面分析、评价，往往需要对其项目背景、招标方式和社会影响等进行全面的分析评价，单靠一个或几个指标很难全面准确地反映项目的实际效果，需要由若干方面的一系列指标共同来反映，即要通过一个指标体系来完成评价工作。指标体系通常是指在统计和评价工作中，一系列相互联系的指标共同构成的有机整体，建立指标体系有利于从多方面对一个比较复杂现象的特征及规律性进行认识和说明。指标体系的建立是开展综合评价的基础，指标体系的合理与否对综合评价质量具有重要的影响。

后评价指标体系是指对招标项目的立项批复、招标公告、开标评标、定标等进行评价时所设立的一组相互联系的、能反映项目目标规范程度和产生各种影响的评价指标，是一个有机的整体。后评价指标体系是衡量项目规范程度的计量器，也是反映后评价质量的重要因素。评价指标体系设置的合理与否直接影响到项目后评价结论的科学性、客观性及决策指导性。虽然所有的招标项目基本流程是确定的，但不同类型的项目，招标前期、招标过程等指标是有所不同的。因此，在评价某一招标项目时，要根据国家、行业有关规定，结合项目自身的特点设计好评价指标。

1.招标人评价指标

招标人评价指标主要包括且不限于以下内容：

（1）对招标立项申请和规划的合法性、规范性以及科学性进行评价。

（2）对招标人以及招标代理机构在招标采购过程中的合法性、规范性和科学性进行评价。

（3）对招标文件编制的合法性、规范性、完整性和严密性进行评价。

（4）对标段划分的合理性、科学性和是否存在肢解项目的情况进行评价。

（5）对评价方法的合理性和科学性进行评价。

（6）对评标委员会的组成方式和履行职责的情况进行评价。

（7）对评标委员会成员评标行为的公平性、规范性、科学性进行评价。

（8）对招标项目的合法性、规范性、科学性进行评价。

（9）对招标过程中的异议和投诉事项的处理进行评价。

（10）对招标监督机构的监督力度进行评价。

（11）对招标档案和保密性管理等进行评价。

2.投标人评价指标

投标人评价指标主要包括但不限于以下内容：

（1）对招标投标过程中是否存在串通投标和以他人名义进行投标等虚假行为进行评价。

（2）对在投标过程中是否存在无故弃投或低于成本价竞标以及放弃中标等行为进行评价。

（3）对是否存在合同违背招标投标文件相关条款等严重影响到招标投标活动公平性的行为进行评价。

（4）对是否存在中标之后将项目转让给他人或者将中标项目进行肢解后再分别转让给他人的行为进行评价。

（5）对投标人是否存在恶意投诉和异议的行为进行评价。

（6）对达产后设备主要性能的指标以及中标人的投标承诺是否一致进行评价。

（7）对中标人是否按照投标承诺落实关键人员、进场队伍、施工设备等施工资源的情况进行评价。

（8）对投标人的其他方面进行评价。

（三）评价模型

招标项目后评价模型可以划分为后评价指标和后评价要素。其中，后评价指标一般由一个或若干个后评价要素组成，后评价要素是后评价指标体系的主体单元。考虑到招标项目后评价的特点，有些后评价要素需要划分为细目要素进行评价，因此，当评价指标体系存在细目要素时，指标体系就被分为三个层次。后评价指标体系中的指标有数字型、概念型和模糊型三大类。其中，数字型指标是定量指标，概念型指标和模糊型指标是定性指标。招标项目工作质量与规范性一般属于模糊型指标。

无论哪个层次的指标，都需要根据招标后评价理论、目标和相应的评分标准，依据指标结果将项目划分出优劣级别。例如评价结论等级划分为四级："优秀"为$P \geqslant 90$分，"良好"为90分$>P \geqslant 75$分，"合格"为75分$>P \geqslant 60$分，"较差"为$P < 60$分"。其中，P表示综合后评价分值。

（四）评价应用

1.指标评价

指标评价是分类评价和综合评价的基础。指标评价的方法是根据要素评分标准计算或赋予要素评价分值，求得以数值形式表达的评价结论。要素评分方法主要采用计算法、差减法和定性描述法三种模式。其中，计算法是通过要素公式计算值与要素评分标准对比，得出要素分值；差减法是通过要素与要素评分标准对比的差异，确定要素分值；定性描述法是通过评价结论与要素评分标准对比，确定要素分值。

2.分类评价及综合评价

分类评价的重点是反映招标项目后评价的某一方面的优劣，方法是指标加权求和，计算指标分值。公式为：

$$P_i = \sum_{j=1}^{m_i} R_{ij} P_{ij}$$

式中，R_{ij}、P_{ij}分别为第i项指标、第j项要素的评价系数和权系数，m_i为第i项指标包含的要素个数，P_i为第i个分类指标的评价系数。

综合评价的方法是采用分类指标分值加权求和，计算综合评价分值。公式为：

$$P = \sum_{i=1}^{n} R_i P_i$$

式中，n为参与后评价的指标个数，P_i、R_i分别为第i个分类指标的评价系数和权重系数，P为综合后评价分值。

3.权重系数的确定

指标评价需要确定要素权重系数，综合评价需要确定分类指标权重系数。招标项目以程序是否合规、管理是否到位或以招标关键流程等关键内容来确定权重系数，采用的方法主要有层次分析法或熵权赋值法。实际应用中可综合采取上述方法，以避免出现评价层次不清晰、评价结果"以偏概全"的情况。同时，依据不同类型项目的特点，要素、指标权重可以不尽相同，但各要素权重系数之和及各分类指标权重系数之和均为1。

三、确定后评价项目

可以选取具备特别性、典型性和可能性的单个项目进行重点评价。

（一）特别性项目

所选项目要具有一定的特性。如某一行业的大型或特大型的项目，投资额巨大的项目，建设工期长、建设条件较复杂的项目，或跨地区、跨行业的项目；重大技术改造或技术创新项目，采用新技术、新材料、新工艺、新设备的项目，对提升企业核心竞争力有较大影响的项目；对企业、行业、部门和地区发展有重大影响的项目，引发的环境及社会影响较大、公众特别关心的项目等。

（二）典型性项目

所选项目在同一类项目中要具有一定的代表性。如需要专门了解项目影响程度的项目，或社会影响较大的项目；建设性质发生变化的项目；或在建设实施中产品市场、原料供应及建设内容等发生重大变化的项目；或合同中止和建设延期的项目；能为经济和社会发展提供信息的项目，或能说明同类项目现状和未来发展方向的项目等。

(三)可预见性项目

所选项目应紧跟时事、体现当下行业及政策发展趋势,对下一个风口进行预测,对可能影响后续工作的可预见性项目开展后评价。

第三节 评价阶段

一、项目档案资料的移交

(一)档案资料的核对与移交

确定了评价项目后,后评价工作小组应下发后评价项目清单,并要求项目单位于固定期限完成档案资料的移交,移交时应填写档案资料移交明细表,经后评价小组接收人员完成核对后,双方签字,完成移交工作。项目档案资料于后评价工作完成后统一退还。

(二)项目相关调研与分析

项目后评价是以项目的基础资料、评标报告等档案资料的信息为基础,以调查研究的结果为依据所进行的分析评价。因此,没有相应的数据资料和信息作支撑,后评价工作难以深入开展。在招标项目后评价工作过程中,需要对类似项目进行调查研究,以判断真伪,取得评价的重点,这就需要评价人员深入实际,通过访谈知情人或召开座谈会等方式进行调查。后评价调查方法是项目后评价必不可少的技术方法,主要包括问卷调查、访谈法、座谈会讨论法和相关资料查阅法等方法。

1.问卷调查法

问卷调查法是将所需要了解的问题设计成书面问卷,并要求被调查者以书面形式进行答复,然后由调查者对答案进行统计、分析的信息收集方法。问卷调查法的优点是覆盖面广、效率高、信息量大,可以获取针对性的信息。

2.访谈法

访谈法是后评价工作中常用的方法之一。访谈是后评价人员就类似项目管理现状和关注的问题与被评价单位有关管理人员进行直接交谈的信息收集方法。在访谈中,评价人员以问为主,主要就有关问题进行咨询与落实。通过对被访谈者回答的分析总结,可以快速了解被评价类似项目的管理状况。

访谈是一种直接调查方法,是一名被访者和数名后评价人员在一起单独进行的。为了保证访谈效果良好，后评价人员需要事先制订访谈计划，包括确定访谈目的、日期、时间、地点、内容和联系方式等，并提前提交给被访谈者，以便其做好准备。访谈方法的优点是能够很快了解存在问题的线索，信息量大，并且能直接获取相关疑问的解答。但是由于不同的被访者立场和位置不同，提供的情况和事实往往带有大量主观性的意见和看法，不能完全作为确定问题的依据，需要辩证地分析和对待。

3.座谈会讨论法

座谈讨论会主要是针对后评价过程中容易发现的重大问题，邀请有关人员共同研讨，揭示矛盾并加以分析的方法。采用该方法，要事先告知会议的内容，提出探讨的问题。项目单位及相关的各部门人员在会上从不同角度分析产生问题的原因，经讨论达成共识，从而有助于后评价人员了解到从其他途径难以得到的信息。

4.相关资料查阅法

相关资料查阅法就是通过阅读有关的文献资料，获取有关的项目信息。一般项目的评价工作是从查阅文献资料开始的，因为评价人员可以获取有一些现成的有价值的资料和信息。实际上，评价人员应将相关资料查阅法和别的调查方法结合起来使用，以达到相互佐证的目的。相关资料查阅法具有效率高、花费少，可以较少的人力、费用和时间获得比其他调查方法更为全面翔实的社会信息，了解有关项目的全面情况。但是，文献资料不是第一手材料，其或多或少地反映作者本人的观点甚至偏见，受到一定的时间、空间和社会条件的限制，因此不可能全面反映客观事物的本来面貌。

二、查阅档案资料的方法

查阅档案资料法是按照制定好的后评价模型和内容，对招标项目档案资料进行查阅和评价的方法。档案资料分为纸质版档案资料和电子版档案资料。评价人员在查阅档案资料时，应注意档案资料是否真实、合法，一般可以从资料的外观形式和实质内容两个方面进行审阅。在外观形式上，主要审阅资料的完整性、连贯性、统一性和逻辑性；在实质内容上，主要审阅所记载事项的真实性、准确性、合规性和合法性。在具体应用查阅法时，应注意同其他评价方法相结合进行，审阅某一事项或记录时，应将与其有关的一系列资料进行相互对比，以取得充分可靠的评价证据，同时，在查阅过程中应及时做好记录，逐项记录已审阅的档案资料名称及主要内容，以免漏核或重核。查阅档案资料法又可以分为详细查阅法和重点抽查法。

（一）详细查阅法

详细查阅主要指对被评价项目的全部档案资料进行全面细致的查阅，如企业投资决策管理制度、项目管理制度等项目单位层面的制度性文件，项目立项报批文件，项目批复文件及资料，评审论证文件及资料，项目内的调整文件及批复，以及招标文件、合同文件。对设计总结、施工总结、监理总结、试运行总结、竣工决算及审计、财务报表、专项报告和验收报告等档案资料，要进行毫无遗漏的查阅。

（二）重点抽查法

重点抽查法在项目后评价中的应用，一方面是指对通过抽样选取的典型工程建设项目进行重点审查；另一方面是指在已初步掌握情况的基础上，有针对性地重点抽取相关档案资料。例如，对工程项目招标投标管理、合同管理等环节中的档案资料进行重点检查。

三、评价数据的收集与整理

（一）数据收集

数据收集是招标项目后评价工作中最关键的基础工作，所收集的数据要以满足招标后评价的需要为前提。由于相关数据可能分别被评价小组不同成员或者各管理部门掌握，因此，数据收集时要做好协调工作。尽量使收集到的数据全面、客观、具体和准确。

后评价收集的数据内容一般分为：企业提供的管理文件、企业在一定时间内的项目数量、项目类型、根据评价内容确定的单体项目评价结论、按不同评价阶段划分的评价结论、对企业项目或可类比项目的结论等。

在收集数据时，应对数据的真实性和有效性进行控制，应对收集的资料数据的真实性和可信度进行评估，必要时可要求企业提供书面说明，对用作类比的资料要注意类比双方的相关程度和资料获得的条件。

（二）数据整理

1.数据汇总

通过对招标项目的后评价，可得到大量数据资料，应先将数据资料分类汇总，再对数据进行处理，保证其真实性、有效性和代表性，必要时可进行复测。只有经数理统计将数据整理成可以与相关评价模型对比的形式，才能更好地得出评价结论。

2.数据分类

数据类型有以下几种：

（1）定性评价结果，如符合、不符合、无此项或文字说明等；

（2）定量评价结果，如评价分数、项目数量等数据；

（3）汇总数据，如××××年至××××年工程类招标项目评价平均分数为×分；

（4）其他数据类型，如连续波形对比数据、控制图等图表数据。

3.数据处理

在招标后评价工作中，可用随机抽取的样本项目来推断总体。为了使样本项目的质量充分反映总体项目的质量水平，在样本的选取上应遵循随机化原则：样本项目选取要具有代表性，不得任意删留；选取的样本项目必须是独立的，各次选取的结果互不影响。

对获得的数据在使用之前，要进行数据处理，消除或减弱不正常数据对检测结果的影响。若采用无效或无代表性的数据，会造成检查、检测结果错误，得出不符合实际情况的评价结论。

随机事件在若干次观测中出现的次数叫频数，频数与总观测次数之比叫频率。当某一类项目被抽取次数逐渐增多时，这一类项目数据出现的频率总是趋近某一常数，此常数能表示抽取此类项目的可能性，这就是概率。在概率论中，把事件发生可能性的数称为概率，但在招标项目后评价实际工作中，我们常以频率近似地代替概率。

数据处理有三种基本形式：

一是按一定要求将原始数据进行分组，做出各种统计表及统计图。二是将原始数据由小到大顺序排列，从而由原始数列得到递增数列。三是按照统计推断的要求将原始数据归纳为一个或几个数字特征。

"异常值"是指收集的数据中偏离其他数据很远的个别极端值。极端值的存在导致数据分布范围拉宽。当发现极端值与实际情况明显不符时，首先应查出产生极端值的原因，以便使极端值的存在得到解释，必要时加以修正。

收集到的数据要经过严格筛查整理，才能用于分析评价，应保证数据来源可靠，甄别收集到的数据，舍去不可靠的数据；保证数据完整，凡是招标后评价过程中要使用的数据都应收集齐全；保证数据合理，数据合理与否往往影响评价结果。

四、数据分析

对评价数据进行分析是指用适当的分析方法及工具，对整理来的评价数据进行分析，提取有价值的信息，形成有效结论的过程。在确定数据分析思路阶段，评价小组就应当为需要分析的内容确定适合的数据分析方法，一般的数据分析可以通过Excel完成，而高级的数据分析就要采用专业的分析软件进行，如数据分析工具SPSS、SAS、Python、R语言等。招标项目后评价数据分析一般分为评价维度分析和整体分析。

对评价数据进行分析后，隐藏在数据内部的关系和规律就会逐渐浮现出来。那么通过什么方式展现出这些关系和规律，才能让别人一目了然呢？一般情况下，数据是通过表格和图形的方式来呈现的，即用图表说话。常用的数据图表包括饼图、柱形图、条形图、折线图、散点图、雷达图等，当然可以对这些图表进一步整理加工，使之变为我们所需要的图形，如金字塔图、矩阵图、瀑布图、漏斗图、帕雷托图等。多数情况下，人们更愿意接受图形这种数据展现方式，因为它能更加有效、直观地传递出分析师所要表达的观点。一般情况下，能用图说明问题的，就不用表格；能用表格说明问题的，就不用文字。

评价数据分析其实是对整个数据分析过程的一个总结，通过报告的方式呈现，把数据分析的起因、过程、结果及建议完整地呈现出来，以供读者参考。所以评价报告通过对数据全方位的科学分析来评估企业招标项目质量管理水平，为评价者提供科学、严谨的参考依据，以达到企业规避招标风险的目的，提高企业核心竞争力。

一份好的后评价报告，首先需要有一个好的分析框架，并且层次明晰，图文并茂，能够让读者一目了然。结构清晰、主次分明，可以使阅读对象正确理解报告内容；图文并茂，可以令数据更加生动活泼，提高视觉冲击力，有助于读者更形象、直观地看清楚问题和结论，从而产生思考。

五、得出评价结论和建议

招标项目后评价报告需要有明确的结论，没有明确结论的数据分析就会变得没有意义，同时也失去了报告的目的，因为最初就是为寻找或者求证一个结论才进行分析的，所以千万不要舍本逐末。

招标项目大多数流程是不可逆的，为了使企业在被评价的项目中汲取教训，在后续的项目中规避风险，所以在招标项目后评价报告中提出问题、建议和解决方案是非常重要的。评价小组需要的不仅仅是找出问题，更重要的是提出建议或解决方案，以便企业在运行类似招标项目时参考。所以，评价小组不仅需要掌握数据分析的方法，而且还要了解和熟悉招标流程，这样才能提出具有可行性的建议或解决方案。

第四节 撰写报告阶段

一、后评价报告的主要内容

后评价报告应严格按照招标项目后评价报告编制细则及有关规定编写，保证内容深度和质量。根据评价项目特点，可对报告内容和评价指标在编制模型的基础上进行适当增加与完善，做到项目特点突出、评价内容全面、评价方法正确、评价结论客观。后评价报告由评价小组组织完成，并对后评价报告的内容和质量负责。编写后评价报告要按照实事求是的原则，既要总结经验，又要反思教训。报告引用的有关文件、资料和数据等基础资料要真实可靠。

后评价报告内容主要包括八个部分：前言、项目概况、评价模型内容的建立、项目评价、项目分析、发现的问题、评价结论等。后评价报告要在深入了解项目从立项到合同签订全过程的基础上，全面分析项目的执行、作用和影响，总结经验、汲取教训，找出项目存在的问题，提出针对性的建议，为后续项目执行者提供借鉴与指导。

二、后评价报告的参考格式

如前所述，根据委托要求和招标项目后评价的主要内容，招标后评价报告的格式可有所侧重，一般企业招标项目后评价的格式如下：

（1）报告封面（包括编号、密级、评价者名称、日期等内容）。

（2）报告摘要（以较短篇幅、提纲挈领地反映出报告的主要成果，包括总结经验教训和提出建议等内容）。

（3）项目背景（企业背景、项目目的和意义、评价范围、评价周期等内容）。

（4）评价模型的建立（后评价方法、后评价内容等）。

（5）评价过程（基础数据的统计与整理、评价项目样本的抽取、各维度评价分数的统计分析等内容）。

（6）发现的问题（总结数据分析得出的问题）。

（7）改善建议（提出有针对性、使用性的建议措施，用于指导后续招标项目）。

（8）附件（招标专业名词释义、后评价主要人员名单、项目评价附表等）。

第五节　报告的反馈与应用

一、闭环反馈、信息共享

招标项目后评价结论和总结的问题应反馈给有关领导、相关部门或单位，做到信息共享。各级招标项目后评价主管部门有责任积极推广招标后评价成果的应用，加强招标项目事中、事后监督管理，提高招标项目的管理水平和工作效率。

对招标项目后评价发现的问题进行整改落实，有利于规避后续招标项目的风险，并保证招标项目的合法性、合规性和合理性。项目主管单位应认真组织落实招标项目后评价结论中提出的问题、意见和建议，并将整改与落实情况反馈给后评价上级主管部门。

招标后评价结论可以传达有效信息并对招标工作流程起到指导作用。涉及不同类别和性质的招标项目后评价结论，其完成程度和各阶段评价结论都能够在一定程度反映出各类招标项目某一阶段的问题，其信息的传达可以进一步指导招标项目流程编制。

　　招标项目后评价成果可提高招标项目质量。对于招标项目后评价成果反映的涉及招标项目全过程的问题，有关项目监督部门要认真组织分析，提出相应的改正和预防措施方案。后评价成果可提高招标项目全过程管理水平。后评价成果能够反映出招标项目全过程管理中存在的主要问题，从而能够进一步提高今后招标工作的管理水平。

二、充分借鉴、规避风险

　　招标项目后评价成果应用的最终目标就是实现招标后评价成果向管理成果的有效转化。在招标项目开始执行之前，应该参考类似招标项目的后评价报告，分析它们的主要经验教训和本项目可以采取的有效预防措施，充分借鉴已有项目的评价结论，以其作为招标项目管理的重要依据；在招标项目准备和实施阶段，参考以往招标项目管理的经验和教训，高度重视那些容易出现和容易被忽视的问题，将招标项目管理的经验和好的做法应用到新的招标项目管理中，以防类似问题的发生和扩大，实施招标项目事中管理，进行招标项目的中间评价，保证项目按照合规的流程进行；在招标项目完成阶段，应利用已有类似项目的评价结论，对比当前招标项目的情况，分析招标项目已经出现的问题，做到有所准备，降低招标过程中的风险，提高招标项目的质量。在招标项目后评价工作中，后评价结论也为市场准入体系提供了支持，对项目潜在投标人及主要设备和大宗材料供应商服务质量的评价结论，应作为市场准入考核的重要依据。

第七章 | 行政主管部门发起的特定目的后评价实施和操作

特定目的的后评价，根据发起人不同，实施后评价工作的目的就有所不同，行政主管部门发起的特定目的后评价常见于发展和改革委员会组织的项目验收评价、发展和改革委员会或住建委组织实施的招标投标专项整治、财政局开展的政采代理机构监督评价工作等几种情形。在实践中行政主管部门发起的特定目的后评价长期使用专项整治、监督评价的表达方式，实际上属于后评价的一种。本章以发展和改革委员会或住建委组织实施的招标投标专项整治工作为例，介绍行政主管部门发起的特定目的后评价实施和操作过程。

第一节　招标投标突出问题专项整治工作启动阶段

一、召开招标投标突出问题专项整治部署会议

招标投标专项整治部署会议一般由当地行政主管部门（住房和城乡建设委员会、发展和改革委员会）组织召开，纪检监察机关、公安部门、公共资源交易中心、交通局、水利局、园林绿化局、铁路局、民航局及审计局等行政监管部门作为配合单位配合开展。招标投标专项整治部署会议的召开，标志着专项整治新一轮问题线索核查正式启动。专项整治部署会议的内容应包括：

（一）明确进行招标投标专项整治的必要性

（1）深入贯彻落实国家发展改革委办公厅《关于建立健全招标投标领域优化营商环境长效机制的通知》（发改办法规〔2019〕862号）以及住房和城乡建设部《关于开展工程建设领域整治工作的通知》（建办市〔2021〕38号）的有关决策部署。

（2）加强工程建设领域党风廉政建设。

（3）持续净化招标投标市场环境。

（4）进一步加强对工程建设项目招标投标的监督管理。

（二）确定招标投标专项整治工作组织与管理机构

成立工程建设项目招标投标突出问题专项整治工作领导小组，确定领导小组组长、副组长，下设工程建设项目招标投标突出问题专项整治工作领导小组办公室，确定办公室主任，小组成员一般由投资科、财贸科、审批科等

部门负责人组成。

（三）明确工作措施及分工情况

明确工作措施及各部门分工情况，共同推进专项检查整治工作深入开展。需对以下阶段整治工作内容进行分工，明确责任领导及责任人员。

1.前期阶段审查

负责开展招标投标前期阶段的审查工作，包括从项目建议书或可行性研究报告的审批到项目组织实施招标投标的前期工作审查。

2.招标投标阶段审查

负责开展招标投标阶段的审查工作，对包括从项目入场登记发布公告到项目成交合同签订，对此周期内的工作流程进行审查。

3.履行阶段审查

负责开展履行阶段的审查工作。包括对从项目开工到竣工验收、交付使用的全过程活动的审查。

4.廉政审查

负责开展廉政审查工作。深入调查项目是否存在非法干预、受贿腐败等情况，并完成深入调查总结工作。

（四）确定工作方案的编制部门

应在招标投标专项整治部署会议上确定工作方案的编制部门，一般为发起整治工作的行政管理部门，如住房和城乡建设委员会或纪委监委，确定此次后评价工作实施意见，做好日常宣传和协调工作，并负责对外联络、材料报送签收等工作。

（五）确定专项整治的周期

应在招标投标专项整治部署会议上明确专项整治工作的整体周期和各阶段周期，整治周期可划分为两个阶段，第一阶段为整治检查阶段，第二阶段为分析总结阶段。

（六）确定专项整治的范围

明确招标投标专项整治工作开展的范围，包括整治的地区范围、时间范围、项目范围等。

（七）确定专项整治重点

在招标投标专项整治部署会议上应明确本周期内招标投标行业专项整治的重点。最为常见的是设置以下几个方面为检查重点：

（1）招标条件设置有明显倾向性，打造"私人订制"版招标投标资格的行为。

（2）招标投标中公告发布、标书编制、评标、签约等多个关键环节不依法执行的行为。

（3）依法应当招标的工程建设项目规避招标，或先确定中标单位再进行招标的虚假招标的行为。

（4）投标人相互串通投标或者与招标人、招标代理机构串通投标，或者投标人以向招标人、招标代理机构或者评标委员会成员行贿的手段谋取中标的行为。

（5）评标专家不遵守评标纪律、不客观公正履行职责、违反职业道德，私下接触投标人或有关利害关系人的行为。

（6）投标人以他人名义投标，挂靠、借用资质投标或者以其他方式弄虚作假，骗取中标的行为。

（7）订立合同不规范，合同的实质性条款与招标文件不一致的违规行为。

（8）中标人违规分包、转包的行为。

（9）施工现场项目班子与投标文件不一致，项目班子成员到位率不符合规定的行为。

（10）未按合同要求，提前支付了工程款的违规行为等。

二、确定专项整治内容

由工程建设项目招标投标突出问题专项整治工作领导小组根据部署会议中的专项整治重点，确定更为详细的专项整治内容，专项整治内容包括但不限于以下几个方面。

（一）前期阶段审查

开展超概算专项审查，对超概算特别严重的工程项目进行集中审计或解剖分析，分析其中原因，划清主要责任。对违法违规、失职渎职造成工程项目超概算的，严肃问责追责，对工程项目超概算背后的利益输送和腐败情况进行彻查。强化概算刚性约束，落实建筑行业工程设计变更管理规定，建立健全项目设计变更审批管理制度，加强对项目前期工作、施工质量和进度的监管。

（二）招标投标阶段审查

核查发改、财政、住建、交通、水利农业、环保等部门部分招标文件报备、招标上限值评审、评标现场管理、专家管理、代理机构监管、办理投诉举报、标后稽查等工作情况。

（三）履行阶段审查

对所抽取或选取的在建项目施工关键人员变更情况进行清查，对违规变更的业主单位、管理部门、监理公司及其他工作人员进行问责或处罚，深挖变更背后的出借挂靠资质、转包违法分包问题，加大处罚力度。

对化整为零拆分工程，先开工后招标，不按批复文件实施招标，以保密工程、附属工程、赶工期名义等未招标的工程项目进行全面清查，严肃查处违法违规行为。

（四）廉政审查

深入调查项目是否存在有关部门干预项目决策、招标活动、工程施工及公共资源交易合规性的行为，持续加大审查调查力度，增强惩治腐败效力。

三、编制和确定招标投标专项整治工作方案

（一）编制招标投标专项整治工作方案

由发起整治工作的行政管理部门相应工作小组编制招标投标专项整治工作方案，工作方案应是部署会议中各项工作内容的细化，应包括以下几部分内容：

1.实施背景

为进一步规范工程建设领域招标投标活动，严厉打击违法违规行为，营造良好的市场环境，根据国家发展和改革委员会办公厅《关于建立健全招标投标领域优化营商环境长效机制的通知》（发改办法规〔2019〕862号）以及住房和城乡建设部《关于开展工程建设领域整治工作的通知》（建办市〔2021〕38号）文件的要求，详细阐述开展招标投标专项整治工作的背景及原因。

2.工作目标

可以从加强招标投标领域违法问题的治理，强化系统治理、依法治理、综合治理、源头治理，完善长效整治的工作机制，维护工程建设市场秩序，促进招标投标环境健康发展，保障参与企业得到充分竞争的良好环境等方面，详细编制招标投标专项整治的工作目标。

3.整治内容

整治内容应写明整治的时间周期、整治的范围、整治的重点、检查的重点等。

首先，要在部署会议明确的时间周期基础上，更加细化地阐明专项整治的各阶段工作的时间。第一阶段为整治检查阶段，工作内容包括部署动员、项目自查自纠、开展执法检查、工作领导小组督导检查等，应明确各项内容的执行起止时间。第二阶段为分析总结阶段，工作内容包括总结报告公布并建立长效机制。

其次，要在部署会议明确的整治范围的基础上，在工作方案中阐明整治工作的地区范围、时间范围和项目范围等，如某一周期市级范围内在建委平台已完成或正在进行招标投标活动的房屋建筑和市政基础设施工程。

再次，要在部署会议明确的内容基础上，详细阐明整治重点。

最后，要确定检查的重点。例如，检查的重点为招标人、招标代理机构、投标人、评标专家、建设单位、代建机构、施工单位、监督管理机构等各方主体。

4.工作安排

简要说明各阶段的工作内容及时间安排。检查整治工作包括部署动员、项目自查自纠、档案资料的报送接收、工作领导小组督导检查、建立长效机制等内容，检查以查看招标投标、项目管理等资料为主，结合现场检查和投诉举报线索征集等情况评定。

5.组织保障

专项整治期间要推动各主体加强组织领导。要推动各单位高度重视起来，建议成立各主体的整治工作领导小组，本单位纪检监察部门要作为成员单位之一。主管领导要亲自安排部署、推动实施，认真组织开展整治工作，强化责任落实，确保检查整治工作取得实效。

要推动专项整治的宣传培训工作。推动各主体通过公司会议、业务培训等方式，将宣传和培训贯穿于检查整治的全过程中。不断地提升招标代理机构等参建方从业人员的法治意识和廉政风险意识。

为充分发挥社会监督作用，切实提高整治成效，要明确公布本次招标投标专项整治投诉举报渠道。

（二）确定评价工作指标模型

评价指标模型是招标投标专项整治工作方案的组成部分，是各主体单位自纠自查的主要依据，也是招标投标专项整治工作开展的基础。详细指标的选取可以采用模糊综合评价等方法，依据招标投标专项整治工作的广度、深度及重点，确定评价工作的指标模型。

（三）确定招标投标专项整治工作方案

招标投标专项整治工作方案和评价工作指标模型应先经过整治工作领导小组办公室的内部审核，再上交至工作领导小组组长进行深入审查确认后，方可完成对外发布工作，进入招标投标专项整治工作实施阶段。

第二节　招标投标突出问题专项整治工作实施阶段

一、各主体进行自查自纠

自查自纠是自我反省、自我反思、自我改正的过程。各项目建设单位组织代建单位、施工企业、招标代理机构，按照《专项整治工作方案》要求全面检查逐项梳理，完成各项目自查工作。在自查自纠期间，各主体应对自查内容深入分析，逐条逐款地比对自查主体存在的问题，尽量做到每个方面的内容都深入查找一遍，不能敷衍了事。对于自查发现的问题，要及时纠正，承认错误要诚恳，处理错误的态度要端正，要找到解决措施，逐步按照措施改正错误。自查主体应将自查结果形成自查自纠报告，并对所提交的自纠自查报告的真实性和完整性负责。自查自纠报告是自查自纠工作的总结性材料，要高度重视，自查自纠报告要涵盖需查找问题的每个方面、自查出的问题、整改方法、下一步打算和计划等。行政监督执法部门、整治工作领导小组将对自查项目情况进行抽查。对于自查中发现的问题，建设单位应及时报告招标投标专项检查整治工作领导小组办公室。

二、确定招标投标突出问题专项整治工作的评价实施机构

（一）评价实施机构的素质模型

根据第三方咨询机构的素质模型，评选出信用较好且综合实力较强的第三方咨询机构作为专项整治工作的评价实施机构。素质模型应包括但不限于

以下几个方面：

（1）有完整的招标专业技术人员团队；

（2）有丰富的招标采购工作后评价的实践经验；

（3）有统计专业能力的技术人员；

（4）熟练掌握各评价区域的招标投标相关法律法规；

（5）企业要有良好的信誉。

（二）确定评价实施机构

选取评价实施机构有两种常用的方式：一是可以直接委托有丰富后评价经验且综合实力较强的第三方咨询机构作为评价实施机构；二是可以通过对外发布比选或遴选公告，综合评定后确定一个或多个实施机构。综合评审的内容可以从以下几个方面考虑：

①价格部分，统一采用低价优先法计算；②商务部分，包括企业业绩、企业人员、ISO体系认证证书等；③技术部分，包括对项目需求的理解和响应、项目评价实施方案、项目进度计划等内容。

评价实施机构成员应独立、客观、公正地开展专项整治评价工作，排除各方面特别是项目执行当事人意愿的影响。评价实施机构应实行组长负责制，负责评价工作实施过程中的各项具体工作。在项目基数较大且多为综合性复杂项目时，评价实施机构可根据实际情况外聘一定数量的评价专家组成评价专家组。评价专家组应根据评价工作的需要，向评价实施机构提供有关政策、技术方面的意见支持。在招标投标突出问题专项整治工作中纳入评价专家组，是实现招标投标专项整治工作科学化、民主化的重要保障。评价专家组可从财政、审计部门，以及行业协会、科研机构、高等院校中聘请资深专业人士。

三、评价实施机构编制工作实施计划

根据专项整治工作方案通知的时间周期和工作指标模型，评价实施机构应尽快完成工作实施计划的编制工作。工作实施计划应根据招标投标专项整治工作的具体内容确定，应包括评价对象、评价目的、评价依据、评价团队配备计划、详细时间进度计划、拟用评价方法、评价成果的展现形式等内容。完成编制后，递交整治工作领导小组审查，在合理范围内进行调整确认后，由评价实施机构按照工作实施计划严格执行。

四、选取评价项目

评价项目的选取有以下两种方式：

（一）随机抽查确定评价项目

评价实施机构在整治工作领导小组的监督下，组织对专项整治范围内招标项目的资格预审公告、招标公告、投标邀请书、资格预审文件、招标文件等开展事后随机抽查工作，抽查项目的数量由整治工作领导小组结合行业实际自行确定，抽查项目的比例原则上不得少于专项整治范围内招标项目总数的20%。运用大数据分析等现代信息技术手段，依托公共资源交易平台或招标投标公共服务平台，对专项整治范围内的招标项目进行全面筛查，及时发现并纠正限制、排斥不同所有制企业招标投标的违法违规行为。在随机抽查的过程中，应当同步建立抽取台账，以备后续审查。

（二）重点核查

应建立健全投诉举报接收、转办、反馈工作机制，对一定期限内相关利益主体通过招标投标投诉举报渠道进行投诉举报的项目，应重点核查。同时，针对本次专项整治开展线索征集，对于征集到的明确可查的线索，整治工作领导小组应当组织力量进行重点核查。鼓励整治工作领导小组围绕本次专项整治的目标，结合地区行业实际，运用科学的实施方法，创新整治方式，提升整治效力。

五、审查被抽取项目留存的档案资料

评价实施机构联合整治工作领导小组对被抽取项目进行书面审查，审查的依据为：工程建设市场留存的项目档案资料、工程建设交易平台或公共资源交易平台留存的各阶段电子档案资料及被抽查项目的主体单位上交的自纠自查报告。对照招标投标相关法律法规和评价指标模型，以评价机构分组或人员分组的形式按工作方案通知中划分的审查阶段负责项目的分段审查，运用适当的方法对评价指标体系进行周密计算和细化分析，联合整治工作领导小组编制被抽取项目数据底稿及评价底稿。

六、编制被评价项目的评价报告

结合项目审查的深度，将项目前期阶段、招标投标阶段、履行阶段及廉政审查作为一个评价维度编制被评价项目的后评价报告，也可以将招标人、投标人、招标代理机构、评标委员会及项目监督管理人员等项目执行主体的评价情况作为一个评价维度编制报告，报告的内容应全面反映被评价项目的综合情况。评价报告形成后，经评价实施机构成员签字，先完成初步评价结果的内部审核，再报送给整治工作领导小组征求意见，完成审核认定。

整治工作领导小组对评价中发现的招标人、招标代理机构、投标人、评标委员会和监督管理人员的违法、违规情形进行归类汇总，做好启动行政处罚程序等相关准备。

第三节　后评价工作整治阶段

一、公示招标投标突出问题专项整治工作成果

整治工作领导小组根据各项目后评价报告中的评价结果，以检查情况通报或专项整治工作成果的形式对外公布项目抽取台账及项目评价结果。通报成果的内容应包含整治工作实施的基本情况、开展整治工作发现的项目重点问题、专项整治检查整改措施等内容。

（一）整治工作实施的基本情况

例如，根据工作安排，对整治范围内的共计多少数量的项目，按多少比例完成抽取或选取共计多少数量的项目进行检查，将项目的分类情况、涉及的执行主体数量等统计汇总完成的工作对外公布。

（二）开展整治工作发现的项目重点问题

应将评价实施阶段所统计的存在问题的项目数量、占比情况及问题项目涉及的执行主体数量对外公布，并详细总结项目的前期阶段、招标投标阶段、履行阶段及廉政审查各方面存在的重点问题及问题出现的频次。

（三）专项整治检查整改措施

1.可以立行立改的问题

责令相关招标人或代理机构限期退还并提交整改完成资料；对使用未在建筑市场登记人员的企业，督促相关企业限时完成登记，补录相关人员信息。

2.未产生实质性影响的已完成项目问题

对相关责任主体进行警示提醒；对发生问题较少、问题较轻的招标人及招标代理机构，对其项目负责人进行批评教育；对发生问题较多，问题较严重的代理机构，约谈单位业务负责人，避免再次发生类似问题。

二、加强事中事后的监管力度

（一）严格招标事项核准和招标文件备案

防止排斥潜在投标人、"量身定做"等违规行为。对违反竞争中性原则，限制或者排斥不同所有制企业招标投标，妨碍建立统一开放、竞争有序现代市场体系的制度规定，按照"谁出台、谁负责、谁清理"的原则，根据权限修订、废止。

（二）完善建筑企业资质管理

加强对建筑企业动态核查，健全僵尸企业市场清出机制，依法依规处罚挂靠和借用（出借）资质行为。

对借用资质和出借资质的投标人，查实后除给予必要的行政处罚外，限制其参加招标投标活动，并列入"黑名单"，公开曝光。

（三）加强对招标代理机构监管

建立健全监管平台。按上级制定的招标代理机构管理制度，加强招标代理机构及其从业人员的考核、评价，对有违法违规行为的招标代理机构，视情况禁止或限制其进入交易平台从事招标代理活动。做到不得违法违规操作的同时，也要加强自律，避免"大问题没有，小问题不断"的现象，要以相关部门依法处理为契机，深入自查、自省、自改，切实提高代理业务水平。

（四）加强评标专家管理

健全评标专家动态管理机制，改进专家抽取方式，加强对评标专家的日常管理，切实解决专家抽取频率异常等问题。做好评标专家的征集、培训、考核和清退工作。加强评标专家现场考评，对违规的代理机构、评标专家及时通报，清理淘汰。

（五）加强重点项目审计监督

对监督区域内的重点项目及时开展竣工决算审计，对工程内容变更多和严重超概算的政府投资项目实施专项审计。

（六）加强标后履约监督检查

行政监督管理部门将适时组织抽查和"回头看"工作，全面了解掌握问题整改的情况，会同全市各级监管部门，对中标项目的合同履约、项目人员、现场施工、资金支付、工程变更等情况开展巡查和抽查，严肃查处违规违法行为，不断完善建设工程招标投标事中事后监管的长效工作机制。

第八章 招标采购项目后评价实践案例

第一节 国有企业招标采购项目后评价案例

一、案例综述

（一）企业概况

该客户为国务院国资委直接监管的中央企业，是一家集资产管理、资本运营和生产经营于一体的大型国有独资公司，业务种类较多，且集团企业规模庞大、结构较为复杂，集团下设10个所属二级公司，各二级公司下设若干三级公司。该集团招标采购的项目包含工程、货物和服务多种类型，招标方式和非招标方式均有涉及。

（二）案例背景

在国家要求强化国有企业招标采购工作、加强事中事后监管的政策环境下，该中央集团企业计划对招标采购管理制度和招标采购项目现存的问题进行梳理、审查，并及时进行整改、总结与完善，从而使集团企业招标采购管理制度得到进一步提升。同时，也希望能够达到促进项目决策科学化，提高招标采购工作执行力，增强集团各级管理与实施操作人员责任意识，持续提升招标采购管理工作的质量和水平的效果。

（三）后评价概况

2021年8月，中城天工受该中央集团企业的委托，开展2021年度招标采购后评价工作，对所有二级公司和抽取的三级公司的招标采购管理制度和2020年7月至2021年6月一年内的招标采购项目进行综合性后评价。基于我公司过去的招标采购项目后评价的理论研究基础和实践经验，以及对该集团企业组织结构、发展历程、管理现状、工作目标等方面的深入理解，我公司组建了专业的后评价工作小组，本着"科学性、客观性、公正性、反馈性"的原则，抽取了一定数量的样本公司和样本项目，审阅了相关档案资料，采集了基础信息和数据，建立了以模糊综合评价法为主要工具的评价模型。同时，对招标采购制度、招标项目以及非招标项目按照发包方式、项目类型、评价阶段、招标方式、采购方式等不同类型进行系统评价和量化打分，并进行多维度的比较和分析，发现并指出招标采购管理制度及招标采购工作中存在的问题，提出相关建议，最终形成了64份书面后评价报告，具体数量见表8-1所示。

表8-1　后评价报告数量统计图

报告级别	报告数量
集团报告	1份
二级报告	10份
三级报告	53份
合计	64份

注：为保护该集团企业的隐私，本案例中所有数据均为虚拟数据。

二、后评价准备工作

（一）后评价驻场地点的确定

由于后评价工作分别在不同城市开展，为方便各公司递交项目资料，做好项目资料的接收、评价和退还工作，具体评价地点的选择显得尤为重要。该集团企业各级下属公司的分布地点遍布全国，而且非常分散，根据该集团企业各子公司地理位置的分布情况，以方便各公司递交项目档案资料为原则，经该集团企业相关负责人同意，中城天工确定了北京、成都、武汉、南京、广州和乌鲁木齐6个后评价工作驻场地点。中城天工总部位于北京市，并且在上述6个地点中部分地区设立有分公司。在选择后评价工作具体驻场地点时，我公司本着高效、便利的原则，确定了在上述城市中交通较为便利的后评价工作地点。

（二）成立后评价工作小组

为了使后评价工作真正发挥作用，避免后评价工作的片面性和局限性，中城天工不仅对相关内部、外部的政策基础进行了综合考量，也在技术性问题上进行了深入的研究。我公司汇集招标、造价、工程项目管理各领域专业人员，组建了12人的后评价小组，并确定了后评价小组的总负责人。12人小组再分为3个分小组，分别前往3个后评价工作地点开展工作。集团企业派出项目负责人和监督人，与我公司派出的12人共同组成了14人的后评价小组。后评价小组组织结构如图8-1所示。

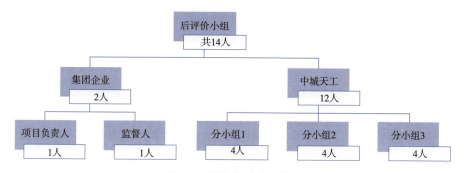

图8-1　后评价小组组织结构图

（三）签订后评价工作廉洁承诺书

后评价工作小组所有成员签订廉洁承诺书是对后评价小组全体成员的工作效率与责任意识的有力督促。要求后评价小组时刻保持清醒头脑，加强自我约束，杜绝一切工作之外的接触，提高廉洁自律意识，客观公正地履行后评价工作职责的保证。

（四）后评价工作行程的确定

后评价小组在确定好评价地点和评价时间后，立即对各成员的行程做了提前安排，预定了高铁票或者机票，并安排好了评价人员的住宿。提前安排行程可以防止出现特殊情况，以免耽误行程和后评价工作的开展。

（五）后评价小组成员仪容仪表的统一

注重仪容仪表是中城天工的一项基本职业素养。仪容仪表不仅反映了员工的精神面貌，更代表了中城天工的企业形象。为此，我公司为后评价小组成员定制了统一的着装，并为每人配备了工牌，对后评价小组成员在工作时的着装和仪容仪表等整体服务形象做了详尽要求。

（六）后评价基本办公用具的准备

在后评价工作正式开始之前，需要将评价工具准备齐全，主要包括笔记本电脑、打印机、密码锁、插排、签字笔、纸、档案袋、档案盒、长尾夹、回形针、美工刀、订书器等。

三、后评价模型的建立

（一）建立基础

中城天工作为一个有着丰富招标代理工作实践经验的企业，对国家相关法律法规和相关政策的把握始终是非常精准的，在实施招标项目的过程中不断地收集市场信息，掌握行业内的新动向，不断提升团队人员的专业技术水平和职业道德素质。基于我公司非常丰富的招标采购项目后评价工作的实践经验及前沿的后评价基本工作方法，依据国家相关法律法规，并结合对该集团企业的组织结构、发展历程、管理现状以及本次后评价工作的核心目标等方面的深入理解，中城天工构建了适合本次后评价工作的科学的后评价模型。

（二）后评价方法的选择

本次后评价项目采用模糊综合评价法和层次分析法相结合的评价方法。

一方面，模糊综合评价法符合招标采购项目后评价指标定性分析的特性，在对项目的"优秀、良好、合格、较差"的判断中带有一定的模糊性。另一方面，模糊综合评价法具有对多层次、多种类指标进行分析评价的功能，能够有效综合项目的多维度指标体系。其适用性强，能够满足多种性质、类别、规模的招标采购项目后评价，进而从发包方式、项目类型、阶段划分等各维度对样本项目集和样本公司情况作出较为客观的评价。因此，模糊综合评价方法具有较强的科学性和综合性，能够有效满足对招标采购项目开展后评价的需要。

层次分析法根据评价指标和评价内容的性质以及要达到的总评价目标，将指标分解为不同的组成因素，并按照因素间的相互关联影响以及隶属关系将因素按不同的层次聚集组合，形成一个多层次的分析结构模型，从而最终使评价内容归结为最低层相对于最高层的相对重要权重值的确定。

（三）评价内容

1.招标采购制度评价模型

后评价小组将招标采购、招标制度及管理情况评价内容总结为12项，满分100分，将评价结论分为优秀（≥90分）、良好（<90分且≥75分）、合格（<75分且≥60分）、较差（<60分）四个等级，详细结构见表8-2。

表8-2　招标采购制度评价记录表

单位名称			编号：	
上级单位				
序号	评价内容		分值	得分
1	请购及审批的有关管理制度完善程度（包括相关部门或人员的职责权限及相应的请购程序，超预算和预算外采购项目审批权限等）		"完善"得15分 "不完善"得10分 "未制定"得0分	15
2	采购环节的有关管理制度完善程度（包括根据商品或服务等的性质及其供应情况确定采购方式，根据物资或服务采购特点针对性建立供应商评价及选择制度等）		"完善"得15分 "不完善"得10分 "未制定"得0分	15
3	招标内控流程（如重点检查招标项目、可不招标事项审核审批及实施操作等）是否健全、科学、完善		"完善"得10分 "不完善"得5分 "未制定"得0分	10
4	招标管理部门的人员配置是否科学、合理，是否满足本单位实际工作需求		"是"得10分 "否"得0分	10
5	是否根据企业情况设立了专业化招标机构或根据项目特点委托专业机构进行招标		"是"得10分 "否"得0分	10
6	招标管理部门和实施操作部门职责权限划分是否明确		"是"得10分 "否"得0分	10
7	招标工作是否实现管办分离		"是"得10分 "否"得0分	10
8	招标工作流程是否规范，是否符合法律法规的要求		"是"得10分 "否"得0分	10
9	招标项目台账制度是否完善		"是"得5分 "否"得0分	5
10	是否建立畅通的异议、投诉的渠道		"是"得5分 "否"得0分	5
总分				100
特殊问题说明				
备注	完善：本阶段制度完善，规范性强，要求明确 不完善：本阶段制度不够完善，规范性一般，要求较明确 未制定：未制定相关制度			
后评价小组成员签字：				

2.招标采购项目评价模型

后评价小组将招标项目后评价内容分为30项，非招标项目评价内容分为10项，满分均为100分，将评价结论分为优秀（≥90分）、良好（<90分且≥75分）、合格（<75分且≥60分）、较差（<60分）四个等级，详细结构见表8-3和表8-4。

表8-3　招标项目后评价记录表

项目阶段	评价阶段	序号	评价内容	分值	加权分值
一、招标前期阶段（35分）	前期材料	1	是否遵守国家法律法规及企业规定，项目审核、审批程序是否完善	"完善"得10分 "不完善"得5分 "未提供"得0分	7
		2	是否存在将依法应当公开招标的项目，采用邀请招标的情况	"不存在"得10分 "存在"得0分	
	招标公告	3	公开招标项目是否按规定在指定媒介发布资格预审公告或者招标公告	"是"得10分 "否"得0分	15
		4	招标人是否存在肢解发包、违法分包的情况	"不存在"得10分 "存在"得0分	
		5	同一招标项目在不同媒介发布的资格预审公告或者招标公告的内容是否一致	"一致"得5分 "不一致"得0分 "未提供"得0分	
		6	招标信息（资格预审公告、招标公告、投标邀请书）主要内容是否完整	"完整"得10分 "不完整"得5分 "未提供"得0分	
		7	招标人在招标项目资格预审公告、招标公告中，是否存在以不合理的条件限制或者排斥潜在投标人的情况（例如：提高资质要求的情况）	"不存在"得10分 "存在"得0分	
	招标文件	8	招标文件或资格预审文件内容、结构规范完整程度	"完整"得15分 "不完整"得8分 "未提供"得0分	13
		9	是否存在限定投标保证金、履约保证金只能以现金形式提交的情况	"不存在"得5分 "存在"得0分	

续表

项目阶段	评价阶段	序号	评价内容	分值	加权分值
一、招标前期阶段（35分）	招标文件	10	是否按照规定对异议做出答复，继续进行招标投标活动	"不存在"得5分 "存在"得0分	13
		11	评分办法设置是否合理	"合理"得10分 "部分合理"得5分 "未提供"得0分	
二、开评标阶段（27分）	专家抽取	12	是否按照规定组建评标委员会	"是"得10分 "否"得0分	7
		13	组建的评标委员会成员人数或专业结构配置是否符合相关文件规定	"是"得10分 "否"得0分	
	开评标过程	14	过程资料签字是否齐全	"是"得5分 "否"得0分	20
		15	投标人投标报价是否唯一（招标文件另有规定的除外）	"是"得10分 "否"得0分	
		16	评标办法是否与招标文件一致	"是"得10分 "否"得0分	
		17	评标报告内容（评审过程及结果）是否完整	"是"得10分 "否"得5分 "未提供"得0分	
		18	是否存在潜在投标人围标、串标行为	"是"得15分 "否"得0分	
		19	投标单位资格要求是否符合招标需求	"是"得10分 "否"得0分	
三、定标阶段（25分）	确定中标人	20	中标候选人公示及中标结果公示发布的媒介是否和公告一致	"是"得10分 "否"得0分 "未提供"得0分	18
		21	中标信息（中标候选人公示、中标结果公告）主要内容是否符合规定	"是"得10分 "否"得0分 "未提供"得0分	
		22	招标人是否存在评标委员会依法依规推荐的中标候选人以外确定中标人的情况	"不存在"得10分 "存在"得0分	

续表

项目阶段	评价阶段	序号	评价内容	分值	加权分值
三、定标阶段（25分）	确定中标人	23	是否存在招标人在所有投标被评标委员会否决后自行确定中标人的情况	"不存在"得10分 "存在"得0分	18
		24	招标人是否存在无正当理由不发出中标通知书的情况	"不存在"得5分 "存在"得0分	
		25	招标人是否存在中标通知书发出后无正当理由改变中标结果的情况	"不存在"得10分 "存在"得0分	
	合同签订	26	招标人、中标人订立的合同主要条款与招标文件、中标人的投标文件的内容是否一致	"是"得10分 "部分一致"得5分 "未提供"得0分	7
		27	是否在中标通知书发出之日起30日内签订合同	"是"得10分 "否"得0分 "未提供"得0分	
四、备案阶段（13分）	其他	28	项目公告、投标、开标、评标、公示、中标通知书时间节点是否合理	"是"得10分 "否"得5分	13
		29	招标文件、中标结果、合同等重要文件是否盖章	"是"得10分 "否"得5分	
		30	档案资料是否完整	"是"得15分 "否"得8分 "未提供"得0分	
总分				300	100

表8-4　非招标项目后评价记录表

评价阶段	序号	评价内容	分值	加权分值
一、请购与审批阶段	1	按照国家法律法规和企业规定，项目是否可采用非招标方式采购	"是"得15分 "否"得0分	25
	2	请购、审批程序是否符合公司采购规范（如是否得到主管部门、领导批准），且手续过程资料是否完善	"是"得10分 "否"得5分 "未提供"得0分	

续表

评价阶段	序号	评价内容	分值	加权分值
二、采购过程阶段	3	是否按企业规定，进行供应商评价及选择，且过程资料是否完整	"是"得10分 "否"得5分 "未提供"得0分	50
	4	采购文件是否有明确的采购类别、质量等级、规格、数量、相关要求和标准、到货时间等	"是"得10分 "否"得5分 "未提供"得0分	
	5	根据采购商品特点及金额，是否要求供应商提供与项目相对应的资质或业绩证明材料	"是"得10分 "否"得5分 "未要求"得0分	
	6	供应商提供的资格证明材料（资质、业绩等）是否与采购商品特点、规模相适应	"是"得10分 "否"得5分 "未提供"得0分	
	7	评审报告内容（评审过程及结果）是否完整	"是"得10分 "否"得5分 "未提供"得0分	
三、合同签订阶段	8	合同文件的主要内容与成交通知书是否一致	"是"得5分 "否"得0分 "未提供"得0分	25
	9	项目合同是否经过内部审批、法务审核等，且文档资料齐全	"是"得10分 "否"得5分 "未提供"得0分	
	10	比价或评价确定的供应商与签订合同方是否一致	"是"得10分 "否"得0分 "未提供"得0分	
总分			100	

四、后评价数据的收集

（一）下发后评价通知

中城天工配合该集团企业拟订好了下发给各二级公司的后评价工作通知，说明了本次后评价工作的主要内容，并对二级公司和所属三级公司提交项目台账（2020年7月至2021年6月）和通讯方式和时间作出了要求，由各二级公司负责各自所属三级公司的资料汇总工作，发送至指定电子邮箱，统一提交。

前期收集各公司项目台账和通信信息的工作至关重要，关系到后期数据的分类汇总、项目抽取和评价地点的确定，因此对各公司提交的资料应做统一的格式要求，以Excel表格形式作为通知的附件下发。为避免后期不必要的重复性工作，可详细备注项目台账格式要求：

（1）项目台账须按照附件各采购台账格式模板填写，不可更改。

（2）项目台账为一个Excel表，统一分类为招标项目台账和非招标项目台账两部分，不可拆分、增设内容。

（3）项目须与年份相对应，年份按照合同签订时间界定。

（4）"合同金额"一列仅填写阿拉伯数字的金额，不可填写汉字或符号，单位为万元，币种为人民币，单价合同或敞口合同填写最终付款金额，以外币签订的合同项目须按照合同签订时的汇率换算为人民币后填写。

（5）项目废标或有其他特殊情况，在"备注"一列填写。

招标采购项目台账统计表、非招标采购项目台账统计表和通讯信息表的格式详见表8-5、表8-6和表8-7。

（二）抽取样本公司和样本项目

根据各二级公司提交的二级本级公司和所属三级公司项目台账汇总表，进行样本公司和样本项目抽取。10个二级公司为必须进行后评价的公司，所以仅在各三级公司中抽取出相应数量的样本公司，三级样本公司被抽取的概率是相同的。通过采取随机抽取的方式确定三级样本公司，可保证样本数据的公平性、代表性和最终结论的可靠性，最终抽取三级样本公司43个；在对53个（含二级公司10个）样本公司的样本项目进行抽取时，依据各公司上报的项目台账，以每个公司抽取10个项目为标准（项目不足10个的全部抽取），侧重于抽取合同额较大、项目性质特殊等具有代表性的招标及非招标项目，最终抽取样本项目498个。

（三）制定样本编号方法

后评价小组对所有样本公司和样本项目进行编号，由于每个公司仅有一个招标采购管理制度，所以制度的编号与公司编号相同。编号规则如表8-8所示。

表8-5　招标采购项目台账统计表

公司招标采购项目台账统计表

年份	序号	项目名称	项目类型（工程、货物、服务）	采购主要内容	招标方式（公开招标、邀请招标）	招标时间（开标时间）示例：2020/01/01	合同金额（万元）币种：人民币	合同签订时间（示例：2020/01/01）	中标人名称	采购依据（预算内审批、预算外审批、其他）	备注
2020年	1										
	2										
	3										
	……										
2021年	1										
	2										
	3										
	……										

表8-6 非招标采购项目台账统计表

年份	序号	项目名称	项目类型（工程、货物、服务）	采购主要内容	采购方式（竞争性谈判、询价、单一来源、直采、其他）	合同金额（万元）币种：人民币	合同签订时间（示例：2020/01/01）	成交人名称	采购依据（预算内审批、预算外审、其他）	备注
2020年	1									
	2									
	3									
	……									
2021年	1									
	2									
	3									
	……									

表8-7 通讯信息表

序号	企业名称	隶属二级企业	通信地址	联系部门	联系人	办公电话	手机	邮箱
1								
2								
3								
……								

表8-8 样本编号规则表

样本	二级样本公司	二级样本项目	三级样本公司	三级样本项目
编号规则	二级公司排序	二级公司排序-00-项目排序	所属二级公司排序-三级公司排序	所属二级公司排序-三级公司排序-项目排序
举例	01	01-00-01	01-01	01-01-01

（四）下发递交项目资料通知

1.项目资料内容

（1）各样本公司现行的《招标采购管理制度》。

（2）样本招标项目档案资料包括但不限于项目前期核准公告、批复公告、招标公告（或投标邀请书）、招标文件、开评标过程资料、中标通知书、合同等招标全过程资料。

（3）样本非招标项目档案资料包括但不限于请购文件、审批文件、采购文件、评审报告、成交通知书、合同等采购全过程资料。

2.递交要求

下发递交项目资料的通知是准备工作关键的一步，需要明确各样本公司递交招标采购管理制度和项目样本资料的主要内容、各样本公司的具体评价地点和时间以及递交管理制度和项目资料的要求。后评价小组拟订项目资料接收明细表，要求各公司在递交项目资料之前按要求填写，并在递交项目资料时携带，详见表8-9所示。

五、项目资料的接收、评价与退还

（一）项目资料的接收

1.现场布置

评价小组成员在递交项目资料前到达接收地点，提前对接收地点现场进行布置，主要包括：

（1）放置引导指示牌。为起到给各公司递交人员指引至接收地点的作用，可在醒目位置放置引导指示牌。

（2）设置资料接收区与存放区。由于各公司的项目资料较多，且部分资料是原件，需要妥善保存，因此需要设置一个专区存放项目资料。

（3）设置等候休息区。等候休息区应配备茶叶、饮用水、一次性纸杯等用品。中城天工始终秉持以人为本的服务理念，为企业提供优质的人性化服务。

2.接收过程

后评价人员在接收项目资料时，需确定递交人员携带的档案资料交接表中的移交档案目录（详见表8-9）和实际递交资料的一致性，以及递交和退还双方联系方式的有效性，再由双方签字确认，档案资料交接表一式两份，递交和接收人员各持一份，并提示递交人员在领取项目资料时也要携带本表。

表8-9　档案资料交接表

档案资料交接表					
公司名称					
上级单位					
编号	项目名称	序号	移交档案目录	移交份数	档案类型（纸质/电子）
1		1			
		2			
		……			
2		1			
		2			
		……			
3		1			
		2			
		……			
4		1			
		2			
		……			
5		1			
		2			
		……			
……					
递交人员：　　　日期：			退还人员：　　　日期：		
接收人员：　　　日期：			接收人员：　　　日期：		
接收地点：			退还地点：		
公司联系方式：			评价机构联系方式：		
备注： 1.此表格一式二份，递交项目资料时需携带本表； 2.项目单位需按照已经确定的项目名称准备资料，并需将档案目录、移交份数、是否有电子版填写齐全； 3.本表格格式不可更改					

接收的项目资料应该以二级公司为单位，在资料存放区码放整齐，并在每个项目的档案袋外侧标注项目编号。

在接收项目资料的过程中，会存在多家公司递交人员几乎同时到达接收地点的情况，后评价人员可先接收一家公司的项目资料，其余公司递交人员可以安排在等候休息区休息和等待；还会存在有些公司递交人员是从其他城市经长途跋涉到达评价地点的情况，如他们有休息的需求，也可以安排在等候休息区。

3.接收项目资料时遇到的问题

（1）存在少部分公司在递交项目资料时未填写档案资料交接表的情况，并且公司整理项目资料的人员与递交项目资料的人员不是同一人，导致递交人员对项目资料情况几乎不了解，这时接收人员就需要与递交人员一同现场核对项目资料并将项目资料内容填写到档案资料交接表中，这样一来就耽误了接收时间，降低了工作效率。

（2）存在少部分公司实际递交的项目资料与档案资料交接表中填写的资料内容不一致的情况，这时需要公司递交人员重新核对递交资料的内容，再进行签字确认。

（3）存在个别样本公司未在规定时间内递交项目资料，经后评价小组人员与样本公司相关负责人联系后，仍然不予递交项目资料的情况，后评价小组会在评价报告中如实记录这类样本公司的行为，并将该情况编入最终向集团公司递交的报告中。

（二）后评价过程

1.招标采购管理制度评价

依据后评价模型和确定的招标采购管理制度后评价内容（见表8-2），后评价小组对样本公司提交的招标采购管理制度进行评价和量化打分，对评价过程中发现的问题在招标采购制度评价记录表中详细记录，并根据样本公司的制度评价分数来确定样本公司制度的评价结论。

2.招标项目后评价

依据后评价模型和确定的招标项目后评价内容（见表8-3），后评价小组对样本公司提交的招标项目资料进行评价和量化打分，对评价过程中发现的问题在招标项目后评价记录表中详细记录，每一个单体招标样本项目都会形成一份招标项目后评价记录表，评价小组根据单体项目的评价分数来确定该项目的评价结论。

3.非招标项目后评价

依据后评价模型和确定的招标项目后评价内容（见表8-4），后评价小组对样本公司提交的非招标项目资料进行评价和量化打分，对评价过程中发现的问题在非招标项目后评价记录表中详细记录，每一个单体非招标样本项目都会形成一份非招标项目后评价记录表，评价小组根据单体项目的评价分数来确定该项目的评价结论。

4.本次后评价工作过程中遇到的问题

（1）实际递交的项目资料与项目台账记录的该项目性质不一致。例如，项目台账上写的是非招标项目，但经后评价小组确认后，认定该项目应为招标项目。再如，项目台账上写的项目类型是服务类，但是经后评价小组查阅项目资料后，认定该项目类型应为货物类。类似这种情况的项目不在少数，后评价小组会将项目台账进行相应调整，虽然这种情况会使后评价小组的工作量增加，但只有这样才可以确保后期数据统计工作的准确性。

（2）部分项目资料的字迹不清晰，影响后评价小组的判断。项目资料保存不当导致字迹褪色或者是项目资料复印件墨色较浅，都是导致项目资料字迹不清晰的原因，评价过程涉及项目关键信息的提取时，会给评价小组的有效判断带来一定困难。

（3）项目资料不完整。个别项目的档案资料仅递交了一页"说明"，且未加盖公章，也未提供项目的其他有效资料或相关资料，后评价小组要根据一页纸去评价整个项目是不可能的。

（4）上述情况，后评价工作小组都在最终给集团公司提交的报告中进行了如实汇报。

（三）项目资料的退还

在项目评价完成时，可以通过档案资料交接表上记载的联系方式，及时通知公司人员取回项目资料。在退还项目资料时，评价小组提示公司人员核对移交档案目录（详见表8-9）和实际退还的项目资料的一致性，以免发生遗漏资料文件的情况。在核对完成后，再由退还和领取双方共同在两份档案资料交接表上签字确认。档案资料交接表双方各执一份，可作为该公司招标采购项目后评价完成的佐证，保证了档案资料交接工作的顺利完成。

六、原始数据的分类汇总

（一）三级公司

以三级样本公司为一个整体，后评价小组依据公司本次提交的项目台账及历年后评价工作提交的项目台账，对项目总合同额和年份合同额、项目的总数量及不同发包方式的项目数量进行统计。

以其中一个三级样本公司（a公司）为例，统计结果如下所示：

自2018年至2021年6月，该公司招标采购项目数量总计163个，合同总金额3 258.25万元。其中，招标项目18个，合同金额1 100.65万元，非招标项目145个，合同金额2 157.60万元。

2018年项目数量为30个，合同金额为1 149.30万元；

2019年项目数量为56个，合同金额为940.90万元；

2020年项目数量为41个，合同金额为678.04万元；

2021年（截至6月）项目数量为36个，合同金额为490.01万元。

（二）二级公司

以二级公司为一个整体，后评价小组统计了所属三级公司的总数量和项目总数量、项目总合同额和年份合同额等；依据二级公司所属的三级公司（含二级本级）的数据统计结果，再对抽取的三级样本公司的名称和数量、样本项目的总数量及不同维度分类的项目数量等进行统计。

以其中一个二级公司（A公司）为例，统计过程如下：

1.合同金额统计

后评价小组依据该二级公司本次提交的项目台账及历年后评价工作提交的项目台账，对2018年1月1日至2021年6月30日的项目合同金额进行了统计，2018年的合同金额为327 183.19万元，2019年的合同金额为343 365.46万元，比2018年增长了16 182.27万元，2020年的合同金额较往年减幅较大，仅为78 900.11万元，2021年（截至6月）合同金额为54 126.74万元。详见表8-10和图8-2。

表8-10 二级公司（A公司）项目合同金额统计表

年份	合同金额（万元）	合同金额占比（%）
2018年	327 183.19	40.71

续表

年份	合同金额（万元）	合同金额占比（%）
2019年	343 365.46	42.73
2020年	78 900.11	9.82
2021年（截至6月）	54 126.74	6.74
合计	803 575.50	

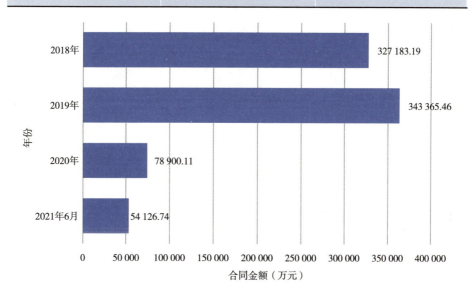

图8-2　二级公司（A公司）项目合同金额统计图

2.样本公司与样本项目统计

后评价小组对该二级公司及所属三级公司数量进行了统计，统计结果为18家单位，后评价小组共计抽取8家样本公司（含二级本级）。

后评价小组对8家样本公司的项目总数量、样本项目数量和样本占比情况进行了统计，项目样本统计情况见表8-11。

表8-11　项目样本抽取情况表

编号	公司样本名称	项目总数量（个）	被抽取项目样本数量（个）	项目样本占比（%）
01	a	163	10	6.13
01-01	b	135	10	7.41

续表

编号	公司样本名称	项目总数量（个）	被抽取项目样本数量（个）	项目样本占比（%）
01–02	c	119	10	8.40
01–03	d	264	10	3.79
01–04	e	125	10	8.00
01–05	f	6	6	100.00
01–06	g	85	10	11.76
01–07	h	30	10	33.33
合计		927	76	8.20

3.样本项目分类统计

评价小组按照不同分类方式分别进行了项目统计，具体统计情况见下：

（1）按照发包方式分类。按照发包方式分类，招标发包项目数量为36个，非招标项目发包数量为40个。发包方式分类统计见图8-3。

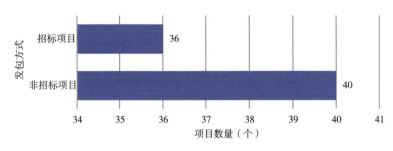

图8-3　发包方式分类统计图

①招标方式发包项目按照组织形式分类统计，委托招标项目数量为18个，自行招标18个。招标组织形式分类统计见图8-4。

②招标方式发包项目按照招标方式分类统计，公开招标项目为23个，邀请招标项目为13个。招标方式分类统计见图8-5。

③非招标项目按照采购形式分类统计，询价采购项目为26个，竞争性谈判采购项目为1个，单一来源采购项目为7个，直接采购项目为3个，其他方式采购项目为3个。采购方式分类统计见图8-6。

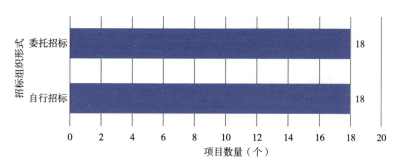

图8-4　招标组织形式分类统计图

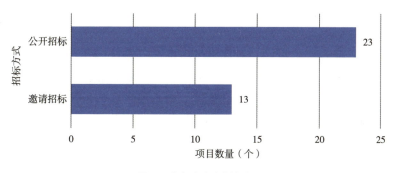

图8-5　招标方式分类统计图

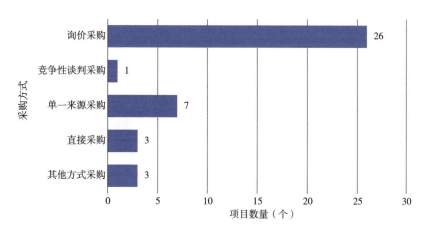

图8-6　采购方式分类统计图

（2）按照项目类型分类。按照项目类型分类统计，工程项目数量为23个，货物采购项目为12个，服务采购项目为41个。项目类型分类统计见图8-7。

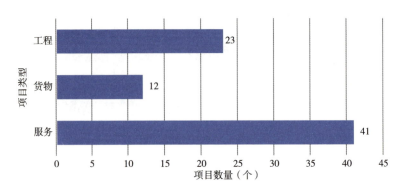

图8-7 项目类型分类统计图

（三）集团企业

以集团企业为一个整体，后评价小组依据二级公司和三级公司的数据统计结果，对项目总合同额和年份合同额，集团企业所属二级公司、三级公司总数量和项目总数量，样本公司总数量、样本项目总数量及不同维度分类的项目数量等进行统计。统计过程如下：

1.合同金额统计

后评价小组根据所有二级公司2018年1月1日至2021年6月30日的项目合同金额统计结果，对集团企业的合同金额进行了汇总。2018年的合同金额为4 245 362.87万元，2019年的合同金额为4 694 203.26万元，2020年的合同金额为4 871 215.33万元，2018年至2020年的合同金额呈递增趋势，2021年（截至6月）合同金额为2 205 549.31万元。详见表8-12和图8-8。

表8-12 2018年1月1日至2021年6月30日项目合同金额统计表

年份	合同金额（万元）	合同金额占比（%）
2018年	4 245 362.87	26.51
2019年	4 694 203.26	29.31
2020年	4 871 215.33	30.41
2021年（截至6月）	2 205 549.31	13.77
合计	16 016 330.77	

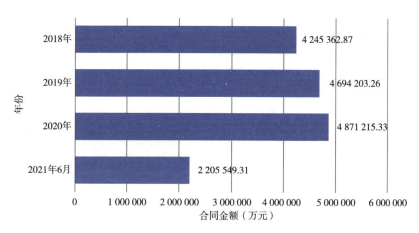

图8-8　2018年1月1日至2021年6月30日项目合同金额统计图

2.公司及项目统计

后评价小组依据各二级公司的统计结果，对集团企业公司及项目数量进行分类汇总。该集团企业所属二级公司共计10家，各二级公司所属三级公司数量及项目数量汇总表如表8-13所示。

表8-13　二级公司所属三级公司数量及项目数量汇总表

编号	二级公司名称	三级公司数量	项目总数量 （含二级公司）
01	A	12	89 125
02	B	35	29 500
03	C	3	124
04	D	16	9 657
05	E	19	2 023
06	F	15	423
07	G	8	25
08	H	1	52
09	I	0	132
10	J	0	2
	合计	109	131 063

3.样本公司抽取统计

后评价小组依据各二级公司的统计结果，对各二级公司的数量、样本公司数量及样本占比进行了汇总，结果如表8-14所示。

表8-14　样本公司统计表

公司编号	二级公司名称	公司数量（含二级）	样本公司数量（含二级）	样本公司占比（%）
08	H	14	9	64.29
07	G	31	15	48.39
06	F	4	3	75.00
03	C	16	7	43.75
01	D	18	8	44.44
05	E	13	5	38.46
04	A	8	3	37.50
02	B	2	1	50.00
10	J	1	1	100
09	I	1	1	100
合计		108	53	49.07

4.样本项目抽取统计

后评价小组依据各二级公司的统计结果，对所有二级公司的项目总数量、项目样本数量及样本占比进行了统计，具体统计情况见表8-15。

表8-15　样本项目统计表

编号	二级公司名称	样本公司项目总数量（个）	被抽取项目样本数量（个）	项目样本占比（%）
08	H	68 456	90	0.13
07	G	19327	150	0.78
06	F	99	29	29.29
03	C	7 924	70	0.88

续表

编号	二级公司名称	样本公司项目总数量（个）	被抽取项目样本数量（个）	项目样本占比（%）
01	A	927	76	8.20
05	E	232	41	17.67
04	D	23	20	86.96
02	B	46	10	21.74
10	J	133	10	7.52
09	I	2	2	100.00
	合计	97 169	498	0.51

5.项目样本分类情况

后评价小组按照不同分类方式分别进行了项目统计，具体统计情况见下：

（1）按照发包方式分类。按照发包方式分类统计，招标发包项目数量为230个，非招标项目发包数量为268个。发包方式分类统计见图8-9。

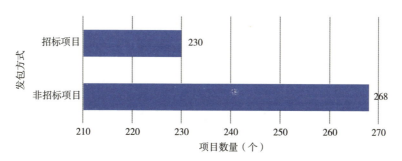

图8-9　发包方式分类统计图

①招标发包项目按照组织形式分类统计，委托招标项目数量为55个，自行招标175个。招标组织形式分类统计见图8-10。

②招标发包项目按照招标方式分类统计，公开招标项目为125个，邀请招标项目为105个。招标方式分类统计见图8-11。

③非招标项目按照采购形式分类统计，询价采购项目为126个，竞争性谈判采购项目为21个，竞争性磋商采购项目为3个，单一来源采购项目为52个，直接采购项目为38个，其他方式采购项目为28个。采购方式分类统计见

图8-12。

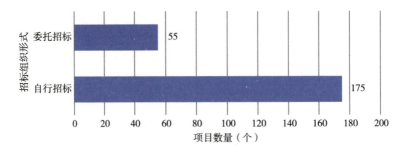

图8-10 招标组织形式分类统计图

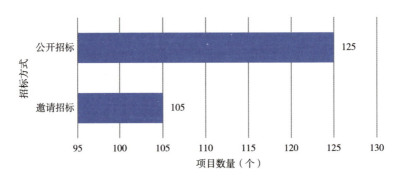

图8-11 招标方式分类统计图

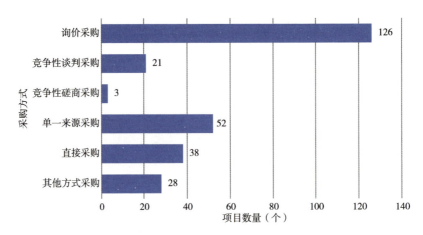

图8-12 采购方式分类统计图

（2）按照项目类型分类。按照项目类型分类统计，工程项目数量为132个，货物采购项目为190个，服务采购项目为176个，项目类型分类统计见图8–13。

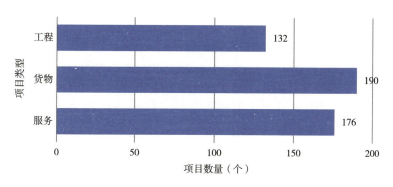

图8–13　项目类型分类统计图

七、后评价数据的分类汇总

（一）三级样本公司

以三级样本公司为一个整体，后评价小组依据公司的项目评价记录，对每个三级样本公司的项目评价分数按照招标项目和非招标类型进行分类汇总，并计算出相应的项目平均分数，得出三级样本公司这一类项目的整体评价结论。

以其中一个三级样本公司（a公司）为例：招标采购制度及管理情况后评价得分为80分，评价结论为良好；招标、非招标项目平均分为68.7分，评价结论为合格。

（二）二级公司

以二级公司为一个整体进行两个方面的评价，一是后评价小组依据所属三级样本公司的制度评价记录，计算出三级样本公司的制度平均分数，得出二级公司整体制度评价结论；依据所属三级样本公司的项目分数统计结果，对所有项目评价分数按照不同维度进行分类汇总，并计算出相应的平均分数，以招标项目和非招标项目类型的平均分数得出二级公司项目的整体评价结论。二是通过本年度后评价分数和结论与2019年度、2020年度形成对比，总结出该二级公司招标采购项目执行质量水平的发展趋势。

以其中一个二级公司（A公司）为例，统计过程如下所示：

1.招标采购制度后评价分数统计分析

后评价小组对各三级样本公司制度分数及排名进行了统计，制度评价分数统计图表、制度评价分数统计图和制度评价结论统计图分别见表8-16、图8-14和图8-15。

表8-16　制度分数及排名统计表

公司编号	公司名称	评价分数	结论	排名
01-01	b	100	优秀	1
01-04	e	95	优秀	2
01-06	f	95	优秀	2
01-02	c	85	良好	3
01-07	g	85	良好	3
01	a	80	良好	4
01-03	d	80	良好	4
01-05	f	70	合格	5
平均分数		86.25	良好	

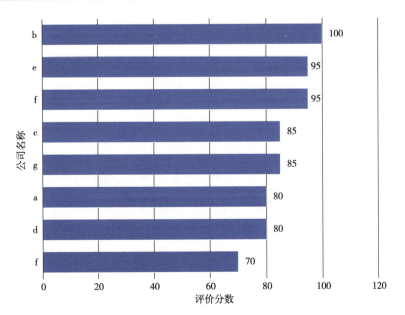

图8-14　制度评价分数统计图

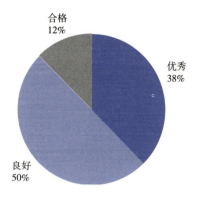

图8-15 制度评价结论统计图

2.招标、非招标项目后评价分数统计分析

（1）按照发包方式统计。后评价小组对该二级公司所有样本公司的项目评价分数按照发包方式进行汇总，所有项目后评价平均分数为73.08分，整体招标项目平均质量水平高于非招标项目，各二级公司项目后评价分数及排名统计表、项目后评价平均分数统计图和项目后评价结论统计图详见表8-17、图8-16和图8-17。

表8-17 各公司项目后评价分数及排名统计表

公司编号	公司名称	招标项目平均分数	非招标项目平均分数	平均分数	结论	排名
01-06	g	96.60	82.00	89.30	良好	1
01-04	e	92.40	64.00	78.20	良好	2
01-02	c	74.57	83.33	77.20	良好	3
01-03	d	83.50	70.83	75.90	良好	4
01	a	71.40	66.00	68.70	合格	5
01-05	f	—	66.67	66.67	合格	6
01-01	b	69.00	64.00	66.50	合格	7
01-07	h	79.40	45.00	62.20	合格	8
平均分数		81.98	67.73	73.08	合格	

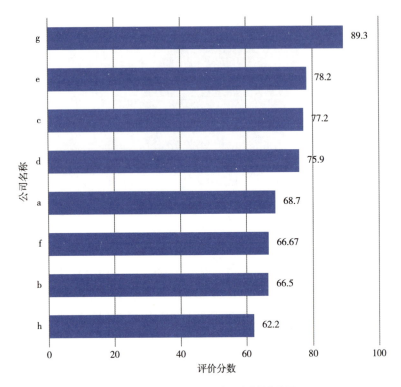

图8-16 各公司项目后评价平均分数统计图

图8-17 各公司项目后评价结论统计图

（2）按照项目类型统计。后评价小组对所有样本项目类型进行统计，可以看出该二级公司货物采购项目的平均质量水平低于工程和服务采购项目，项目类型分数统计表和项目类型平均分数统计图详见表8-18和图8-18。

表8-18　项目类型分数统计表

项目类型	项目数量	平均分数
工程	23	76.52
货物	12	62.43
服务	41	74.33

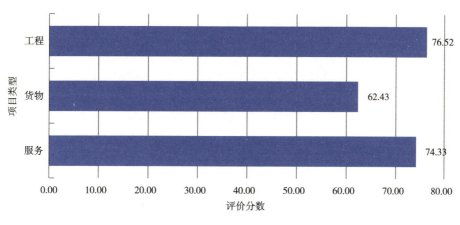

图8-18　项目类型平均分数统计图

（3）按照评价阶段统计。后评价小组分别对招标项目和非招标项目的评价阶段分数及满分率（满分率=阶段平均分/阶段满分）进行了统计，从统计结果可以看出该二级公司招标项目备案阶段的水平低于其他三个阶段，非招标项目采购过程阶段的水平低于其他阶段。项目阶段分数统计表、招标项目各阶段满分率统计图、非招标项目各阶段满分率统计图分别见表8-19、图8-19和图8-20。

表8-19　项目阶段分数统计表

发包方式	评价阶段	平均分数	满分率
招标项目	招标前期阶段（35分）	29.39	0.84
	开评标阶段（27分）	23.14	0.86
	定标阶段（25分）	20.36	0.81
	备案阶段（13分）	7.72	0.59
非招标项目	请购与审批阶段（25分）	20.75	0.83
	采购过程阶段（50分）	25.75	0.52
	合同签订阶段（25分）	20.50	0.82

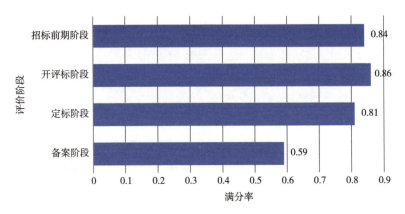

图8-19　招标项目各阶段满分率统计图

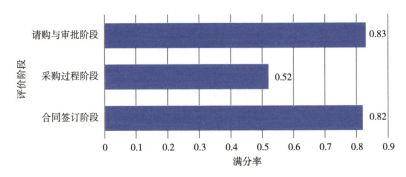

图8-20　非招标项目各阶段满分率统计图

（4）按照招标方式统计。后评价小组对36个招标项目的招标方式进行了统计，从统计结果可以看出该二级公司公开招标项目的平均质量水平高于邀请招标项目，项目招标方式分数统计表和项目招标方式分数统计图详见表8-20和图8-21。

表8-20　项目招标方式分数统计表

招标方式	项目数量	平均分数
公开招标	23	85.12
邀请招标	13	73.69

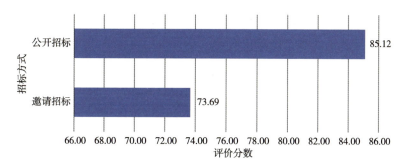

图8-21　项目招标方式分数统计图

（5）按照采购方式统计。后评价小组对40个非招标项目的采购方式进行了统计，从统计结果可以看出该二级公司非招标项目的主要采购方式为询价，但其平均分数较低，工作质量水平有待提高。项目采购方式分数统计表和项目采购方式分数统计图详见表8-21和图8-22。

表8-21　项目采购方式分数统计表

采购方式	项目数量	平均分数
竞争性谈判采购	1	85.00
询价采购	26	61.54
单一来源采购	7	65.00
直接采购	3	100.00
其他方式采购	3	80.00

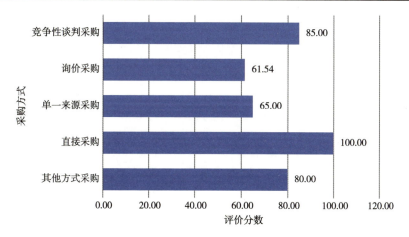

图8-22　项目采购方式分数统计图

3.本次后评价与历年后评价对比

（1）招标采购管理制度评价对比。后评价小组将该二级公司本年度招标采购管理制度评价分数和结论与2019年度、2020年度进行统计对比，可以看出在近三年的后评价工作中，虽然评价结论均为良好，但该公司制度完善的整体水平呈上升趋势。招标采购管理制度年度评价统计表、年度评价趋势图分别见表8-22和图8-23。

表8-22　招标采购管理制度年度评价统计表

年度	制度评价分数	评价结论
2019年度	80	良好
2020年度	84.65	良好
2021年度	86.25	良好

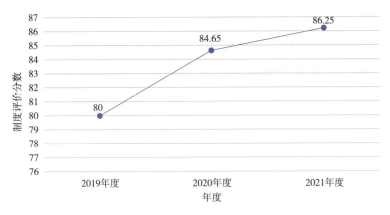

图8-23　招标采购管理制度年度评价趋势图

（2）招标采购项目后评价对比。后评价小组将该二级公司本年度招标采购项目后评价分数和结论与2019年度、2020年度进行统计对比，可以看出在近三年的后评价工作中，虽然评价结论均为合格，但该公司项目执行质量水平呈上升趋势。招标采购项目年度评价统计表、年度评价趋势图分别见表8-23和图8-24。

表8-23　招标采购项目年度后评价统计表

年度	项目后评价分数	评价结论
2019	63.97	合格
2020	65.26	合格
2021	73.08	合格

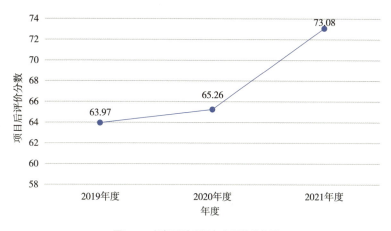

图8-24　招标采购项目年度评价趋势图

（三）集团企业

以该集团企业为一个整体，后评价小组依据各二级公司的制度分数统计结果，计算出二级公司的制度平均分数，得出集团企业整体制度评价结论；依据二级公司的项目分数统计结果，对所有项目评价分数按照不同维度进行分类汇总，并计算出相应的平均分数，以招标项目和非招标类型的平均分数得出集团企业项目的整体评价结论。统计过程如下：

1.招标采购管理制度后评价分数统计分析

后评价小组对各二级公司的招标采购管理制度评价分数进行了统计，制度平均分数及排名统计表、二级公司制度评价平均分数统计图和制度评价结论统计图分别见表8-24、图8-25和图8-26。

表8-24 二级公司制度平均分数及排名统计表

公司编号	公司名称	平均分数	结论	排名	备注
03	C	93.57	优秀	1	—
07	G	89.33	良好	2	—
08	H	88.33	良好	3	—
01	A	86.25	良好	4	—
09	I	85.00	良好	5	—
02	B	80.00	良好	6	—
05	E	75.00	良好	7	—
04	D	55.00	较差	8	某三级样本公司为0分（未提供招标采购制度）
06	F	55.00	较差	8	某三级样本公司为0分（未提供招标采购制度）
10	J	0	较差	9	某三级样本公司为0分（未提供招标采购制度）
平均分数		70.75	合格		

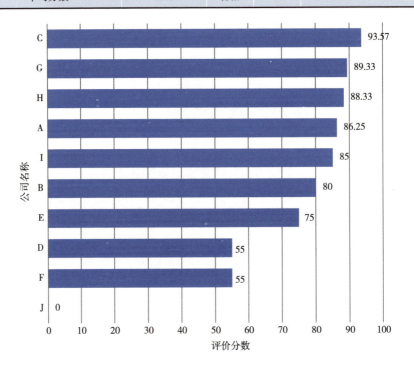

图8-25 制度评价分数统计图

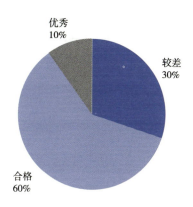

图8-26　制度评价结论统计图

2.招标、非招标项目后评价分数统计分析

（1）按照发包方式统计。后评价小组对所有样本公司的项目评价分数按照发包方式进行汇总，所有二级公司项目后评价平均分数为68.78分，整体招标项目平均质量水平高于非招标项目，各公司项目后评价分数及排名统计表、各公司项目后评价平均分数统计图和各公司项目后评价结论统计图详见表8-25、图8-27和图8-28。

表8-25　各公司项目后评价分数及排名统计表

公司编号	公司名称	招标项目平均分数	非招标项目平均分数	平均分数	结论	排名	备注
09	I	88.50	—	88.50	良好	1	—
04	D	82.25	81.79	84.50	良好	2	—
05	E	82.85	76.85	80.08	良好	3	—
07	G	82.77	76.79	78.79	良好	4	—
08	H	74.97	82.03	78.56	良好	5	—
01	A	81.98	67.73	73.08	合格	6	—
03	C	75.71	63.05	68.63	合格	7	—
02	B	76.00	53.75	58.20	较差	8	—
06	F	53.78	91.79	57.97	较差	9	某三级样本公司未递交项目资料
10	J	0	21.67	19.50	较差	10	某三级样本公司仅递交3个项目资料
平均分数		69.89	68.38	68.78	合格		

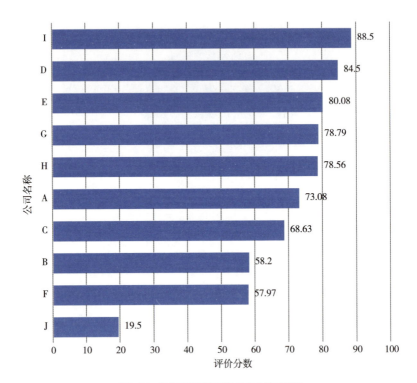

图8-27　各公司项目后评价平均分数统计图

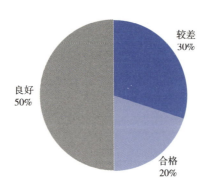

图8-28　各公司项目后评价结论统计图

（2）按照项目类型统计。后评价小组对样本项目类型进行了统计，从统计结果可以看出货物采购项目和服务采购项目的平均质量水平低于工程项目，项目类型分数统计表和项目类型平均分数统计图详见表8-26和图8-29。

表8-26　项目类型分数统计表

项目类型	项目数量	平均分数
工程	132	76.32
货物	190	73.15
服务	176	72.11

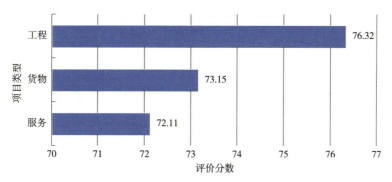

图8-29　项目类型平均分数统计图

（3）按照评价阶段统计。后评价小组分别对招标项目和非招标项目的评价阶段平均分数及满分率（满分率=阶段平均分/阶段满分）进行了统计，从统计结果可以看出招标项目备案阶段的水平低于其他三个阶段，非招标项目采购过程阶段的水平低于其他阶段。项目阶段分数统计表、招标项目各阶段满分率统计图、非招标项目各阶段满分率统计图分别见表8-27、图8-30和图8-31。

表8-27　项目阶段分数统计表

发包方式	评价阶段	平均分数	满分率
招标项目	招标前期阶段（35分）	28.40	0.81
	开评标阶段（27分）	21.62	0.80
	定标阶段（25分）	19.61	0.78
	备案阶段（13分）	6.50	0.50
非招标项目	请购与审批阶段（25分）	20.47	0.82
	采购过程阶段（50分）	32.84	0.66
	合同签订阶段（25分）	18.96	0.76

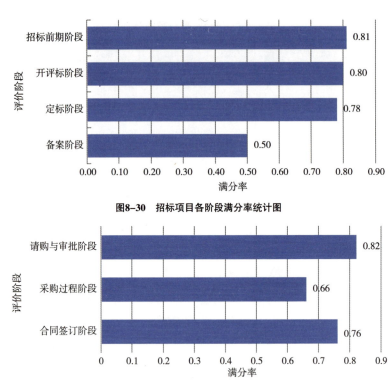

图8-30　招标项目各阶段满分率统计图

图8-31　非招标项目各阶段满分率统计图

（4）按照招标方式统计。后评价小组通过对230个招标项目的招标方式进行统计，可以看出公开招标项目的平均质量水平高于邀请招标项目，项目招标方式分数统计表和项目招标方式分数统计图详见表8-28和图8-32。

表8-28　项目招标方式分数统计表

招标方式	项目数量	平均分数
公开招标	125	82.64
邀请招标	105	70.09

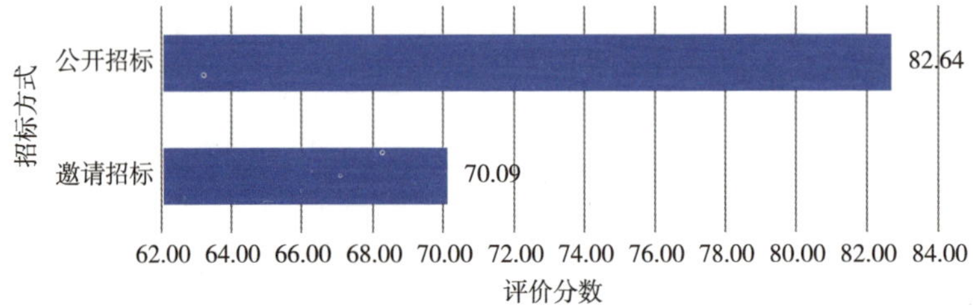

图8-32　项目招标方式分数统计图

（5）按照采购方式统计。后评价小组对268个非招标项目的采购方式进行了统计，从统计结果可以看出非招标项目的主要采购方式为询价，但其平均分数较低，工作质量水平有待提高。项目采购方式分数统计表和项目采购方式分数统计图详见表8-29和图8-33。

表8-29　项目采购方式分数统计表

采购方式	项目数量	平均分数
询价采购	126	78.20
竞争性谈判采购	21	88.50
竞争性磋商采购	3	69.70
单一来源采购	52	95.20
直接采购	38	72.00
其他方式采购	28	75.12

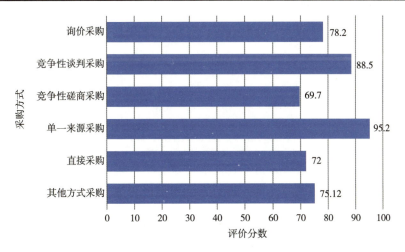

图8-33　项目采购方式分数统计图

3.本次后评价与历年后评价对比

（1）招标采购管理制度评价对比。后评价小组将集团企业本年度招标采购管理制度评价分数和结论与2019年度、2020年度进行统计对比，可以看出在近三年的后评价工作中，虽然评价结论均为合格，但该公司制度完善的整体水平呈上升趋势。招标采购管理制度年度评价统计表、年度评价趋势图分别见表8-30和图8-34。

表8-30　招标采购管理制度年度评价统计表

年度	制度评价分数	评价结论
2019年度	66.25	合格
2020年度	68.50	合格
2021年度	70.75	合格

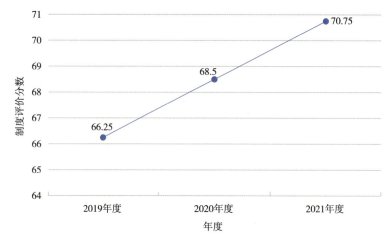

图8-34　招标采购管理制度年度评价趋势图

（2）招标采购项目后评价对比。后评价小组将集团企业本年度招标采购项目后评价分数和结论与2019年度、2020年度进行统计对比，可以看出在近三年的后评价工作中，虽然评价结论均为合格，但该公司项目执行质量水平呈上升趋势。招标采购项目年度评价统计表、年度评价趋势图分别见表8-31和图8-35。

表8-31　招标采购项目年度后评价统计表

年度	项目后评价分数	评价结论
2019年度	62.13	合格
2020年度	64.59	合格
2021年度	68.78	合格

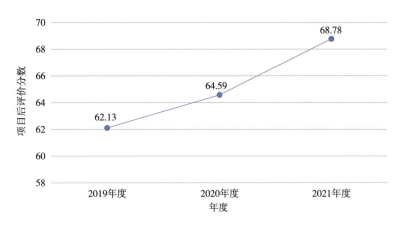

图8-35 招标采购项目年度评价趋势图

八、总结问题、提出建议

（一）三级样本公司

以三级样本公司为一个整体，后评价小组依据制度评价记录和项目评价记录，对评价过程中发现的问题进行汇总，并针对这些问题逐条提出改善建议。后评价小组将主要的改善建议汇总如下：

1.招标采购管理制度改善建议

（1）企业应当建立采购申请制度。企业应当建立采购申请制度，依据购置商品或服务的类型，确定归口管理部门，授予相应的请购权，并明确相关部门或人员的职责权限及相应的请购程序。

（2）企业应当建立采购（招标）方式选择制度。企业应当根据《中华人民共和国招标投标法》《中华人民共和国招标投标法实施条例》《必须招标的工程项目规定（发改委令第16号）》《集团企业招标采购制度》等相关条款建立采购（招标）方式选择制度。

（3）企业应当明确招标管理部门的职责分工、权限范围和审批程序。企业应当明确招标管理部门的职责分工、权限范围和审批程序，机构设置和人员配备应当科学合理。

（4）企业应当设立专业化的招标工作组或外聘管理规范的招标代理公司。企业应当设立专业化招标机构或招标工作小组，或根据项目特点，考虑聘请具有胜任能力招标代理机构，协助企业进行招标采购工作。企业应建立适当的程序对所聘请的招标代理机构进行必要的督导。

（5）企业应当建立项目岗位责任制度。企业应当建立项目岗位责任制度，明确监督部门和招标小组的职责权限，确保项目执行过程的岗位相互分离、制约和监督。

（6）企业应当制订内部控制方案。应当根据企业整体控制目标，制订内部控制方案，明确项目目的、范围、标准、方法、进度安排和费用预算等内容。

（7）企业应当完善招标工作流程。企业应当根据《中华人民共和国招标投标法》《中华人民共和国招标投标法实施条例》等相关规定完善招标工作流程，规范招标工作程序。

（8）企业应当在招标工作过程中建立异议投诉的受理渠道。《中华人民共和国招标投标法实施条例》第60条规定，对招标事项有异议的，应当先向招标人提出。企业应在招标工作过程中建立异议投诉的受理渠道。

2.招标项目改善建议

（1）企业应当完善请购审批流程并留存过程资料。请购、审批程序应符合公司招标规范，留存资料应包含采购申请与审批、招标公告/邀请、招标文件、中标结果、中标通知书、采购合同等。

（2）企业应当明确适用于邀请招标项目的范围。可采用邀请招标的条件是：①涉及国家安全、国家秘密或者抢险救灾，适宜招标但不宜公开招标的；②项目技术复杂或有特殊要求，或者受自然地域环境限制，只有少量潜在投标人可供选择的；③采用公开招标方式的费用占项目合同金额的比例过大的。除符合上述条件外其他依法必招的项目应采用公开招标。

（3）公开招标项目的招标公告应在国家指定媒介发布。根据《招标公告和公示信息发布管理办法（发改委10号令）》的规定，依法必须招标项目的招标公告和公示信息应当在"中国招标投标公共服务平台"或者项目所在地省级电子招标投标公共服务平台发布。

（4）招标公告/投标邀请书载明的内容应完整。招标公告/投标邀请书的内容应至少包括：招标项目名称、内容、范围、规模资金来源；投标资格能力要求，以及是否接受联合体投标；获取招标文件的时间、方式；递交投标文件的截止时间、方式；招标人及其招标代理机构的名称、地址、联系人及联系方式；采用电子招标投标方式的，潜在投标人访问电子招标投标交易平台的网址和方法。

应根据项目的实际需求确定投标人的资格要求，杜绝出现因资质或业绩要求过高，而出现限制潜在投标人的行为。

（5）招标文件的内容应完整。招标文件的内容应至少包括：招标公告/投标邀请书、投标人须知、评标办法、合同协议书、采购需求、投标文件格式等。

（6）依法必须招标的项目应依法组建评标委员会。应根据《中华人民共和国招标投标法》的规定，依法组建评标委员会，依法必须进行招标的项目，其评标委员会由招标人的代表和有关技术、经济等方面的专家组成，成员人数为五人以上单数，其中技术、经济等方面的专家不得少于成员总数的2/3。

（7）评标报告载明的内容应完整。评标报告资料签字应齐全，根据《评标委员会和评标方法暂行规定》的规定，评标报告内容应包括：基本情况和数据表，评标委员会成员名单，开标记录，符合要求的投标一览表，废标情况说明，评标标准，评标方法或者评标因素一览表，经评审的价格或者评分比较一览表，经评审的投标人排序，推荐的中标候选人名单与签订合同前要处理的事宜，以及澄清、说明、补正事项纪要。

（8）在评标过程中不应要求投标人二次报价或在中标后进行二次议价。根据《中华人民共和国招标投标法》第43条的相关规定，在确定中标人前，招标人不得与投标人就投标价格、投标方案等实质性内容进行谈判。

（9）中标候选人公示载明的内容应完整。根据《招标公告和公示信息发布管理办法》第6条的规定，依法必须招标项目的中标候选人公示应当载明以下内容：中标候选人排序、名称、投标报价、质量、工期（交货期）以及评标情况、中标候选人按照招标文件要求承诺的项目负责人姓名及其相关证书名称和编号、中标候选人响应招标文件要求的资格能力条件、提出异议的渠道和方式、招标文件规定公示的其他内容。依法必须招标项目的中标结果公示应当载明中标人名称。

（10）合同主要条款应与招标文件、投标文件的内容一致。根据《中华人民共和国招标投标法实施条例》的相关规定，招标人和中标人应按照招标文件和中标人的投标文件订立合同，合同的主要条款与招标文件、中标人的投标文件的内容应一致。

（11）中标通知书发出之日起30日内应完成合同签订。根据《中华人民共和国招标投标法》第64条的规定，招标人和中标人应当自中标通知书发出之日起30日内，按照招标文件和中标人的投标文件订立书面合同。

（12）招标文件发出之日起至投标截止之日止应不得少于20日。

根据《中华人民共和国招标投标法》第24条的规定，依法必须进行招标的项目，自招标文件开始发出之日起至投标人提交投标文件截止之日止，最短不得少于20日。

（13）重要文件应当加盖公章。招标文件、中标结果、合同等重要文件应加盖招标人公章。

（14）项目的档案资料应当留存完整。招标项目档案资料至少包括项目请购审批资料、招标公告、采购邀请及审批资料、招标文件及审批资料、评标过程资料（评标报告）、中标候选人公示、中标公示、成交通知书、合同及审批资料等。招标项目档案资料是反映招标投标活动过程及各项决策的记录，是招标全过程的原始资料，必须妥善保存，严格管理。

3.非招标项目改善建议

（1）企业应当确定项目是否可以采用非招标形式采购。企业应根据《中华人民共和国招标投标法》《必须招标的工程项目规定（发改委令第16号）》《集团企业招标采购制度》等相关条款确定项目是否可以采用非招标形式采购。

（2）企业应当完善请购审批流程并留存过程资料。请购、审批程序应符合公司采购规范，留存资料应包含采购申请与审批资料、采购公告、采购文件、采购结果、成交通知书、采购合同等。

（3）企业应当对供应商进行评价及选择。供应商评价及选择应由企业的采购部门、请购部门、生产部门、财会部门、仓储部门等相关部门共同参与完成，内容包括对所购商品的质量、价格、交货及时性、付款条件，以及供应商的资质、经营状况、信用等级等进行综合评价。

（4）企业应当根据项目的实际需求确定供应商的资质要求或业绩材料。应根据项目的实际需求确定供应商的资质要求或业绩材料，杜绝出现因资质或业绩要求过高而限制潜在供应商的行为。

（5）采购文件的内容应当完整。采购文件应至少包括采购类别、质量等级、规格、数量、相关要求和标准、到货时间等内容。

（6）项目的档案资料应当留存完整。采购项目档案资料至少包括项目请购审批资料、采购公告、采购邀请及审批资料、采购文件及审批资料、评审过程资料、采购结果及审批资料、成交通知书、项目合同及审批资料等。档案资料是反映采购活动过程及各项决策的记录，是项目全过程的原始资料，必须妥善保存，严格管理。

（二）二级公司

以二级公司作为一个整体，后评价小组将所属三级样本公司的制度和项目问题进行汇总，对所有问题出现的频率由高到低进行排序，并将问题出现的频率分为高（≥50%）、较高（<50%且≥30%）、中等（<30%且≥20%）、较低（<20%且≥10%）、低（<10%）五个等级，这样可以直观地看出该二级公司的制度和项目的主要问题和共性问题，从而分析出导致问题出现的原因。后评价小组依据整理的问题及分析结果，着眼于二级公司层面，提出具有针对性的改善建议。

以其中一个二级公司（A公司）为例，制度和项目问题汇总及分析如下：

1.招标采购管理制度存在的问题

通过我公司对8个样本公司的招标采购管理制度的评价可以看出，该二级公司招标采购管理制度的整体评价结论为良好，但评价分数较为分散，出现了两极分化的现象，说明该公司对下属三级公司招标采购制度未做到统一管理，招标采购制度主要存在以下问题：

（1）二级公司本级及抽取的下属三级样本公司制度不协调，存在标准不统一的问题；

（2）招标采购管理制度未规定建立畅通的异议、投诉的渠道；

（3）招标采购管理制度未设立管办分离的组织体系；

（4）招标采购管理制度未规范招标采购重要阶段文件范本。

后评价小组将出现的所有问题进行了汇总，并将问题出现的频次由高到低进行排序，其中，招标采购管理制度在"请购及审批的有关管理制度不完善"和"未建立畅通的异议、投诉的渠道"方面出现问题的频率均高达50.00%，具体见表8-32。

表8-32　招标采购管理制度问题汇总表

序号	问题	出现频次	出现频率（%）	等级
1	请购及审批的有关管理制度不完善（包括相关部门或人员的职责权限及相应的请购程序，超预算和预算外采购项目审批权限等）	4	50.00	高
2	未建立畅通的异议、投诉的渠道	4	50.00	
3	招标工作流程不规范	3	37.50	较高
4	采购环节的有关管理制度不完善（包括根据商品或服务等的性质及其供应情况确定采购方式，根据物资或服务采购特点针对性建立供应商评价及选择制度等）	2	25.00	中等
5	招标工作未实现管办分离	2	25.00	
6	招标管理部门的人员配置不合理，不适应本单位实际工作需求	1	12.50	较低
7	未根据企业情况设立专业化招标机构或根据项目特点委托专业机构进行招标	1	12.50	
8	招标管理和实施操作部门职责权限划分不明确	1	12.50	

2.招标采购项目存在的问题

后评价小组在对36个招标项目和40个非招标项目的后评价过程中，发现主要存在以下问题：

（1）应当采用招标方式的项目采用非招标方式采购，存在应招未招的情况；

（2）应当采用公开招标方式的项目采用邀请招标方式采购；

（3）部分公开招标项目的招标公告未在国家指定媒介发布；

（4）招标采购的工作流程不规范；

（5）项目档案资料成果质量较差，相关工作人员的招标采购专业技术知识和项目执行能力不足。

后评价小组将出现的所有问题进行了汇总，可见招标采购项目"档案资料不完整"问题出现频率高达83.33%，具体见表8-33和表8-34。

表8-33　招标采购项目问题汇总表

序号	问题	出现频次	出现频率（%）	等级
1	档案资料不完整	30	83.33	高
2	中标候选人公示及中标结果公示发布的媒介和公告不一致	22	61.11	
3	招标文件或资格预审文件内容结构不规范或不完整	19	52.78	
4	项目公告、投标、开标、评标、公示、中标通知书时间节点不合理	19	52.78	
5	招标文件、中标结果、合同等重要文件未盖章	17	47.22	较高
6	评标报告内容（评审过程及结果）不完整	15	41.67	
7	中标信息（中标候选人公示、中标结果公告）主要内容不符合规定	12	33.33	
8	项目审核、审批程序不完善	10	27.78	
9	组建的评标委员会其成员人数或专业结构配置评不符合相关文件规定	10	27.78	中等
10	未在中标通知书发出之日起30日内签订合同	9	25.00	
11	招标信息（资格预审公告、招标公告、投标邀请书）、投标人资格要求等主要内容不符合相关规定	8	22.22	
12	未按照规定组建评标委员会	8	22.22	
13	在招标项目资格预审公告、招标公告中存在以不合理的条件限制或者排斥潜在投标人的情况	7	19.44	较低
14	评标办法与招标文件不一致	7	19.44	

续表

序号	问题	出现频次	出现频率（%）	等级
15	公开招标项目未按规定在指定媒介发布资格预审公告或者招标公告	7	19.44	较低
16	招标人、中标人订立的合同主要条款与招标文件、中标人的投标文件的内容不一致	6	16.67	
17	评分办法设置不合理	5	13.89	
18	同一招标项目在不同媒介发布的资格预审公告或者招标公告的内容不一致	4	11.11	
19	存在限定投标保证金、履约保证金只能以现金形式提交的情况	4	11.11	
20	招标人存在无正当理由不发出中标通知书的情况	4	11.11	
21	评标过程资料签字不齐全	3	8.33	低
22	投标单位资格要求不符合招标需求	3	8.33	
23	投标人投标报价不唯一	2	5.56	
24	存在将依法应当公开招标的项目，采用邀请招标的情况	1	2.78	
25	未按照规定对异议做出答复，继续进行招标投标活动	1	2.78	

表8-34　非招标采购项目问题汇总表

序号	问题	出现频次	出现频率（%）	等级
1	评审报告内容（评审过程及结果）不完整	28	70.00	高
2	合同文件的主要内容与成交通知书不一致	28	70.00	
3	采购文件未明确采购类别、质量等级、规格、数量、相关要求和标准、到货时间等	26	65.00	
4	未按企业规定，进行供应商评价及选择，且过程资料不完整	25	62.50	

续表

序号	问题	出现频次	出现频率（%）	等级
5	根据采购商品特点及金额，未要求供应商提供与项目相对应的资质或业绩证明材料	17	42.50	较高
6	请购、审批程序不符合公司采购规范，且手续过程资料不完善	16	40.00	
7	供应商提供的资格证明材料（资质、业绩等）与采购商品特点、规模不相适应	11	27.50	中等
8	项目合同未经过内部审批、法务审核等，且文档资料不齐全	4	10.00	较低
9	按照国家法律法规和企业规定，项目不可采用非招标方式采购	1	2.50	低

3.改善建议

后评价小组将针对二级公司主要的改善建议汇总如下：

（1）建立统一规范的招标采购管理制度并进行有效监管。在招标采购管理制度的评价过程中，发现本级及抽取的下属三级样本公司制度不协调，存在标准不一、各自为政的问题，造成各样本公司的招标采购管理工作、项目实施工作的质量和水平参差不齐，这是在同一系统内的样本企业出现评价分数差异较大现象的主要原因。以本级为单位，建立包含采购申请、采购（招标）方式选择、标准化的工作流程、部门职责和岗位责任、监督机制、招标代理机构遴选等在内的统一规范的招标采购管理制度，在本级企业的有效监管下将招标采购管理制度严格执行到位，进而提升对各三级公司的管控力度，提升工作水平，改善项目实施质量。

（2）严格执行国家关于必须招标的规定。依据《中华人民共和国招标投标法》和《必须招标的工程项目规定》（发改委16号令）的相关规定，任何单位和个人不得将依法必须进行招标的项目化整为零或者以其他任何方式规避招标，凡是与工程建设有关的且达到标准的、涉及大型基础设施、公用事业项目、全部或者部分使用国有资金投资或者国家融资的项目均应采用招标方式采购，各公司应做到"应招必招、能招尽招"，使项目依法合规，提质增效。

（3）设立管办分离的组织体系。评价小组通过对各样本公司的制度审核，发现部分公司出现招标采购活动的实施和监督管理为同一部门的情况，使得项目的实施无法得到有效的管控。评价小组建议各公司建立独立的招标采购部门，负责对公司所有需要招标采购的项目集中管理、统一实施。建立专门的招标采购管理部门或监督管理小组，负责对项目招标采购各环节进行监督，实现管办分离，从而使招标采购各流程更加规范。

建立清晰的项目岗位责任制度，明确招标采购部门和监督管理部门的职责权限，确保项目执行过程中岗位相互分离、制约和监督。

（4）提升各岗位人员专业能力及项目执行能力。通过对各样本公司评价数据的整理分析发现，企业自行招标的整体质量较差，建议持续加强相关部门及工作岗位的专业学习和培训，提升相关工作人员的招标采购专业技术知识水平和项目执行能力。

（5）建立严格的档案管理制度。档案管理的规范程度，基本可以全面反映该项目相关工作团队的专业水平和执行能力。在评价过程中，我们发现档案资料的形成、整理、保存、归档等工作存在部分不规范现象和档案资料缺失的情况。一套正规的招标项目档案留存的关键文档应包含：项目请购审批手续资料、招标公告/邀请及审批资料、招标文件及审批资料、评标过程资料（评标报告）、中标候选人公示、中标公示、中标通知书、合同及审批等文件。档案资料是反映招标投标活动全过程及各项决策的的原始记录，必须妥善保存，严格管理，保存期限为从招标采购结束之日起至少保存15年。

（6）严格规范公告发布的媒介。依据《招标公告和公示信息发布管理办法》（发改委10号令）的规定，依法必须招标项目的招标公告和公示信息应当在"中国招标投标公共服务平台"或者项目所在地省级电子招标投标公共服务平台发布。评价小组建议各公司严格执行国家的现行法律和行政法规的相关规定，除涉及国家安全和国家秘密或者抢险救灾而适宜招标但不宜公开招标的项目、技术复杂或有特殊要求或者受自然地域环境限制只有少量潜在投标人可供选择的项目、采用公开招标方式的费用占项目合同金额的比例过大的项目以外其他依法必招的项目，均应在国家指定的媒介发布公告和信息公示。

（7）规范招标采购重要阶段文件范本。档案资料不完整、招标文件内容不全面是此次后评价工作实施过程中发现的高频次问题，对档案资料内容的要求、招标文件内容的规范是提升招标采购项目质量的重要方面。建议由本级公司编制各类型招标采购项目的标准文件范本，对招标采购文件、合同、各阶段档案资料进行规范性制式管控，提升项目整体工作水平。

（8）严格规范合同签订工作。项目合同的签订是招标采购结果的体现，由数据分析不难发现，合同签订工作的整体分数不高。在后评价工作的执行过程中各样本公司提供的合同文件各式各样，合同标准不规范、审批流程不完善，招标文件中的合同与实际签订合同不一致，这些问题的发生很大程度上增加了合同履行的风险，阻碍了招标采购工作的顺利进行。评价小组建议，由本级公司组织建立各类型统一制式合同范本，对于规范性条款不得随意更改，法务部门或成本管理部门应当定期跟踪项目合同进展情况，对公司的各招标采购项目合同进行必要的审查，严格把控合同执行，及时向集团公司汇报合同履行过程中出现的重大问题。

（9）建立规范的异议投诉受理渠道。为畅通招标投标异议投诉渠道，接受社会和各级监督，维护招标投标领域营商环境，建议本级公司督促各三级公司建立异议投诉受理渠道，并要求在各项目招标文件中体现。

（三）集团企业

以集团企业作为一个整体，后评价小组将所有样本公司的制度和项目问题进行汇总，对所有问题出现的频率由高到低进行排序，以直观地看出该集团企业的主要问题和共性问题，从而分析出导致问题出现的原因。后评价小组依据整理的问题及分析结果，并考虑到发现的问题需要由上向下进行解决和改善，着眼于集团企业层面，提出了针对该集团企业的改善建议。

后评价小组将针对该集团企业的主要的改善建议汇总如下：

1.应当建立统一规范的招标采购管理制度

在招标采购管理制度的评价过程中，发现二级公司本级及抽取的下属三级样本公司制度不协调，存在标准不统一的问题，造成各样本公司的招标采购管理工作、项目实施工作的质量和水平参差不齐，这是在同一系统内的样本企业出现评价分数差异较大现象的主要原因。建议由该集团总部牵头，以各二级公司为单位，建立包含采购申请、采购（招标）方式选择、标准化的工作流程、部门职责和岗位责任、监督机制、招标代理机构遴选等在内的统一规范的招标采购管理制度，进而提升对各三级公司的管控力度，提升工作水平，改善项目实施质量。

2.建立企业自查或定期后评价工作机制

本次评价小组评价的主要范围是2020年7月1日至2021年6月30日期间内各样本公司的工程、货物、服务招标采购项目，时间跨度为一年。为防止很多问题会因自查自省不及时而导致反复发生，我们建议集团保持将一年作为一个后评价周期的模式，对于该集团企业这样规模庞大的企业，由集团总部或各二级公司牵头，组织内部评价小组或外部第三方专业公司定期梳理过去一年中的招标采购工作以及招标采购项目档案资料，加强对三级公司的项目管理，及时发现问题，不断完善后期招标采购工作。由该集团总部牵头组织下属企业进行统一的整体后评价工作，在横向，会形成各下属公司之间的对比，挖掘标杆企业，对落后的企业会形成压力，产生良性竞争，激发改善的动力；在纵向，会将当期的工作水平以数据化的形式和自身历史表现进行比对，从而直观地动态反映自身工作的状态变化。

3.应当设立企业统一的电子化采购平台

评价小组建议该集团企业设立统一的公平、公正、公开，以及基于互联网的电子化采购平台，通过信息化手段来规范采购流程、建立透明的供应商管理体系、管理和规范企业的采购价格形成机制。电子化采购平台不仅可以使招标人了解市场行情信息，确保采购计划的准确性，也可以根据业务需要提供多种招标采购模式，充分发挥市场杠杆效应，降低采购品的材料成本和采购过程成本，提升采购工作效率，达到降低企业采购成本目的，从而促进整个集团采购产业链的透明化、高效化运转，创造一个共享、共赢、可有效监控的企业内部采购环境。我们在此次后评价工作中发现，很多项目在执行中没有遵守国家相关法律法规明确要求的基本工作要素。对于该集团企业这样规模庞大的企业，若采用电子化采购平台，则可以极大地优化工作流程的标准化程度。

九、后评价报告撰写

后评价报告撰写是指，后评价小组依据后评价模型、对数据的分类汇总及分析、总结的问题及提出的建议等内容，进行后评价报告撰写的活动。由于集团企业的公司分为三个级别，因此后评价报告也分为三个级别，后评价小组按照三级公司后评价报告、二级公司后评价报告、集团企业后评价报告的顺序依次进行撰写。

（一）三级公司后评价报告

三级公司后评价报告是最基础的后评价报告，是对该样本公司制度和项目项目评价的总结。后评价小组未将三级公司后评价报告单独出具，而是将其作为二级公司后评价报告的附表，每个三级公司后评价报告后应附制度和所有项目的评价记录表。后评价报告格式如表8–35所示。

表8–35　三级公司后评价报告

公司名称		公司编号	
评价地点		评价时间	
公司招标采购项目概况	一、年度招标采购概况 自2018年至2021年6月，招标采购项目数量总计×××个，合同总金额×××万元。其中，招标项目×个，合同金额×万元，非招标项目×个，合同金额×万元。 2018年项目数量为×个，合同金额为×××万元； 2019年项目数量为×个，合同金额为×××万元； 2020年项目数量为×个，合同金额为×××万元； 2021年（截至6月）项目数量为×个，合同金额为×万元。 二、抽取项目概况 抽取项目数量为×个，其中招标项目×个，分别为： 非招标项目×个，分别为：		
招标采购管理制度评价	招标采购管理制度评价得分为××分，评价结论为××。 （招标采购管理制度的问题汇总）		
项目后评价	招标、非招标采购项目平均分为××分，评价结论为××。 （招标、非招标采购项目的问题汇总）		
改善建议			

备注：1.评价报告的数据及结论以公司上报项目台账和递交的项目档案资料为依据；
　　　2.公司招标采购管理制度评价记录表和招标采购项目记录表详见附表

（二）二级公司后评价报告

二级公司后评价报告的阅读对象是二级公司的负责人，因此可反映出二级公司整体招标采购工作的管理水平和项目质量，是对该二级公司招标采购工作整体评价的总结。评价小组将每个二级公司的评价报告单独出具，作为独立报告装订成册。二级公司后评价报告格式如表8-36所示。

表8-36　二级公司后评价报告

封面（标注："内部资料、注意保密"字样）
前言
目录
一、项目综述
（一）被评价企业简介
（二）工作概述
（三）后评价工作的目的及意义
（四）后评价阶段及内容
二、后评价模型的建立
（一）评价方法
（二）评价依据
（三）评价内容
1.招标采购制度评价模型
2.招标采购项目评价模型
三、数据统计与样本抽取
（一）合同金额统计
（二）公司统计
（三）公司样本抽取
（四）项目样本抽取
1.抽取情况
2.项目样本分类情况
四、项目后评价数据分析
（一）招标采购制度后评价分数统计分析
（二）招标、非招标项目后评价分数统计分析
1.按照发包方式统计
2.按照项目类型统计
3.按照评价阶段统计
4.按照招标方式统计
5.按照采购方式统计
五、存在的问题
（一）招标采购管理制度存在的问题
（二）招标采购项目存在的问题

续表

六、改善建议
附表
所属三级公司项目评分汇总表
所属三级样本公司后评价报告

（三）集团企业后评价报告

集团企业后评价报告是集团整体招标采购工作评价的浓缩，可以映射出集团对招标采购管理的水平和整体项目质量，也是对本次招标采购后评价工作的高度概括。集团企业后评价报告阅读的对象是集团企业负责人，报告中部分内容和二级公司后评价报告是重复的。集团企业后评价报告格式如表8-37所示。

表8-37　集体企业后评价报告

封面（标注："内部资料、注意保密"字样）
前言
目录
一、项目综述
（一）集团概况
（二）工作概述
（三）后评价工作的目的及意义
（四）后评价阶段及内容
二、后评价模型的建立
（一）评价方法
（二）评价依据
（三）评价内容
1.招标采购制度评价模型
2.招标采购项目评价模型
三、数据统计与样本抽取
（一）合同金额统计
（二）公司及项目统计
（三）公司样本抽取
（四）项目样本抽取
1.抽取情况
2.项目样本分类情况
四、项目后评价数据分析
（一）招标采购制度后评价分数统计分析
（二）招标、非招标项目后评价分数统计分析

续表

1. 按照发包方式统计

2. 按照项目类型统计

3. 按照评价阶段统计

4. 按照招标方式统计

5. 按照采购方式统计

五、存在的问题

（一）招标采购管理制度存在的问题

（二）招标采购项目存在的问题

六、改善建议

（一）集团层面

（二）下属公司管理层面

附件：

各二级公司后评价简表

十、后评价工作的应用

中城天工后评价小组在历经近三个月的后评价工作后，在规定时间内将完成的集团企业后评价报告、二级公司后评价报告和三级公司后评价报告交至集团企业的相关负责人。后评价小组克服了时间紧迫、任务繁重等诸多困难，从专业的视角，以严谨的态度，建立了适合集团企业现状的后评价工作体系，挖掘出相关问题，并系统提出了有针对性的改善建议。在具体工作开展过程中，工作方案的制订、评价模型的设计、项目资料的采集、评价工作的推进、各级后评价报告的撰写等环节都得到了集团企业相关部门领导的支持和高度认可。

集团企业系统地开展了本次招标采购项目后评价工作，非常具有前瞻意识和全局意识，在招标采购这个非常重要的细分工作环节，做到了未雨绸缪、系统谋划、趋利避害，为集团企业后期招标采购工作的稳健发展赢得了主动权。集团企业根据后评价报告，分为三个阶段自上而下地对整个集团企业的招标采购管理工作进行相应整改。

（一）集团企业

集团企业相关负责人根据集团企业的后评价报告中的改善建议，组织相关人员完善集团统一的招标采购管理制度，进一步明确招标采购流程的标准，使每一级子公司建立健全自查或定期后评价工作机制，设立集团企业统一的电子化采购平台，打造高效、共享、可有效监控的集团企业内部招标采购环境。

集团企业将完善后的招标采购管理制度下发至各二级公司，并对各公司实行有效监管。制度的生命在于执行，制度的价值在于落实。不抓制度执行，制度就如镜月水花，流于形式；不抓制度落实，制度就会形同虚设，华而不实。制度只有真正贯彻执行、落实到位，才能成为招标采购的依据和执行人员行为的准则，推动集团企业高质量发展。

（二）二级公司

集团企业将二级后评价报告下发至相应二级公司，作为各二级公司挖掘和分析自身相关工作存在问题的重要依据。依据二级后评价报告和附件中的各三级公司后评价报告，针对后评价小组提出的改善建议，各二级公司对本级和所属三级公司的招标采购管理工作进行有效整改，并同时将集团企业招标采购管理制度下发至各三级公司，对三级公司严格执行集团企业制定的制度实行有效监管。

（三）三级公司

三级公司是集团的基层公司，因此，改善建议和集团企业招标采购管理制度在三级公司贯彻得是否深入，是关乎企业发展的重要是因素。三级公司在二级公司有效的监管下，通过改善建议和集团制度完善推动基层执行人员工作管理水平不断提升，实现招标采购执行人员以往单纯靠习惯和经验开展招标采购工作的方式向依靠法规和制度开展工作的根本性转变。

第二节　单体招标采购项目后评价案例

一、案例背景

某市区综合交通道路工程项目，已由××市×××委以〔××××〕×号批准建设，道路规划等级为城市次干路，项目总投资为4 000万元，资金来源为国有企业单位自筹资金（地方），项目招标人为某市城投公司。工程自2018年9月开工，总工期为356日历天，工程包括道路工程、雨水工程、污水工程、供水工程、再生水工程、绿化工程、照明工程、桥梁工程等内容。该项目由城投公司自行招标、经过公开招标程序最终确定中标人，招标工程量清单和招标控制价由第三方造价咨询公司编制并经过招标人指定评审中心评审后确定。

该城投公司市级招标监督管理部门通常每年会开展至少一次其监管范围内招标投标活动过程检查工作，凡是在其监管范围内的企业项目都有被检查的可能，为避免检查过程中发现招标不合理执行的情况，并做到及时整改、规避一定的风险，该公司的项目审计部以对典型招标采购单项项目进行后评价的方式开展自查工作。2021年3月，该城投公司委托中城天工对某市区综合交通道路工程项目进行招标全过程后评价。

二、后评价工作流程

（一）成立后评价工作小组

中城天工在接受该城投公司委托后，依据被评价项目的规模、性质和类型等项目概况，委派了招标、造价和工程施工专业领域的3名人员，成立了具有针对性的后评价工作小组，招标专业人员任后评价小组组长。

（二）交接项目档案资料

后评价小组需要与城投公司该项目负责人进行项目档案资料的交接，在进行简短的沟通并说明来意后，城投公司项目负责人将后评价人员带至档案室。项目负责人与后评价人员一起将项目的档案资料搬到办公室，详细核对并记录档案资料的所有内容后，完成交接并在交接表上双方签字确认。

（三）确定后评价内容

后评价人员初步翻阅了该项目档案资料，感到该项目负责人的招标项目档案资料是比较完整齐全的；在与项目负责人沟通后，发现其所叙述的项目招标内容和招标过程与档案资料所反映的情况基本一致，暂时未发现重大的问题。因此，后评价小组决定为本项目确定常规后评价内容进行后评价。

根据确定的评价内容，后评价小组按照项目的五个阶段对项目进行后评价。

1.招标前期阶段

招标前期阶段重点评价项目审批核准的规范性、资金落实情况、项目招标备案情况、招标人的行政隶属和利益关系等内容。

2.公告及文件发布阶段

公告及文件发布阶段重点评价项目招标方式的合法性、招标范围的合理性、标段划分的合规性、招标文件的完整性、招标条件设置的合法合规性、公告媒介发布的合法性、评标办法的合法合规性、工程量清单和招标控制价编制的合法合规性等内容。

3.开评标阶段

开评标阶段重点评价评标委员会的组建是否符合招标投标法的有关规定、开标工作程序的合法性、评标工作程序的合法性、评标委员会评审过程的规范性、各投标人投标文件的规范性、评标报告的内容完整性，以及投标人和投标人、投标人和招标人、投标人和评标专家之间的关系等内容。

4.定标阶段

定标阶段重点评价中标候选人公示及中标结果公示发布的媒介招标公告的一致性、确定中标人过程的合法性、发布中标通知书后签订合同时间的合法性、合同内容与招标文件的一致性等内容。

5.备案阶段

备案阶段重点评价项目档案资料的完整性、资料文件盖章的完整性，以及公告、投标、开标、评标、公示、发放中标通知书等时间节点的合理性等内容。

6.合同履行阶段

合同履行阶段重点评价基本工程建设程序的合法性、工程结算的依据、工程计量和工程价款核算的合规性、工程变更依据的合理性、变更手续的完整性等内容。

（四）确定后评价方法

本项目的后评价方法采用"有无对比法"，根据项目档案资料展现的项目实际发生情况与可能发生的情况进行对比，以后评价小组确定的后评价内容作为"对照区"来进行比较，从而总结出发现的问题。

（五）后评价过程

本次后评价工作覆盖的专业领域较广，为了加快后评价工作进度，后评价小组根据评价内容涉及的不同专业来分配后评价任务。招标专业人员主要负责项目全过程招标后评价，造价专业人员主要负责评价工程量清单、招标控制价、投标人报价清单和工程结算价款等内容，工程施工专业人员主要评价投标人施工组织设计的合理性、合同履行阶段手续的合规性等内容。在各专业后评价人员完成评价工作后，后评价小组将评价过程中发现的所有问题进行分类并总结，结合该城投公司的实际情况，提出合理的并具有针对性的改善建议。

（六）撰写后评价报告

撰写后评价报告是后评价工作的精华所在，后评价报告是以整改单体招标项目的问题为主要目的，以提高公司招标采购项目管理水平为核心的文件。后评价报告不仅可以总结招标项目的共性问题，还可以总结单体招标项目后评价发现的个性问题，更可以间接体现出该公司招标采购项目的质量水平。

三、后评价发现的问题

（一）项目档案资料管理不规范

该城投公司项目档案资料管理不规范，项目档案资料存放于阴暗潮湿的地下室，且档案室门缝宽大、墙面生尘、未防治害虫，未设置功能分区，不符合项目档案资料的存放标准。

（二）资格审查方式不正确

本项目资格审查方式选择不正确。后评价人员在审阅项目档资料时发现，本工程项目共有31家施工企业参与投标，资格审查方式为资格后审。本项目评标时直接对投标人的投标文件进行审查和比较，不仅招标投标成本较高、评标工作量极大而且也更加耗费时间。

（三）招标资格条件设有歧视性条款

本项目招标公告中资格条件设有歧视性条款。本项目招标公告中规定"投标人须具有近三年某市区域内已竣工单项合同额不低于4 000万元的市政公用工程类似施工业绩"。本项目要求了特定行政区域的业绩，对潜在投标人实行差别待遇和歧视性待遇。

（四）不同投标人的投标文件载明的项目成员为同一人

后评价小组成员在审阅各投标人投标文件时发现，不同投标人的投标文件载明的项目成员为同一人，评标委员会未要求投标人澄清说明，也未否决其投标。经后评价小组成员分析，认定存在三种可能性。一是存在两个投标人相互串通投标的情况，从而导致投标文件载明的项目成员为同一人。二是投标人存在挂证行为。国家主管部门这几年正在严厉打击挂证的行为，说明挂证是行业内比较普遍的问题。在挂证的情况下，容易出现不同投标人项目成员为同一人的情况。三是存在人员离职的情况。行业内相互挖人的情况也比较普遍，若出现不同投标人项目成员重复的情况，有可能是因为其中一个投标人存在弄虚作假的行为。

（五）时间节点前后颠倒

后评价小组成员在审阅招标过程时间节点时，发现存在时间节点前后颠倒的问题。本项目评标完成后，按规定发布了中标候选人公示，公示期为3日，中标候选人公示结束后，发布了中标公示，随即给中标人发布中标通知书。后评价人员发现，中标通知书的落款日期在中标候选人公示期间内，也就是说，中标候选人公示还未结束，中标公示还未发布，在未确定中标候选人是否有异议的情况下，中标通知书就已经发布，这显然是违规行为。

（六）投标文件的项目经理和工程施工合同不一致

本项目中标人的投标文件中载明的项目经理为王某，工程施工合同载明的项目经理为刘某，刘某在中标人的投标文件中的职务为预算员。后评价小组人员在项目档案资料中也未发现变更项目经理的任何相关资料。

（七）关键性资料的未加盖公章

后评价小组人员在审阅招标项目资料时发现，招标文件不但没有胶装成册，仅用长尾夹进行固定，而且未加盖公司公章，反映了招标过程存在严重不规范性的行为。

（八）招标工程量清单中部分材料不齐全

后评价小组人员在审阅项目造价资料时，发现招标工程量清单中部分材料不齐全，给施工造成了阻力。如水泵招标，未考虑到有可能发生的图纸变更，从而在合同外增加没有价格的水泵，对付款、送货等未有约定，导致合同外变更事项发生后，水泵厂家提出先给预付款再排产，否则不予送货的要求，而根据合同条款却无法追究其违约责任，只能另行寻找有良好合作意愿的单位重新洽商送货，给工程管理造成了一定的难度。此外，还存在清单项目描述不到位的情况，也给施工造成了扯皮的空间，进而影响到施工的进度。

（九）合同管理不到位

后评价小组人员在审阅施工过程中的项目资料时发现，公司合同管理不到位，项目部工程师由于工期紧张等因素，未能认真研读和了解合同中相应的商务和技术等条款，给成本控制造成了一定的难度。例如，有些签证本应包含在承包总价内，但却办理的是经济签证手续。又如，总包临时设施中围墙的拆除是总包的责任，拆除费已包含在其相应的费用中，但相关工程师办理的是经济签证手续。

后评价小组人员发现还存在前期签订的部分合同无完备的合同清单的情况。虽然投标文件是合同的组成部分，但每个合同应有完备的合同清单，应将投标时投标单位的承诺等因素细化到合同清单内，否则将会因为无完备的清单，导致施工过程中出现扯皮现象，进而影响工程进度，也为结算埋下隐患。

四、改善建议

（一）建立档资料存放标准

建议公司建立档案资料存放标准。档案室要做到符合档案防护的基本要求，即档案室门应对着库内的主通道，主通道的净宽不少于1m。档案室要做到防潮、防水、防火、防盗、防阳光照射、防紫外线照射、防高温、防尘、防污染和防有害生物。档案室以东或南朝向为宜，墙体要具有隔热、防潮、防尘、防火性能，墙面要求光洁、平整、不易生尘、坚固耐久；地面应光洁、平整、耐磨，应有防潮措施。在楼层安排上做到不用一楼、地下室和最高层。档案室门窗既要便于通风，又要便于密闭，门应具备防火防盗功能，密封性能好，且宜采用金属防盗门，库房门与地面的缝隙不应大于5mm，窗户要安装防光窗帘，避免阳光直射档案。档案室要根据档案内容有功能区分，力求达到功能合理，流程便捷。档案室内采用人工照明时，宜选乳白色防爆灯罩的白炽灯；当采用荧光灯时，应有过滤紫外线和安全防火措施。公司应配备专职档案管理人员，做好项目资料的收集、整理、分类等工作，维护公司档案资料的完整安全。

（二）正确选择资格审查方式

《中华人民共和国招标投标法实施条例》第20条规定，招标人采用资格后审办法对投标人进行资格审查的，应当在开标后由评标委员会按照招标文件规定的标准和方法对投标人的资格进行审查。据此，资格后审是评标的前置程序，即开标→资格审查→评标。资格预审指开标前对获取资格预审文件并提交资格预审申请文件的潜在投标人进行资格审查，即资格审查→开标→评标。资格预审方式分为有限数量制和合格制。本项目若采用资格预审方式，在开标前对31家投标企业进行资格审查，再邀请通过资格审查的投标企业参与投标，可以缩减招标人评审和比较投标文件的数量、降低评标的难度、减少评标的工作量、降低招标投标成本。

（三）正确设置招标资格条件

后评价小组建议招标人在设置资格条件时，不得以不合理条件限制、排斥潜在投标人。例如，不得限定投标人所在地、所有制形式、组织形式；不得将经营者在本地区的业绩、所获得的奖项荣誉作为投标条件、加分条件、中标条件或者用于评价企业信用等级；不得限制或者变相限制外地经营者参加本地招标投标活动；不得将在本地投资或者设立分支机构作为参与本地招标投标的必要条件；不得对投标人资质设定过高，恶意提高资质门槛，限定投标人的范围；不得要求注册资金达到一个较高的金额以排斥其他潜在投标人。

招标投标活动中的歧视性条款，已经在一定程度上可以影响到企业的公信力，扰乱了招标投标活动的正常秩序，阻碍了行业的健康发展，应引起公司项目主管部门、招标采购监督部门和相关领导的高度重视。

（四）视为串通投标情形的应对措施

由于串通投标的隐秘性强，评标委员会很难在有限而短暂的评标期间对存在疑似串通投标的情形进行充分调查，简单武断地判定为串通投标会对投标人造成较大的不良影响，引起投标人不满，从而给各方带来较大的负担。所以，公司作为招标人应当在招标文件中完善相关条款，降低投标人的诡辩空间；评标委员会在评标时应当有策略地要求投标人提供澄清说明，获取进一步的证据；对于有争议的情形，甚至可以尝试在招标文件中约定折中处理方法，降低双方矛盾点。总之，串通投标是不诚信行为，应当全面禁止，共同营造公平、公正、公开、诚实信用的良性市场竞争环境。

（五）保证招标过程中关键时间节点和招标程序的合理性

招标过程的时间节点和招标程序是反映招标过程合法性和合理性的重要依据，可见招标人充分把握招标过程中的各个时间节点和招标程序的重要性。招标人应严格按照招标程序的步骤开展招标采购工作。

招标主要程序为：招标资格和备案→确定招标方式→编辑招标文件→发布招标公告→发售招标文件→开标→评标→发布中标候选人公示→发布中标公示→发布中标通知书→签订合同。

招标过程中的主要时间节点为：招标文件发售期不得少于5日；招标文件发出之日起至投标截止之日不得少于20日；澄清或修改招标文件影响投标文

件编制的，应在投标截止时间15日前提出；招标文件异议应在投标截止时间10日前提出；中标候选人自收到评标报告之日起3日内公示；中标候选人公示期不少于3日；合同在投标有效期内及发出中标通知书之日起30日签订。

（六）严禁中标单位随意更换项目经理

建筑工程施工合同中应明确项目经理，且应与中标单位投标文件、中标通知书一致。投标人从投标文件提交之日起至评标结束之日，其投标文件中承诺的关键岗位人员不得在其他项目投标中重复使用。已经中标项目中的关键岗位人员不得重复参与其他项目投标。自合同签订之日起至完成合同约定工程量之日止，项目经理以及依法必须招标项目的所有关键岗位人员不得申请变更，但下列情形除外：①遭遇自然灾害等不可抗力因素需要变更的；②已解除聘用关系，并且所有注册执业证书已经从本企业注销或已提交注销申请且书面承诺在法定办结时间内完成注销的；③因公司岗位调整，且已在项目开工后任职满90天的；④取得中标通知书或签订合同后因非自身原因超过120天项目未开工的；⑤取得施工许可证后因非自身原因项目延期开工达90天以上或者开工后项目停工达90天以上的；⑥经二级甲等及以上等级医院证明因身体原因无法坚持施工现场管理工作的；⑦因违法违规行为不能继续从事施工现场管理工作的；⑧建设单位依据合同约定认为履职不力要求撤换的。

（七）加强招标过程中关键性文件的审核

招标过程中所有关键性文件均应通过公司内部审核，审核通过后对有必要的文件加盖单位公章。例如，招标文件应该公司审核通过后对外发布，为证明招标文件的行为效力，需在招标文件上加盖公司公章。在项目归档时，应保存最终加盖公章的原件，以保证存档资料文件的有效性。

（八）加强招标和造价工作的紧密结合

招标环节是工程项目的重要环节，招标工作的成功与否直接决定了工程成本的多少。因此，在招标投标工作中，应做好招标方式的选择、招标文件的编制、合同的签订等诸多细节工作，保证工程顺利进行。招标文件是招标工程建设的大纲，是建设单位实施工程建设的工作依据，因此，招标文件的编制质量关系着整个工程建设的成败。而招标工程量清单是招标文件的一部分，是投标人提供拟建工程的基本内容、实体数量和质量要求的依据，也是建设工程计价的依据、工程付款和结算的依据、调整工程量及进行工程索赔的依据。因此，加强招标和造价工作的紧密结合，可以有效提高招标的工作效率，也可以避免给后期施工过程造成不必要的麻烦。

（九）加强合同管理

合同是公司与外部发生经济业务往来的重要依据，合同管理是公司内部管理的一项重要内容，合同管理可以进一步加强和规范合同管理工作，维护公司合法权益，促进公司健康发展。通过有效的合同管理等手段可以很好地控制工程实施中出现的各种问题，为工程实施过程发生的各项经济事项提供行为指南，使工程各项工作能够有序而较为准确地进行，为竣工结算奠定基础。

第三节　行政主管部门发起的特定目的招标采购项目后评价案例

一、案例背景

党中央、国务院高度重视深化"放管服"改革、优化营商环境工作，为解决我国营商环境仍面临的企业负担仍需降低，小微企业融资难、融资贵仍待缓解，投资和贸易便利化水平仍有待进一步提升，审批难、审批慢依然存在，一些地方监管执法存在"一刀切"的现象，产权保护仍需加强，部分政策制定不科学、落实不到位等问题，2018年11月8日国务院办公厅发布了《关于聚焦企业关切进一步推动优化营商环境政策落实的通知》（国办发〔2018〕104号）。

为响应国务院办公厅的政策，消除招标投标过程中对不同所有制企业设置的各类不合理限制和壁垒，维护公平竞争的市场秩序，2019年9月26日国家发展改革委办公厅、工业和信息化部办公厅、住房和城乡建设部办公厅、交通运输部办公厅、水利部办公厅、商务部办公厅、铁路局综合司、民航局综合司联合发布了《工程项目招标投标领域营商环境专项整治工作方案的通知》（发改办法规〔2019〕862号）。

为深入贯彻党的十九届五中全会关于坚持平等准入、公正监管、开放有序、诚信守法，形成高效规范、公平竞争的国内统一市场的决策部署，进一步深化招标投标领域营商环境专项整治，切实维护公平竞争秩序，根据国务院办公厅政府职能转变办公室深化"放管服"改革优化营商环境工作安排，

2021年2月20日国家发展和改革委员会、工业和信息化部、住房和城乡建设部、交通运输部、水利部、农业农村部、商务部、国家广播电视总局、能源局、铁路局、民航局联合发布了《关于建立健全招标投标领域优化营商环境长效机制的通知》（发改法规〔2021〕240号）。

A省根据国家发展改革委等11部门发布的《关于建立健全招标投标领域优化营商环境长效机制的通知》（发改法规〔2021〕240号）要求，结合A省实际情况，省发展和改革委员会、省司法厅、省住房和城乡建设厅、省交通运输厅、省水利厅、省农业农村厅、省商务厅、省政务服务监督管理局、省广播电视局、省粮食局、省能源局联合制定了《关于建立健全全省招标投标领域优化营商环境长效机制的实施方案》。

A省属B市为深入贯彻落实省、市关于优化营商环境部署，市发展和改革委员会、市司法局、市住房和城乡建设局、市城乡交通运输局、市城乡水务局、市园林和林业绿化局、市农业农村局、市工业和信息化局、市城市管理局、市公共资源交易中心联合发布了《建立健全全市招标投标领域优化营商环境长效机制重点任务落实方案》。

B市属C区为建立健全区招标投标领域优化营商环境长效机制，切实维护公平竞争，贯彻落实B市文件精神，区发改局、区科信局、区自然资源局、市生态环境局区分局、区住建局、区交通运输局、区农业农村局、区水务局、区商务和投资促进局、区卫生健康局、区财政局、区国资委、区医保局、区城市管理局联合发布了《招标投标领域优化营商环境长效机制重点任务落实方案区级任务分解的通知》，进一步落实招标投标制度、规则制定活动，全面推行招标投标领域"双随机、一公开"监管模式，健全招标投标异议投诉处理机制，建立招标投标领域营商环境问题线索和意见建议常态化征集机制。

在全面深化改革，优化营商环境背景下，C区政务服务管理局为深入贯彻党中央、国务院关于优化营商环境的决策精神，以及市委、市政府关于持续优化本市营商环境的统一部署，消除招标投标市场各类不合理限制和市场壁垒，巩固和深化招标投标领域优化营商环境专项整治结果，营造高效便捷的市场准入环境和公平有序的市场竞争环境，加强和规范事中事后监管，维护良好市场秩序，强化组织领导，进一步明确工作责任，C区政务服务管理局委托中城天工对自2021年起依法必须招标的、进入C区交易平台开展招标投标活动的项目进行后评价。

二、后评价过程

（一）成立后评价工作小组

　　中城天工在接受C区政务服务管理局的委托后，成立了招标项目后评价工作小组，后评价小组根据C区政务服务管理局的工作安排，完成确定后评价内容、项目的随机抽取、对项目招标投标全流程文件资料进行评价、总结后评价过程中发现的问题以及提出整改措施等工作。

（二）确定后评价范围

　　1.后评价主体

　　后评价主体为C区政务服务管理局，委托中城天工具体实施。

　　2.后评价对象范围

　　后评价对象范围为2021年1月1日至5月31日起依法必须招标的、进入C区交易平台开展招标投标活动的项目。

　　3.后评价对象主体责任人

　　后评价对象主体责任人为招标人、招标代理机构、投标人、评标专家。

　　4.后评价依据

　　后评价依据有《中华人民共和国招标投标法》《中华人民共和国招标投标法实施条例》《B市招标投标条例》《评标专家和评标专家库管理暂行办法》等。

　　5.后评价对象基数

　　后评价对象基数为2021年1月1日至5月31日内受理的正在进行和完成的招标项目数量。

　　6.后评价比例

　　后评价比例不低于检查周期项目数的25%。

　　7.后评价方式

　　后评价方式为专项评价。后评价结束后，检查主体根据检查情况出具检查意见表，并由检查对象主体责任人签字确认。

（三）确定后评价内容

　　后评价以资格预审公告或招标公告前置条件的合法完整性、资格预审文件或招标文件编制的规范严谨性、资格审查和开标评标的公平公正性、招标投标情况书面报告的完整合法性、异议答复、投标担保退还等情况为重点评价内容。详情如表8-38所示。

表8-38 后评价内容一览表

评价内容	序号	评价细则
资格预审公告、招标公告	1	是否按照国家有关规定需要履行招标事项审批、核准或者备案等手续
	2	招标项目投资额、建设规模、项目名称、招标人、招标方式等重要信息是否与立项文件一致
	3	是否有满足招标需要的设计文件及其他技术资料
评标专家	4	评标活动中是否有违反评标纪律的行为
	5	评标活动中是否有违反评审质量的行为
	6	评标活动中是否有不公正履职的违法行为
	7	是否其他违法违规行为
资格评审、开标、评标行为	8	开标程序是否合法、公开、有效
	9	评标过程是否合法、合规
招标投标情况报告	10	评审资料是否合法、规范、全面
投标担保退还情况	11	投标担保是否依法按时退还，使用保证金的是否同时退还银行同期利息
资格预审申请文件、招标文件、投标文件	12	文件内容是否合法、规范、有效
	13	评审过程资料是否合法、规范、全面

（四）招标项目的抽取

后评价小组对2021年1月1日至5月31日期间进入C区交易平台开展招标投标活动的167个项目进行随机抽取，按照25%的比例，抽取了42个项目进行后评价，其中，工程施工项目20个（包含资格预审项目9个）、设计项目13个、监理项目9个，共涉及不同的招标人25家、招标代理机构12家、投标人178家、中标人32家。随机抽取项目统计表见8-39所示。

表8-39　随机抽取项目统计表

项目类型	序号	项目编号	项目名称	招标人	招标代理机构	中标人	备注
施工	1						
	……						
设计	……						
	……						
监理	……						
	……						

三、发现的问题

在后评价过程中后评价小组发现存在问题的项目共有11个，占抽查项目总数的26.19%，涉及招标人8家、代理机构6家、投标人5家。具体情况如下：

（一）公告存在问题

在评价的42个招标项目中，有2个项目招标公告载明的建设规模与项目立项文件的相关内容不一致。

（二）招标文件编制存在问题

本次共评价资格预审文件9份、招标文件42份，主要存在以下问题：

（1）未设置类似项目业绩或超额设置类似项目业绩，共涉及3个项目。

（2）存在以不合理的条件限制或排斥潜在投标人的情况。例如，工程量清单中材料设置品牌要求。此类问题涉及1个项目。

（3）存在评审标准不明确的情况。例如，评审办法中要求提供"缴纳税收与社会保障资金证明"，但未明确具体时限等要求。此类问题涉及1个项目。

（4）存在文件前后表述不一致的问题。例如，招标文件中合同的养护期与工程量清单的养护期不一致，招标文件中对投标人资格条件的表述存在不一致现象。此类问题共涉及3个项目。

（三）开、评标过程存在问题

（1）开标过程把关不严。参加开标会的投标人授权人签字与其身份证不一致。此类问题涉及1个项目。

（2）评标委员会实际抽取人数与招标文件不一致。例如，招标文件规定评审委员会为5人，但实际抽取7人。此类问题共涉及1个项目。

（3）评标委员会存在以页数多少进行评分的现象。此类问题涉及1个项目。

（四）投标文件编制质量问题

（1）施工组织设计编制页数过多，内容缺乏针对性，且有与投标项目建设内容无关的内容。此类问题涉及2个项目。

（2）清单说明中存在"经与建设单位、设计单位沟通"等表述，但在招标文件中未见补遗澄清说明。此类问题涉及1个项目。

（3）中标企业拟投入项目人员存在离职现象。此类问题涉及5家企业。

（五）费用问题

未按规定退还投标保证金及利息，或不能证明保证金已退还，此类问题共涉及1个项目。

四、整改措施

（一）明确问题主体责任人

后评价小组将发现的所有问题进行汇总，明确每个项目问题的主体责任人，方便主体责任人对照后评价中发现的问题，认真分析和查找原因，制订和采取具有针对性的改进措施，提高企业的招标项目执业水平。后评价发现的问题一览表如表8-40所示。

表8-40 后评价发现的问题一览表

序号	项目编号	项目名称	发现问题的类型	问题的具体情况	主体责任人
1					
2					
3					
......					

（二）分类处理、精准督改

对可以立行立改的"未按规定退还投标保证金"等问题，责令相关代理机构限期退还并提交整改完成资料；对投标中使用未在规定平台登记人员的企业，督促其限时登记补录相关人员信息。

对项目未产生实质性影响的问题，对相关主体进行警示提醒；对发生问题较少、问题较轻的招标代理机构，约谈项目负责人；对发生问题较多，问题较严重的代理机构，约谈单位业务负责人，避免再次发生类似问题和相关违规行为。

对检查过程中发现问题的检查对象，责令主体责任人限期整改，问题严重及整改不到位的，将记入相关主体诚信档案并依法作出行政处罚。对检查中发现的问题多发的责任主体，将采取增加抽查频次、列入重点监督对象等方式进行重点监管。

（三）加强事中事后监管

（1）对发生问题的代理机构和人员进行重点监管。在日后的监管中，加大对发生问题的代理机构及其从业人员代理项目的抽查检查力度，对其代理的重点项目、重点环节加强审核。

（2）强化招标人招标主体责任。建立招标人对评审结果审查机制，重点审查评标委员会是否按照招标文件载明的评标方法和标准评审，是否存在随意评分、任性评分或者明显的"人情分"、"关系分"等倾向性评分现象，是否存在随意否决投标情况等。对发生问题的招标人再进行招标的，重点监管。

（3）加强对代理机构的业务培训。加强对代理机构人员使用示范文本的培训，严格规范招标文件编制的针对性，不能简单套用模板设置评价标准，对评审标准要细化。加大检查力度，对发现的问题及时予以整改更正，补发补充文件，提高招标文件编制质量。

（4）深化企业数据库、注册人员数据、工程项目数据三方联动机制，加强标后监管，对投标中承诺的拟投入人员进行实名制查证，与施工现场监管部门联动，跟踪检查投标承诺人员到岗履约情况。

（5）加强对专家评审过程和结果的监管。建立重点项目招标人纪检人员全程监标机制，建立日常监管抽查项目全程监标机制，建立问题专家评审结果重点核查机制，同时会同有关部门加大对违规违纪专家的惩戒力度。

第九章　招标后评价工作的总结与展望

　　中城天工在实践中发现，招标采购后评价工作领域依然存在一些亟待解决的问题，值得政府与行政监督主管机关、招标采购人、第三方评价机构持续进行思考，这些问题主要包括：

一、关于招标采购工作后评价制度环境的思考

　　一项工作要取得实效，必须得到立法的支持，以实现制度化、规范化和常态化。建立招标投标工作后评价的监管制度体系，对于推动招标投标工作后评价的开展，进一步提高招标投标评价的有效性，都起到了十分重要的作用。但是中城天工在多年的招标代理工作实践中发现，我国国家机关、国有企事业单位的招标采购工作后评价工作没有相应的制度和法律做保障，规范化程度明显不足。其中的主要问题如下：

（一）未形成法律法规体系与技术体系，招标采购后评价工作无章可循

　　虽然部分地区、部分行业陆续开展了一些项目的招标采购后评价工作，并在此基础上进行了经验总结，但是在国家层面上，作为一项国有资产监督管理的重要工作，招标采购工作后评价没有得到应有的重视。法规制度建设、技术支持体系严重滞后，至今未形成一套系统的、完整的、思路清晰的招标采购工作后评价的规范管理制度；相关技术支持体系也未建立起来，没有一套规范化和制度化的招标采购后评价工作程序，不能系统性地从理论和实践的角度指导招标采购后评价工作的开展，这些情况导致开展招标采购工作后评价具体工作没有"立足点"。

（二）各方认识不一，招标采购工作后评价的边界与内涵较为模糊

　　以招标采购工作后评价的目的为划分依据，可以将其分为两类：一类是将招标采购工作后评价用于监督，作为管理前期招标投标工作的监督手段；另一类则主要用于重新认识和总结前期招标投标工作，进而完善自身的招标投标管理制度，以提高招标投标工作的管理认识水平和决策能力。但是不同种类的委托人，对于招标采购工作后评价工作的边界和内涵还是有认识不清的情况存在，工作目的从不同的角度来看都有理解偏差，甚至是误解。

（三）基础理论与实践积累薄弱，各行业开展进度参差不齐

　　通过对各地方和各行业已完成的招标采购工作后评价实践的深入分析，可以发现部分行业已陆续开展了对招标采购工作后评价的研究，并取得了一些经验和积累，但是绝大多数后评价主体缺乏系统性的结构，开展后评价工

作的认识深度及实际开展进度参差不齐，质量千差万别，整体上不利于保持招标采购工作后评价的持续性与完整性。

（四）对招标投标后评价的重要性认识不足

在当前的国有资产监督管理体系中，招标投标管理制度的作用已经得到了广泛、充分的认识，但是绝大多数单位的招标采购工作处于"买完就完事"的状态，监督管理举措严重不足。对招标采购工作进行后评价是解决这一难题的有效手段，它是对于招标采购管理制度的有效延伸、有益补充和完善。但是许多政府行政监督管理部门、国有企业的高层领导并没有全面理解招标采购工作后评价的真正内涵和可能发挥的巨大作用，以及招标采购工作后评价作为"事后"监管的特殊性，其重要性未得到大多数行政主管机关以及企业高层领导的重视，因此他们不能积极主动地去推动招标采购工作后评价的发展。

二、对建立招标采购管理体系的思考

从某种意义上说，招标采购是重复性、事务性工作，是具体的、有形的，完全能够做到标准化和规范化。但是招标采购管理体系的建立不是一蹴而就的，需要科学化的顶层设计，并进行自上而下的贯彻使之落地，只要高层领导高度重视并切实行动起来，各企事业单位一定能够建立起适合自身发展需要的招标采购工作管理体系。

三、对招标采购工作监督机制形成的思考

招标采购工作是非常专业和非常重要的，从经济层面上看，它的有序和完善是提升企事业单位资金使用效率、降低成本、优化资源配置的最有效手段；从人事管理层面看，它的合法合规又是对各级领导干部的良好监督和有效保护，良好的制度会形成良性循环，让大家都按规矩办事；制度漏洞和疏于监督，会创造腐败的温床。需要深刻认识到，"事中事后的监管"是"事前"合法合规开展工作的有效动力。在招标采购工作监督机制方面，可以将企业纪检部门、审计部门和外部专业后评价机构有机结合起来。

四、对招标采购工作持续完善的思考

不断提升自身职能部门和专业岗位的工作水平，同时采用竞争机制充分

发挥好第三方专业中介机构的作用；利用电子招标平台，规范自身的工作流程；定期进行系统性的或专项的后评价工作，在下属企业间进行横向的比较和基于时间轴的纵向自我比较，发现问题、寻找差距、查漏补缺，各企事业单位的招标采购工作质量才能不断提升。

中城天工在工作实践中发现，在国家要求在国有资金、国有企业招标采购工作中加强事中事后监管的政策环境下，一些具有前瞻意识和全局意识的行政主管机关、企事业单位已经开始逐步、系统地开展招标采购工作后评价。通过后评价工作，在招标采购这个非常重要的细分工作环节，相对准确地挖掘、探寻和分析自身相关工作存在的问题，从而做到未雨绸缪、系统谋划、趋利避害，为后期招标采购工作的健康发展赢得了主动权。中城天工在每一次为客户提供后评价服务工作中，都能与客户携手合作，共同深入研究，建立符合客户自身诉求的后评价工作体系，在具体工作开展过程中，工作方案的制定、评价模型的设计、项目资料的采集、评价工作的推进、各级评价报告的编撰等环节，都会对不同的客户进行有针对性的设计，使其更加符合客户的工作目标，从而保证该项目的顺利进行。在工作过程中，中城天工也通过这一领域专业的咨询服务，和广大行政主管机关、企业、事业单位建立了良好的合作关系。中城天工在为每一位客户提供专业服务的同时，也通过项目实践不断拓宽自己的视野，从而激励和推动我们不断地总结和提炼，增强了我们不断探索的信心和勇气。

本书正是中城天工基于长期的招标代理专业工作经验和对不同类型、不同规模、不同领域项目的深入理解，以及在为客户提供后评价服务的实践中不断积累和探索过程的总结。本书不仅提供了理论和方法，更是通过真实的案例提供了实践素材，便于广大读者学习，更可以尝试作为具体实施工作的指引。

中城天工期待能持续在招标采购工作后评价领域进行探索、学习和总结！

附 件

附件一　中华人民共和国招标投标法

发布机关：全国人民代表大会常务委员会

发布文号：中华人民共和国主席令第二十一号　**行政区域：**全国

文件类型：法律　　　　　　　　　　　　**文件状态：**现行有效

发布日期：1999-08-30　　　　　　　　　**实施日期：**2017-12-27

中华人民共和国招标投标法（2017年修正）

（1999年8月30日第九届全国人民代表大会常务委员会第十一次会议通过
根据2017年12月27日第十二届全国人民代表大会常务委员会第三十一次会
议《关于修改〈中华人民共和国招标投标法〉、〈中华人民共和国计量法〉的
决定》修正）

目　录

第一章　总　则

第一条　为了规范招标投标活动，保护国家利益、社会公共利益和招标
投标活动当事人的合法权益，提高经济效益，保证项目质量，制定本法。

第二条　在中华人民共和国境内进行招标投标活动，适用本法。

第三条　在中华人民共和国境内进行下列工程建设项目包括项目的勘察、
设计、施工、监理以及与工程建设有关的重要设备、材料等的采购，必须进
行招标：

（一）大型基础设施、公用事业等关系社会公共利益、公众安全的项目；

（二）全部或者部分使用国有资金投资或者国家融资的项目；

（三）使用国际组织或者外国政府贷款、援助资金的项目。

前款所列项目的具体范围和规模标准，由国务院发展计划部门会同国务院有关部门制订，报国务院批准。

法律或者国务院对必须进行招标的其他项目的范围有规定的，依照其规定。

第四条 任何单位和个人不得将依法必须进行招标的项目化整为零或者以其他任何方式规避招标。

第五条 招标投标活动应当遵循公开、公平、公正和诚实信用的原则。

第六条 依法必须进行招标的项目，其招标投标活动不受地区或者部门的限制。任何单位和个人不得违法限制或者排斥本地区、本系统以外的法人或者其他组织参加投标，不得以任何方式非法干涉招标投标活动。

第七条 招标投标活动及其当事人应当接受依法实施的监督。

有关行政监督部门依法对招标投标活动实施监督，依法查处招标投标活动中的违法行为。

对招标投标活动的行政监督及有关部门的具体职权划分，由国务院规定。

第二章 招 标

第八条 招标人是依照本法规定提出招标项目、进行招标的法人或者其他组织。

第九条 招标项目按照国家有关规定需要履行项目审批手续的，应当先履行审批手续，取得批准。

招标人应当有进行招标项目的相应资金或者资金来源已经落实，并应当在招标文件中如实载明。

第十条 招标分为公开招标和邀请招标。

公开招标，是指招标人以招标公告的方式邀请不特定的法人或者其他组织投标。

邀请招标，是指招标人以投标邀请书的方式邀请特定的法人或者其他组织投标。

第十一条 国务院发展计划部门确定的国家重点项目和省、自治区、直辖市人民政府确定的地方重点项目不适宜公开招标的，经国务院发展计划部门或者省、自治区、直辖市人民政府批准，可以进行邀请招标。

第十二条　招标人有权自行选择招标代理机构，委托其办理招标事宜。任何单位和个人不得以任何方式为招标人指定招标代理机构。

招标人具有编制招标文件和组织评标能力的，可以自行办理招标事宜。任何单位和个人不得强制其委托招标代理机构办理招标事宜。

依法必须进行招标的项目，招标人自行办理招标事宜的，应当向有关行政监督部门备案。

第十三条　招标代理机构是依法设立、从事招标代理业务并提供相关服务的社会中介组织。

招标代理机构应当具备下列条件：

（一）有从事招标代理业务的营业场所和相应资金；

（二）有能够编制招标文件和组织评标的相应专业力量。

第十四条　招标代理机构与行政机关和其他国家机关不得存在隶属关系或者其他利益关系。

第十五条　招标代理机构应当在招标人委托的范围内办理招标事宜，并遵守本法关于招标人的规定。

第十六条　招标人采用公开招标方式的，应当发布招标公告。依法必须进行招标的项目的招标公告，应当通过国家指定的报刊、信息网络或者其他媒介发布。

招标公告应当载明招标人的名称和地址，招标项目的性质、数量、实施地点和时间，以及获取招标文件的办法等事项。

第十七条　招标人采用邀请招标方式的，应当向三个以上具备承担招标项目的能力、资信良好的特定的法人或者其他组织发出投标邀请书。

投标邀请书应当载明本法第十六条第二款规定的事项。

第十八条　招标人可以根据招标项目本身的要求，在招标公告或者投标邀请书中，要求潜在投标人提供有关资质证明文件和业绩情况，并对潜在投标人进行资格审查；国家对投标人的资格条件有规定的，依照其规定。

招标人不得以不合理的条件限制或者排斥潜在投标人，不得对潜在投标人实行歧视待遇。

第十九条　招标人应当根据招标项目的特点和需要编制招标文件。招标文件应当包括招标项目的技术要求、对投标人资格审查的标准、投标报价要求和评标标准等所有实质性要求和条件以及拟签订合同的主要条款。

国家对招标项目的技术、标准有规定的,招标人应当按照其规定在招标文件中提出相应要求。

招标项目需要划分标段、确定工期的,招标人应当合理划分标段、确定工期,并在招标文件中载明。

第二十条 招标文件不得要求或者标明特定的生产供应者以及含有倾向或者排斥潜在投标人的其他内容。

第二十一条 招标人根据招标项目的具体情况,可以组织潜在投标人踏勘项目现场。

第二十二条 招标人不得向他人透露已获取招标文件的潜在投标人的名称、数量以及可能影响公平竞争的有关招标投标的其他情况。

招标人设有标底的,标底必须保密。

第二十三条 招标人对已发出的招标文件进行必要的澄清或者修改的,应当在招标文件要求提交投标文件截止时间至少十五日前,以书面形式通知所有招标文件收受人。该澄清或者修改的内容为招标文件的组成部分。

第二十四条 招标人应当确定投标人编制投标文件所需要的合理时间;但是,依法必须进行招标的项目,自招标文件开始发出之日起至投标人提交投标文件截止之日止,最短不得少于二十日。

第三章 投 标

第二十五条 投标人是响应招标、参加投标竞争的法人或者其他组织。

依法招标的科研项目允许个人参加投标的,投标的个人适用本法有关投标人的规定。

第二十六条 投标人应当具备承担招标项目的能力;国家有关规定对投标人资格条件或者招标文件对投标人资格条件有规定的,投标人应当具备规定的资格条件。

第二十七条 投标人应当按照招标文件的要求编制投标文件。投标文件应当对招标文件提出的实质性要求和条件作出响应。

招标项目属于建设施工的,投标文件的内容应当包括拟派出的项目负责人与主要技术人员的简历、业绩和拟用于完成招标项目的机械设备等。

第二十八条 投标人应当在招标文件要求提交投标文件的截止时间前,

将投标文件送达投标地点。招标人收到投标文件后，应当签收保存，不得开启。投标人少于三个的，招标人应当依照本法重新招标。

在招标文件要求提交投标文件的截止时间后送达的投标文件，招标人应当拒收。

第二十九条 投标人在招标文件要求提交投标文件的截止时间前，可以补充、修改或者撤回已提交的投标文件，并书面通知招标人。补充、修改的内容为投标文件的组成部分。

第三十条 投标人根据招标文件载明的项目实际情况，拟在中标后将中标项目的部分非主体、非关键性工作进行分包的，应当在投标文件中载明。

第三十一条 两个以上法人或者其他组织可以组成一个联合体，以一个投标人的身份共同投标。

联合体各方均应当具备承担招标项目的相应能力；国家有关规定或者招标文件对投标人资格条件有规定的，联合体各方均应当具备规定的相应资格条件。由同一专业的单位组成的联合体，按照资质等级较低的单位确定资质等级。

联合体各方应当签订共同投标协议，明确约定各方拟承担的工作和责任，并将共同投标协议连同投标文件一并提交招标人。联合体中标的，联合体各方应当共同与招标人签订合同，就中标项目向招标人承担连带责任。

招标人不得强制投标人组成联合体共同投标，不得限制投标人之间的竞争。

第三十二条 投标人不得相互串通投标报价，不得排挤其他投标人的公平竞争，损害招标人或者其他投标人的合法权益。

投标人不得与招标人串通投标，损害国家利益、社会公共利益或者他人的合法权益。

禁止投标人以向招标人或者评标委员会成员行贿的手段谋取中标。

第三十三条 投标人不得以低于成本的报价竞标，也不得以他人名义投标或者以其他方式弄虚作假，骗取中标。

第四章 开标、评标和中标

第三十四条 开标应当在招标文件确定的提交投标文件截止时间的同一时间公开进行；开标地点应当为招标文件中预先确定的地点。

第三十五条　开标由招标人主持，邀请所有投标人参加。

第三十六条　开标时，由投标人或者其推选的代表检查投标文件的密封情况，也可以由招标人委托的公证机构检查并公证；经确认无误后，由工作人员当众拆封，宣读投标人名称、投标价格和投标文件的其他主要内容。

招标人在招标文件要求提交投标文件的截止时间前收到的所有投标文件，开标时都应当当众予以拆封、宣读。

开标过程应当记录，并存档备查。

第三十七条　评标由招标人依法组建的评标委员会负责。

依法必须进行招标的项目，其评标委员会由招标人的代表和有关技术、经济等方面的专家组成，成员人数为五人以上单数，其中技术、经济等方面的专家不得少于成员总数的三分之二。

前款专家应当从事相关领域工作满八年并具有高级职称或者具有同等专业水平，由招标人从国务院有关部门或者省、自治区、直辖市人民政府有关部门提供的专家名册或者招标代理机构的专家库内的相关专业的专家名单中确定；一般招标项目可以采取随机抽取方式，特殊招标项目可以由招标人直接确定。

与投标人有利害关系的人不得进入相关项目的评标委员会；已经进入的应当更换。

评标委员会成员的名单在中标结果确定前应当保密。

第三十八条　招标人应当采取必要的措施，保证评标在严格保密的情况下进行。

任何单位和个人不得非法干预、影响评标的过程和结果。

第三十九条　评标委员会可以要求投标人对投标文件中含义不明确的内容作必要的澄清或者说明，但是澄清或者说明不得超出投标文件的范围或者改变投标文件的实质性内容。

第四十条　评标委员会应当按照招标文件确定的评标标准和方法，对投标文件进行评审和比较；设有标底的，应当参考标底。评标委员会完成评标后，应当向招标人提出书面评标报告，并推荐合格的中标候选人。

招标人根据评标委员会提出的书面评标报告和推荐的中标候选人确定中标人。招标人也可以授权评标委员会直接确定中标人。

国务院对特定招标项目的评标有特别规定的，从其规定。

第四十一条　中标人的投标应当符合下列条件之一：

（一）能够最大限度地满足招标文件中规定的各项综合评价标准；

（二）能够满足招标文件的实质性要求，并且经评审的投标价格最低；但是投标价格低于成本的除外。

第四十二条　评标委员会经评审，认为所有投标都不符合招标文件要求的，可以否决所有投标。

依法必须进行招标的项目的所有投标被否决的，招标人应当依照本法重新招标。

第四十三条　在确定中标人前，招标人不得与投标人就投标价格、投标方案等实质性内容进行谈判。

第四十四条　评标委员会成员应当客观、公正地履行职务，遵守职业道德，对所提出的评审意见承担个人责任。

评标委员会成员不得私下接触投标人，不得收受投标人的财物或者其他好处。

评标委员会成员和参与评标的有关工作人员不得透露对投标文件的评审和比较、中标候选人的推荐情况以及与评标有关的其他情况。

第四十五条　中标人确定后，招标人应当向中标人发出中标通知书，并同时将中标结果通知所有未中标的投标人。

中标通知书对招标人和中标人具有法律效力。中标通知书发出后，招标人改变中标结果的，或者中标人放弃中标项目的，应当依法承担法律责任。

第四十六条　招标人和中标人应当自中标通知书发出之日起三十日内，按照招标文件和中标人的投标文件订立书面合同。招标人和中标人不得再行订立背离合同实质性内容的其他协议。

招标文件要求中标人提交履约保证金的，中标人应当提交。

第四十七条　依法必须进行招标的项目，招标人应当自确定中标人之日起十五日内，向有关行政监督部门提交招标投标情况的书面报告。

第四十八条　中标人应当按照合同约定履行义务，完成中标项目。中标人不得向他人转让中标项目，也不得将中标项目肢解后分别向他人转让。

中标人按照合同约定或者经招标人同意，可以将中标项目的部分非主体、非关键性工作分包给他人完成。接受分包的人应当具备相应的资格条件，并不得再次分包。

中标人应当就分包项目向招标人负责，接受分包的人就分包项目承担连带责任。

第五章　法律责任

第四十九条　违反本法规定，必须进行招标的项目而不招标的，将必须进行招标的项目化整为零或者以其他任何方式规避招标的，责令限期改正，可以处项目合同金额千分之五以上千分之十以下的罚款；对全部或者部分使用国有资金的项目，可以暂停项目执行或者暂停资金拨付；对单位直接负责的主管人员和其他直接责任人员依法给予处分。

第五十条　招标代理机构违反本法规定，泄露应当保密的与招标投标活动有关的情况和资料的，或者与招标人、投标人串通损害国家利益、社会公共利益或者他人合法权益的，处五万元以上二十五万元以下的罚款，对单位直接负责的主管人员和其他直接责任人员处单位罚款数额百分之五以上百分之十以下的罚款；有违法所得的，并处没收违法所得；情节严重的，禁止其一年至二年内代理依法必须进行招标的项目并予以公告，直至由工商行政管理机关吊销营业执照；构成犯罪的，依法追究刑事责任。给他人造成损失的，依法承担赔偿责任。

前款所列行为影响中标结果的，中标无效。

第五十一条　招标人以不合理的条件限制或者排斥潜在投标人的，对潜在投标人实行歧视待遇的，强制要求投标人组成联合体共同投标的，或者限制投标人之间竞争的，责令改正，可以处一万元以上五万元以下的罚款。

第五十二条　依法必须进行招标的项目的招标人向他人透露已获取招标文件的潜在投标人的名称、数量或者可能影响公平竞争的有关招标投标的其他情况的，或者泄露标底的，给予警告，可以并处一万元以上十万元以下的罚款；对单位直接负责的主管人员和其他直接责任人员依法给予处分；构成犯罪的，依法追究刑事责任。

前款所列行为影响中标结果的，中标无效。

第五十三条　投标人相互串通投标或者与招标人串通投标的，投标人以向招标人或者评标委员会成员行贿的手段谋取中标的，中标无效，处中标项目金额千分之五以上千分之十以下的罚款，对单位直接负责的主管人员和其他直接责任人员处单位罚款数额百分之五以上百分之十以下的罚款；有违法所得的，并处没收违法所得；情节严重的，取消其一年至二年内参加依法必须进行招标的项目的投标资格并予以公告，直至由工商行政管理机关吊销营业执照；构成犯罪的，依法追究刑事责任。给他人造成损失的，依法承担赔偿责任。

第五十四条 投标人以他人名义投标或者以其他方式弄虚作假，骗取中标的，中标无效，给招标人造成损失的，依法承担赔偿责任；构成犯罪的，依法追究刑事责任。

依法必须进行招标的项目的投标人有前款所列行为尚未构成犯罪的，处中标项目金额千分之五以上千分之十以下的罚款，对单位直接负责的主管人员和其他直接责任人员处单位罚款数额百分之五以上百分之十以下的罚款；有违法所得的，并处没收违法所得；情节严重的，取消其一年至三年内参加依法必须进行招标的项目的投标资格并予以公告，直至由工商行政管理机关吊销营业执照。

第五十五条 依法必须进行招标的项目，招标人违反本法规定，与投标人就投标价格、投标方案等实质性内容进行谈判的，给予警告，对单位直接负责的主管人员和其他直接责任人员依法给予处分。

前款所列行为影响中标结果的，中标无效。

第五十六条 评标委员会成员收受投标人的财物或者其他好处的，评标委员会成员或者参加评标的有关工作人员向他人透露对投标文件的评审和比较、中标候选人的推荐以及与评标有关的其他情况的，给予警告，没收收受的财物，可以并处三千元以上五万元以下的罚款，对有所列违法行为的评标委员会成员取消担任评标委员会成员的资格，不得再参加任何依法必须进行招标的项目的评标；构成犯罪的，依法追究刑事责任。

第五十七条 招标人在评标委员会依法推荐的中标候选人以外确定中标人的，依法必须进行招标的项目在所有投标被评标委员会否决后自行确定中标人的，中标无效。责令改正，可以处中标项目金额千分之五以上千分之十以下的罚款；对单位直接负责的主管人员和其他直接责任人员依法给予处分。

第五十八条 中标人将中标项目转让给他人的，将中标项目肢解后分别转让给他人的，违反本法规定将中标项目的部分主体、关键性工作分包给他人的，或者分包人再次分包的，转让、分包无效，处转让、分包项目金额千分之五以上千分之十以下的罚款；有违法所得的，并处没收违法所得；可以责令停业整顿；情节严重的，由工商行政管理机关吊销营业执照。

第五十九条 招标人与中标人不按照招标文件和中标人的投标文件订立合同的，或者招标人、中标人订立背离合同实质性内容的协议的，责令改正；可以处中标项目金额千分之五以上千分之十以下的罚款。

第六十条 中标人不履行与招标人订立的合同的，履约保证金不予退还，给招标人造成的损失超过履约保证金数额的，还应当对超过部分予以赔偿；没有提交履约保证金的，应当对招标人的损失承担赔偿责任。

中标人不按照与招标人订立的合同履行义务，情节严重的，取消其二年至五年内参加依法必须进行招标的项目的投标资格并予以公告，直至由工商行政管理机关吊销营业执照。

因不可抗力不能履行合同的，不适用前两款规定。

第六十一条 本章规定的行政处罚，由国务院规定的有关行政监督部门决定。本法已对实施行政处罚的机关作出规定的除外。

第六十二条 任何单位违反本法规定，限制或者排斥本地区、本系统以外的法人或者其他组织参加投标的，为招标人指定招标代理机构的，强制招标人委托招标代理机构办理招标事宜的，或者以其他方式干涉招标投标活动的，责令改正；对单位直接负责的主管人员和其他直接责任人员依法给予警告、记过、记大过的处分，情节较重的，依法给予降级、撤职、开除的处分。

个人利用职权进行前款违法行为的，依照前款规定追究责任。

第六十三条 对招标投标活动依法负有行政监督职责的国家机关工作人员徇私舞弊、滥用职权或者玩忽职守，构成犯罪的，依法追究刑事责任；不构成犯罪的，依法给予行政处分。

第六十四条 依法必须进行招标的项目违反本法规定，中标无效的，应当依照本法规定的中标条件从其余投标人中重新确定中标人或者依照本法重新进行招标。

第六章 附 则

第六十五条 投标人和其他利害关系人认为招标投标活动不符合本法有关规定的，有权向招标人提出异议或者依法向有关行政监督部门投诉。

第六十六条 涉及国家安全、国家秘密、抢险救灾或者属于利用扶贫资金实行以工代赈、需要使用农民工等特殊情况，不适宜进行招标的项目，按照国家有关规定可以不进行招标。

第六十七条 使用国际组织或者外国政府贷款、援助资金的项目进行招标，贷款方、资金提供方对招标投标的具体条件和程序有不同规定的，可以适用其规定，但违背中华人民共和国的社会公共利益的除外。

第六十八条 本法自2000年1月1日起施行。

附件二　中华人民共和国政府采购法

发布机关： 全国人民代表大会常务委员会

发布文号： 中华人民共和国主席令第六十八号　**行政区域：** 全国

文件类型： 法律　　　　　　　　　　　　**文件状态：** 现行有效

发布日期： 2002-06-29　　　　　　　　　**实施日期：** 2014-08-31

中华人民共和国政府采购法

（2002年6月29日第九届全国人民代表大会常务委员会第二十八次会议通过　根据2014年8月31日第十二届全国人民代表大会常务委员会第十次会议《关于修改〈中华人民共和国保险法〉等五部法律的决定》修正）

目　　录

第一章　总 则

第一条　为了规范政府采购行为，提高政府采购资金的使用效益，维护国家利益和社会公共利益，保护政府采购当事人的合法权益，促进廉政建设，制定本法。

第二条　在中华人民共和国境内进行的政府采购适用本法。

本法所称政府采购，是指各级国家机关、事业单位和团体组织，使用财政性资金采购依法制定的集中采购目录以内的或者采购限额标准以上的货物、工程和服务的行为。

政府集中采购目录和采购限额标准依照本法规定的权限制定。

本法所称采购，是指以合同方式有偿取得货物、工程和服务的行为，包括购买、租赁、委托、雇用等。

本法所称货物，是指各种形态和种类的物品，包括原材料、燃料、设备、产品等。

本法所称工程，是指建设工程，包括建筑物和构筑物的新建、改建、扩建、装修、拆除、修缮等。

本法所称服务，是指除货物和工程以外的其他政府采购对象。

第三条 政府采购应当遵循公开透明原则、公平竞争原则、公正原则和诚实信用原则。

第四条 政府采购工程进行招标投标的，适用招标投标法。

第五条 任何单位和个人不得采用任何方式，阻挠和限制供应商自由进入本地区和本行业的政府采购市场。

第六条 政府采购应当严格按照批准的预算执行。

第七条 政府采购实行集中采购和分散采购相结合。集中采购的范围由省级以上人民政府公布的集中采购目录确定。

属于中央预算的政府采购项目，其集中采购目录由国务院确定并公布；属于地方预算的政府采购项目，其集中采购目录由省、自治区、直辖市人民政府或者其授权的机构确定并公布。

纳入集中采购目录的政府采购项目，应当实行集中采购。

第八条 政府采购限额标准，属于中央预算的政府采购项目，由国务院确定并公布；属于地方预算的政府采购项目，由省、自治区、直辖市人民政府或者其授权的机构确定并公布。

第九条 政府采购应当有助于实现国家的经济和社会发展政策目标，包括保护环境，扶持不发达地区和少数民族地区，促进中小企业发展等。

第十条 政府采购应当采购本国货物、工程和服务。但有下列情形之一的除外：

（一）需要采购的货物、工程或者服务在中国境内无法获取或者无法以合理的商业条件获取的；

（二）为在中国境外使用而进行采购的；

（三）其他法律、行政法规另有规定的。

前款所称本国货物、工程和服务的界定，依照国务院有关规定执行。

第十一条 政府采购的信息应当在政府采购监督管理部门指定的媒体上及时向社会公开发布，但涉及商业秘密的除外。

第十二条 在政府采购活动中，采购人员及相关人员与供应商有利害关系的，必须回避。供应商认为采购人员及相关人员与其他供应商有利害关系的，可以申请其回避。

前款所称相关人员，包括招标采购中评标委员会的组成人员，竞争性谈判采购中谈判小组的组成人员，询价采购中询价小组的组成人员等。

第十三条 各级人民政府财政部门是负责政府采购监督管理的部门，依法履行对政府采购活动的监督管理职责。

各级人民政府其他有关部门依法履行与政府采购活动有关的监督管理职责。

第二章　政府采购当事人

第十四条 政府采购当事人是指在政府采购活动中享有权利和承担义务的各类主体，包括采购人、供应商和采购代理机构等。

第十五条 采购人是指依法进行政府采购的国家机关、事业单位、团体组织。

第十六条 集中采购机构为采购代理机构。设区的市、自治州以上人民政府根据本级政府采购项目组织集中采购的需要设立集中采购机构。

集中采购机构是非营利事业法人，根据采购人的委托办理采购事宜。

第十七条 集中采购机构进行政府采购活动，应当符合采购价格低于市场平均价格、采购效率更高、采购质量优良和服务良好的要求。

第十八条 采购人采购纳入集中采购目录的政府采购项目，必须委托集中采购机构代理采购；采购未纳入集中采购目录的政府采购项目，可以自行采购，也可以委托集中采购机构在委托的范围内代理采购。

纳入集中采购目录属于通用的政府采购项目的，应当委托集中采购机构代理采购；属于本部门、本系统有特殊要求的项目，应当实行部门集中采购；属于本单位有特殊要求的项目，经省级以上人民政府批准，可以自行采购。

第十九条　采购人可以委托集中采购机构以外的采购代理机构，在委托的范围内办理政府采购事宜。

采购人有权自行选择采购代理机构，任何单位和个人不得以任何方式为采购人指定采购代理机构。

第二十条　采购人依法委托采购代理机构办理采购事宜的，应当由采购人与采购代理机构签订委托代理协议，依法确定委托代理的事项，约定双方的权利义务。

第二十一条　供应商是指向采购人提供货物、工程或者服务的法人、其他组织或者自然人。

第二十二条　供应商参加政府采购活动应当具备下列条件：

（一）具有独立承担民事责任的能力；

（二）具有良好的商业信誉和健全的财务会计制度；

（三）具有履行合同所必需的设备和专业技术能力；

（四）有依法缴纳税收和社会保障资金的良好记录；

（五）参加政府采购活动前三年内，在经营活动中没有重大违法记录；

（六）法律、行政法规规定的其他条件。

采购人可以根据采购项目的特殊要求，规定供应商的特定条件，但不得以不合理的条件对供应商实行差别待遇或者歧视待遇。

第二十三条　采购人可以要求参加政府采购的供应商提供有关资质证明文件和业绩情况，并根据本法规定的供应商条件和采购项目对供应商的特定要求，对供应商的资格进行审查。

第二十四条　两个以上的自然人、法人或者其他组织可以组成一个联合体，以一个供应商的身份共同参加政府采购。

以联合体形式进行政府采购的，参加联合体的供应商均应当具备本法第二十二条规定的条件，并应当向采购人提交联合协议，载明联合体各方承担的工作和义务。联合体各方应当共同与采购人签订采购合同，就采购合同约定的事项对采购人承担连带责任。

第二十五条　政府采购当事人不得相互串通损害国家利益、社会公共利益和其他当事人的合法权益；不得以任何手段排斥其他供应商参与竞争。

供应商不得以向采购人、采购代理机构、评标委员会的组成人员、竞争性谈判小组的组成人员、询价小组的组成人员行贿或者采取其他不正当手段谋取中标或者成交。

采购代理机构不得以向采购人行贿或者采取其他不正当手段谋取非法利益。

第三章　政府采购方式

第二十六条　政府采购采用以下方式：

（一）公开招标；

（二）邀请招标；

（三）竞争性谈判；

（四）单一来源采购；

（五）询价；

（六）国务院政府采购监督管理部门认定的其他采购方式。

公开招标应作为政府采购的主要采购方式。

第二十七条　采购人采购货物或者服务应当采用公开招标方式的，其具体数额标准，属于中央预算的政府采购项目，由国务院规定；属于地方预算的政府采购项目，由省、自治区、直辖市人民政府规定；因特殊情况需要采用公开招标以外的采购方式的，应当在采购活动开始前获得设区的市、自治州以上人民政府采购监督管理部门的批准。

第二十八条　采购人不得将应当以公开招标方式采购的货物或者服务化整为零或者以其他任何方式规避公开招标采购。

第二十九条　符合下列情形之一的货物或者服务，可以依照本法采用邀请招标方式采购：

（一）具有特殊性，只能从有限范围的供应商处采购的；

（二）采用公开招标方式的费用占政府采购项目总价值的比例过大的。

第三十条　符合下列情形之一的货物或者服务，可以依照本法采用竞争性谈判方式采购：

（一）招标后没有供应商投标或者没有合格标的或者重新招标未能成立的；

（二）技术复杂或者性质特殊，不能确定详细规格或者具体要求的；

（三）采用招标所需时间不能满足用户紧急需要的；

（四）不能事先计算出价格总额的。

第三十一条 符合下列情形之一的货物或者服务，可以依照本法采用单一来源方式采购：

（一）只能从唯一供应商处采购的；

（二）发生了不可预见的紧急情况不能从其他供应商处采购的；

（三）必须保证原有采购项目一致性或者服务配套的要求，需要继续从原供应商处添购，且添购资金总额不超过原合同采购金额百分之十的。

第三十二条 采购的货物规格、标准统一、现货货源充足且价格变化幅度小的政府采购项目，可以依照本法采用询价方式采购。

第四章　政府采购程序

第三十三条 负有编制部门预算职责的部门在编制下一财政年度部门预算时，应当将该财政年度政府采购的项目及资金预算列出，报本级财政部门汇总。部门预算的审批，按预算管理权限和程序进行。

第三十四条 货物或者服务项目采取邀请招标方式采购的，采购人应当从符合相应资格条件的供应商中，通过随机方式选择三家以上的供应商，并向其发出投标邀请书。

第三十五条 货物和服务项目实行招标方式采购的，自招标文件开始发出之日起至投标人提交投标文件截止之日止，不得少于二十日。

第三十六条 在招标采购中，出现下列情形之一的，应予废标：

（一）符合专业条件的供应商或者对招标文件作实质响应的供应商不足三家的；

（二）出现影响采购公正的违法、违规行为的；

（三）投标人的报价均超过了采购预算，采购人不能支付的；

（四）因重大变故，采购任务取消的。

废标后，采购人应当将废标理由通知所有投标人。

第三十七条 废标后，除采购任务取消情形外，应当重新组织招标；需要采取其他方式采购的，应当在采购活动开始前获得设区的市、自治州以上人民政府采购监督管理部门或者政府有关部门批准。

第三十八条 采用竞争性谈判方式采购的，应当遵循下列程序：

（一）成立谈判小组。谈判小组由采购人的代表和有关专家共三人以上的单数组成，其中专家的人数不得少于成员总数的三分之二。

（二）制定谈判文件。谈判文件应当明确谈判程序、谈判内容、合同草案的条款以及评定成交的标准等事项。

（三）确定邀请参加谈判的供应商名单。谈判小组从符合相应资格条件的供应商名单中确定不少于三家的供应商参加谈判，并向其提供谈判文件。

（四）谈判。谈判小组所有成员集中与单一供应商分别进行谈判。在谈判中，谈判的任何一方不得透露与谈判有关的其他供应商的技术资料、价格和其他信息。谈判文件有实质性变动的，谈判小组应当以书面形式通知所有参加谈判的供应商。

（五）确定成交供应商。谈判结束后，谈判小组应当要求所有参加谈判的供应商在规定时间内进行最后报价，采购人从谈判小组提出的成交候选人中根据符合采购需求、质量和服务相等且报价最低的原则确定成交供应商，并将结果通知所有参加谈判的未成交的供应商。

第三十九条 采取单一来源方式采购的，采购人与供应商应当遵循本法规定的原则，在保证采购项目质量和双方商定合理价格的基础上进行采购。

第四十条 采取询价方式采购的，应当遵循下列程序：

（一）成立询价小组。询价小组由采购人的代表和有关专家共三人以上的单数组成，其中专家的人数不得少于成员总数的三分之二。询价小组应当对采购项目的价格构成和评定成交的标准等事项作出规定。

（二）确定被询价的供应商名单。询价小组根据采购需求，从符合相应资格条件的供应商名单中确定不少于三家的供应商，并向其发出询价通知书让其报价。

（三）询价。询价小组要求被询价的供应商一次报出不得更改的价格。

（四）确定成交供应商。采购人根据符合采购需求、质量和服务相等且报价最低的原则确定成交供应商，并将结果通知所有被询价的未成交的供应商。

第四十一条 采购人或者其委托的采购代理机构应当组织对供应商履约的验收。大型或者复杂的政府采购项目，应当邀请国家认可的质量检测机构参加验收工作。验收方成员应当在验收书上签字，并承担相应的法律责任。

第四十二条 采购人、采购代理机构对政府采购项目每项采购活动的采购文件应当妥善保存，不得伪造、变造、隐匿或者销毁。采购文件的保存期限为从采购结束之日起至少保存十五年。

采购文件包括采购活动记录、采购预算、招标文件、投标文件、评标标准、评估报告、定标文件、合同文本、验收证明、质疑答复、投诉处理决定及其他有关文件、资料。

采购活动记录至少应当包括下列内容：

（一）采购项目类别、名称；

（二）采购项目预算、资金构成和合同价格；

（三）采购方式，采用公开招标以外的采购方式的，应当载明原因；

（四）邀请和选择供应商的条件及原因；

（五）评标标准及确定中标人的原因；

（六）废标的原因；

（七）采用招标以外采购方式的相应记载。

第五章 政府采购合同

第四十三条 政府采购合同适用合同法。采购人和供应商之间的权利和义务，应当按照平等、自愿的原则以合同方式约定。

采购人可以委托采购代理机构代表其与供应商签订政府采购合同。由采购代理机构以采购人名义签订合同的，应当提交采购人的授权委托书，作为合同附件。

第四十四条 政府采购合同应当采用书面形式。

第四十五条 国务院政府采购监督管理部门应当会同国务院有关部门，规定政府采购合同必须具备的条款。

第四十六条 采购人与中标、成交供应商应当在中标、成交通知书发出之日起三十日内，按照采购文件确定的事项签订政府采购合同。

中标、成交通知书对采购人和中标、成交供应商均具有法律效力。中标、成交通知书发出后，采购人改变中标、成交结果的，或者中标、成交供应商放弃中标、成交项目的，应当依法承担法律责任。

第四十七条 政府采购项目的采购合同自签订之日起七个工作日内，采购人应当将合同副本报同级政府采购监督管理部门和有关部门备案。

第四十八条 经采购人同意，中标、成交供应商可以依法采取分包方式履行合同。

政府采购合同分包履行的，中标、成交供应商就采购项目和分包项目向采购人负责，分包供应商就分包项目承担责任。

第四十九条 政府采购合同履行中，采购人需追加与合同标的相同的货物、工程或者服务的，在不改变合同其他条款的前提下，可以与供应商协商签订补充合同，但所有补充合同的采购金额不得超过原合同采购金额的百分之十。

第五十条 政府采购合同的双方当事人不得擅自变更、中止或者终止合同。

政府采购合同继续履行将损害国家利益和社会公共利益的，双方当事人应当变更、中止或者终止合同。有过错的一方应当承担赔偿责任，双方都有过错的，各自承担相应的责任。

第六章 质疑与投诉

第五十一条 供应商对政府采购活动事项有疑问的，可以向采购人提出询问，采购人应当及时作出答复，但答复的内容不得涉及商业秘密。

第五十二条 供应商认为采购文件、采购过程和中标、成交结果使自己的权益受到损害的，可以在知道或者应知其权益受到损害之日起七个工作日内，以书面形式向采购人提出质疑。

第五十三条 采购人应当在收到供应商的书面质疑后七个工作日内作出答复，并以书面形式通知质疑供应商和其他有关供应商，但答复的内容不得涉及商业秘密。

第五十四条 采购人委托采购代理机构采购的，供应商可以向采购代理机构提出询问或者质疑，采购代理机构应当依照本法第五十一条、第五十三条的规定就采购人委托授权范围内的事项作出答复。

第五十五条 质疑供应商对采购人、采购代理机构的答复不满意或者采购人、采购代理机构未在规定的时间内作出答复的，可以在答复期满后十五个工作日内向同级政府采购监督管理部门投诉。

第五十六条 政府采购监督管理部门应当在收到投诉后三十个工作日内，对投诉事项作出处理决定，并以书面形式通知投诉人和与投诉事项有关的当事人。

第五十七条 政府采购监督管理部门在处理投诉事项期间，可以视具体情况书面通知采购人暂停采购活动，但暂停时间最长不得超过三十日。

第五十八条 投诉人对政府采购监督管理部门的投诉处理决定不服或者

政府采购监督管理部门逾期未作处理的，可以依法申请行政复议或者向人民法院提起行政诉讼。

第七章　监督检查

第五十九条　政府采购监督管理部门应当加强对政府采购活动及集中采购机构的监督检查。

监督检查的主要内容是：

（一）有关政府采购的法律、行政法规和规章的执行情况；

（二）采购范围、采购方式和采购程序的执行情况；

（三）政府采购人员的职业素质和专业技能。

第六十条　政府采购监督管理部门不得设置集中采购机构，不得参与政府采购项目的采购活动。

采购代理机构与行政机关不得存在隶属关系或者其他利益关系。

第六十一条　集中采购机构应当建立健全内部监督管理制度。采购活动的决策和执行程序应当明确，并相互监督、相互制约。经办采购的人员与负责采购合同审核、验收人员的职责权限应当明确，并相互分离。

第六十二条　集中采购机构的采购人员应当具有相关职业素质和专业技能，符合政府采购监督管理部门规定的专业岗位任职要求。

集中采购机构对其工作人员应当加强教育和培训；对采购人员的专业水平、工作实绩和职业道德状况定期进行考核。采购人员经考核不合格的，不得继续任职。

第六十三条　政府采购项目的采购标准应当公开。

采用本法规定的采购方式的，采购人在采购活动完成后，应当将采购结果予以公布。

第六十四条　采购人必须按照本法规定的采购方式和采购程序进行采购。

任何单位和个人不得违反本法规定，要求采购人或者采购工作人员向其指定的供应商进行采购。

第六十五条　政府采购监督管理部门应当对政府采购项目的采购活动进行检查，政府采购当事人应当如实反映情况，提供有关材料。

第六十六条　政府采购监督管理部门应当对集中采购机构的采购价格、节约资金效果、服务质量、信誉状况、有无违法行为等事项进行考核，并定期如实公布考核结果。

第六十七条 依照法律、行政法规的规定对政府采购负有行政监督职责的政府有关部门，应当按照其职责分工，加强对政府采购活动的监督。

第六十八条 审计机关应当对政府采购进行审计监督。政府采购监督管理部门、政府采购各当事人有关政府采购活动，应当接受审计机关的审计监督。

第六十九条 监察机关应当加强对参与政府采购活动的国家机关、国家公务员和国家行政机关任命的其他人员实施监察。

第七十条 任何单位和个人对政府采购活动中的违法行为，有权控告和检举，有关部门、机关应当依照各自职责及时处理。

第八章　法律责任

第七十一条 采购人、采购代理机构有下列情形之一的，责令限期改正，给予警告，可以并处罚款，对直接负责的主管人员和其他直接责任人员，由其行政主管部门或者有关机关给予处分，并予通报：

（一）应当采用公开招标方式而擅自采用其他方式采购的；

（二）擅自提高采购标准的；

（三）以不合理的条件对供应商实行差别待遇或者歧视待遇的；

（四）在招标采购过程中与投标人进行协商谈判的；

（五）中标、成交通知书发出后不与中标、成交供应商签订采购合同的；

（六）拒绝有关部门依法实施监督检查的。

第七十二条 采购人、采购代理机构及其工作人员有下列情形之一，构成犯罪的，依法追究刑事责任；尚不构成犯罪的，处以罚款，有违法所得的，并处没收违法所得，属于国家机关工作人员的，依法给予行政处分：

（一）与供应商或者采购代理机构恶意串通的；

（二）在采购过程中接受贿赂或者获取其他不正当利益的；

（三）在有关部门依法实施的监督检查中提供虚假情况的；

（四）开标前泄露标底的。

第七十三条 有前两条违法行为之一影响中标、成交结果或者可能影响中标、成交结果的，按下列情况分别处理：

（一）未确定中标、成交供应商的，终止采购活动；

（二）中标、成交供应商已经确定但采购合同尚未履行的，撤销合同，从合格的中标、成交候选人中另行确定中标、成交供应商；

（三）采购合同已经履行的，给采购人、供应商造成损失的，由责任人承担赔偿责任。

第七十四条 采购人对应当实行集中采购的政府采购项目，不委托集中采购机构实行集中采购的，由政府采购监督管理部门责令改正；拒不改正的，停止按预算向其支付资金，由其上级行政主管部门或者有关机关依法给予其直接负责的主管人员和其他直接责任人员处分。

第七十五条 采购人未依法公布政府采购项目的采购标准和采购结果的，责令改正，对直接负责的主管人员依法给予处分。

第七十六条 采购人、采购代理机构违反本法规定隐匿、销毁应当保存的采购文件或者伪造、变造采购文件的，由政府采购监督管理部门处以二万元以上十万元以下的罚款，对其直接负责的主管人员和其他直接责任人员依法给予处分；构成犯罪的，依法追究刑事责任。

第七十七条 供应商有下列情形之一的，处以采购金额千分之五以上千分之十以下的罚款，列入不良行为记录名单，在一至三年内禁止参加政府采购活动，有违法所得的，并处没收违法所得，情节严重的，由工商行政管理机关吊销营业执照；构成犯罪的，依法追究刑事责任：

（一）提供虚假材料谋取中标、成交的；

（二）采取不正当手段诋毁、排挤其他供应商的；

（三）与采购人、其他供应商或者采购代理机构恶意串通的；

（四）向采购人、采购代理机构行贿或者提供其他不正当利益的；

（五）在招标采购过程中与采购人进行协商谈判的；

（六）拒绝有关部门监督检查或者提供虚假情况的。

供应商有前款第（一）至（五）项情形之一的，中标、成交无效。

第七十八条 采购代理机构在代理政府采购业务中有违法行为的，按照有关法律规定处以罚款，可以在一至三年内禁止其代理政府采购业务，构成犯罪的，依法追究刑事责任。

第七十九条 政府采购当事人有本法第七十一条、第七十二条、第七十七条违法行为之一，给他人造成损失的，并应依照有关民事法律规定承担民事责任。

第八十条　政府采购监督管理部门的工作人员在实施监督检查中违反本法规定滥用职权，玩忽职守，徇私舞弊的，依法给予行政处分；构成犯罪的，依法追究刑事责任。

第八十一条　政府采购监督管理部门对供应商的投诉逾期未作处理的，给予直接负责的主管人员和其他直接责任人员行政处分。

第八十二条　政府采购监督管理部门对集中采购机构业绩的考核，有虚假陈述，隐瞒真实情况的，或者不作定期考核和公布考核结果的，应当及时纠正，由其上级机关或者监察机关对其负责人进行通报，并对直接负责的人员依法给予行政处分。

集中采购机构在政府采购监督管理部门考核中，虚报业绩，隐瞒真实情况的，处以二万元以上二十万元以下的罚款，并予以通报；情节严重的，取消其代理采购的资格。

第八十三条　任何单位或者个人阻挠和限制供应商进入本地区或者本行业政府采购市场的，责令限期改正；拒不改正的，由该单位、个人的上级行政主管部门或者有关机关给予单位责任人或者个人处分。

第九章　附　则

第八十四条　使用国际组织和外国政府贷款进行的政府采购，贷款方、资金提供方与中方达成的协议对采购的具体条件另有规定的，可以适用其规定，但不得损害国家利益和社会公共利益。

第八十五条　对因严重自然灾害和其他不可抗力事件所实施的紧急采购和涉及国家安全和秘密的采购，不适用本法。

第八十六条　军事采购法规由中央军事委员会另行制定。

第八十七条　本法实施的具体步骤和办法由国务院规定。

第八十八条　本法自2014年8月31日起施行。

附件三　政府采购非招标采购方式管理办法

发布机关： 财政部
发布文号： 财政部令第74号　　　　**行政区域：** 全国
文件类型： 部门规章　　　　　　　**文件状态：** 现行有效
发布日期： 2013-12-19　　　　　 **实施日期：** 2014-02-01

政府采购非招标采购方式管理办法

财政部令（第74号）

《政府采购非招标采购方式管理办法》已经2013年10月28日财政部部务会议审议通过，现予公布，自2014年2月1日起施行。

部长　楼继伟
2013年12月19日

政府采购非招标采购方式管理办法

第一章　总则

第一条　为了规范政府采购行为，加强对采用非招标采购方式采购活动的监督管理，维护国家利益、社会公共利益和政府采购当事人的合法权益，依据《中华人民共和国政府采购法》（以下简称"政府采购法"）和其他法律、行政法规的有关规定，制定本办法。

第二条　采购人、采购代理机构采用非招标采购方式采购货物、工程和服务的，适用本办法。

本办法所称非招标采购方式，是指竞争性谈判、单一来源采购和询价采购方式。

竞争性谈判是指谈判小组与符合资格条件的供应商就采购货物、工程和服务事宜进行谈判，供应商按照谈判文件的要求提交响应文件和最后报价，采购人从谈判小组提出的成交候选人中确定成交供应商的采购方式。

单一来源采购是指采购人从某一特定供应商处采购货物、工程和服务的采购方式。

询价是指询价小组向符合资格条件的供应商发出采购货物询价通知书，要求供应商一次报出不得更改的价格，采购人从询价小组提出的成交候选人中确定成交供应商的采购方式。

第三条 采购人、采购代理机构采购以下货物、工程和服务之一的，可以采用竞争性谈判、单一来源采购方式采购；采购货物的，还可以采用询价采购方式：

（一）依法制定的集中采购目录以内，且未达到公开招标数额标准的货物、服务；

（二）依法制定的集中采购目录以外、采购限额标准以上，且未达到公开招标数额标准的货物、服务；

（三）达到公开招标数额标准、经批准采用非公开招标方式的货物、服务；

（四）按照招标投标法及其实施条例必须进行招标的工程建设项目以外的政府采购工程。

第二章 一般规定

第四条 达到公开招标数额标准的货物、服务采购项目，拟采用非招标采购方式的，采购人应当在采购活动开始前，报经主管预算单位同意后，向设区的市、自治州以上人民政府财政部门申请批准。

第五条 根据本办法第四条申请采用非招标采购方式采购的，采购人应当向财政部门提交以下材料并对材料的真实性负责：

（一）采购人名称、采购项目名称、项目概况等项目基本情况说明；

（二）项目预算金额、预算批复文件或者资金来源证明；

（三）拟申请采用的采购方式和理由。

第六条 采购人、采购代理机构应当按照政府采购法和本办法的规定组织开展非招标采购活动，并采取必要措施，保证评审在严格保密的情况下进行。

任何单位和个人不得非法干预、影响评审过程和结果。

第七条 竞争性谈判小组或者询价小组由采购人代表和评审专家共3人以上单数组成，其中评审专家人数不得少于竞争性谈判小组或者询价小组成员总数的2/3。采购人不得以评审专家身份参加本部门或本单位采购项目的评审。采购代理机构人员不得参加本机构代理的采购项目的评审。

达到公开招标数额标准的货物或者服务采购项目，或者达到招标规模标准的政府采购工程，竞争性谈判小组或者询价小组应当由5人以上单数组成。

采用竞争性谈判、询价方式采购的政府采购项目，评审专家应当从政府采购评审专家库内相关专业的专家名单中随机抽取。技术复杂、专业性强的竞争性谈判采购项目，通过随机方式难以确定合适的评审专家的，经主管预算单位同意，可以自行选定评审专家。技术复杂、专业性强的竞争性谈判采购项目，评审专家中应当包含1名法律专家。

第八条 竞争性谈判小组或者询价小组在采购活动过程中应当履行下列职责：

（一）确认或者制定谈判文件、询价通知书；

（二）从符合相应资格条件的供应商名单中确定不少于3家的供应商参加谈判或者询价；

（三）审查供应商的响应文件并作出评价；

（四）要求供应商解释或者澄清其响应文件；

（五）编写评审报告；

（六）告知采购人、采购代理机构在评审过程中发现的供应商的违法违规行为。

第九条 竞争性谈判小组或者询价小组成员应当履行下列义务：

（一）遵纪守法，客观、公正、廉洁地履行职责；

（二）根据采购文件的规定独立进行评审，对个人的评审意见承担法律责任；

（三）参与评审报告的起草；

（四）配合采购人、采购代理机构答复供应商提出的质疑；

（五）配合财政部门的投诉处理和监督检查工作。

第十条 谈判文件、询价通知书应当根据采购项目的特点和采购人的实际需求制定，并经采购人书面同意。采购人应当以满足实际需求为原则，不得擅自提高经费预算和资产配置等采购标准。

谈判文件、询价通知书不得要求或者标明供应商名称或者特定货物的品牌，不得含有指向特定供应商的技术、服务等条件。

第十一条　谈判文件、询价通知书应当包括供应商资格条件、采购邀请、采购方式、采购预算、采购需求、采购程序、价格构成或者报价要求、响应文件编制要求、提交响应文件截止时间及地点、保证金交纳数额和形式、评定成交的标准等。

谈判文件除本条第一款规定的内容外，还应当明确谈判小组根据与供应商谈判情况可能实质性变动的内容，包括采购需求中的技术、服务要求以及合同草案条款。

第十二条　采购人、采购代理机构应当通过发布公告、从省级以上财政部门建立的供应商库中随机抽取或者采购人和评审专家分别书面推荐的方式邀请不少于3家符合相应资格条件的供应商参与竞争性谈判或者询价采购活动。

符合政府采购法第二十二条第一款规定条件的供应商可以在采购活动开始前加入供应商库。财政部门不得对供应商申请入库收取任何费用，不得利用供应商库进行地区和行业封锁。

采取采购人和评审专家书面推荐方式选择供应商的，采购人和评审专家应当各自出具书面推荐意见。采购人推荐供应商的比例不得高于推荐供应商总数的50%。

第十三条　供应商应当按照谈判文件、询价通知书的要求编制响应文件，并对其提交的响应文件的真实性、合法性承担法律责任。

第十四条　采购人、采购代理机构可以要求供应商在提交响应文件截止时间之前交纳保证金。保证金应当采用支票、汇票、本票、网上银行支付或者金融机构、担保机构出具的保函等非现金形式交纳。保证金数额应当不超过采购项目预算的2%。

供应商为联合体的，可以由联合体中的一方或者多方共同交纳保证金，其交纳的保证金对联合体各方均具有约束力。

第十五条　供应商应当在谈判文件、询价通知书要求的截止时间前，将响应文件密封送达指定地点。在截止时间后送达的响应文件为无效文件，采购人、采购代理机构或者谈判小组、询价小组应当拒收。

供应商在提交询价响应文件截止时间前，可以对所提交的响应文件进行补充、修改或者撤回，并书面通知采购人、采购代理机构。补充、修改的内容作为响应文件的组成部分。补充、修改的内容与响应文件不一致的，以补充、修改的内容为准。

第十六条 谈判小组、询价小组在对响应文件的有效性、完整性和响应程度进行审查时，可以要求供应商对响应文件中含义不明确、同类问题表述不一致或者有明显文字和计算错误的内容等作出必要的澄清、说明或者更正。供应商的澄清、说明或者更正不得超出响应文件的范围或者改变响应文件的实质性内容。

谈判小组、询价小组要求供应商澄清、说明或者更正响应文件应当以书面形式作出。供应商的澄清、说明或者更正应当由法定代表人或其授权代表签字或者加盖公章。由授权代表签字的，应当附法定代表人授权书。供应商为自然人的，应当由本人签字并附身份证明。

第十七条 谈判小组、询价小组应当根据评审记录和评审结果编写评审报告，其主要内容包括：

（一）邀请供应商参加采购活动的具体方式和相关情况，以及参加采购活动的供应商名单；

（二）评审日期和地点，谈判小组、询价小组成员名单；

（三）评审情况记录和说明，包括对供应商的资格审查情况、供应商响应文件评审情况、谈判情况、报价情况等；

（四）提出的成交候选人的名单及理由。

评审报告应当由谈判小组、询价小组全体人员签字认可。谈判小组、询价小组成员对评审报告有异议的，谈判小组、询价小组按照少数服从多数的原则推荐成交候选人，采购程序继续进行。对评审报告有异议的谈判小组、询价小组成员，应当在报告上签署不同意见并说明理由，由谈判小组、询价小组书面记录相关情况。谈判小组、询价小组成员拒绝在报告上签字又不书面说明其不同意见和理由的，视为同意评审报告。

第十八条 采购人或者采购代理机构应当在成交供应商确定后2个工作日内，在省级以上财政部门指定的媒体上公告成交结果，同时向成交供应商发出成交通知书，并将竞争性谈判文件、询价通知书随成交结果同时公告。成交结果公告应当包括以下内容：

（一）采购人和采购代理机构的名称、地址和联系方式；

（二）项目名称和项目编号；

（三）成交供应商名称、地址和成交金额；

（四）主要成交标的的名称、规格型号、数量、单价、服务要求；

（五）谈判小组、询价小组成员名单及单一来源采购人员名单。

采用书面推荐供应商参加采购活动的，还应当公告采购人和评审专家的推荐意见。

第十九条 采购人与成交供应商应当在成交通知书发出之日起30日内，按照采购文件确定的合同文本以及采购标的、规格型号、采购金额、采购数量、技术和服务要求等事项签订政府采购合同。

采购人不得向成交供应商提出超出采购文件以外的任何要求作为签订合同的条件，不得与成交供应商订立背离采购文件确定的合同文本以及采购标的、规格型号、采购金额、采购数量、技术和服务要求等实质性内容的协议。

第二十条 采购人或者采购代理机构应当在采购活动结束后及时退还供应商的保证金，但因供应商自身原因导致无法及时退还的除外。未成交供应商的保证金应当在成交通知书发出后5个工作日内退还，成交供应商的保证金应当在采购合同签订后5个工作日内退还。

有下列情形之一的，保证金不予退还：

（一）供应商在提交响应文件截止时间后撤回响应文件的；

（二）供应商在响应文件中提供虚假材料的；

（三）除因不可抗力或谈判文件、询价通知书认可的情形以外，成交供应商不与采购人签订合同的；

（四）供应商与采购人、其他供应商或者采购代理机构恶意串通的；

（五）采购文件规定的其他情形。

第二十一条 除资格性审查认定错误和价格计算错误外，采购人或者采购代理机构不得以任何理由组织重新评审。采购人、采购代理机构发现谈判小组、询价小组未按照采购文件规定的评定成交的标准进行评审的，应当重新开展采购活动，并同时书面报告本级财政部门。

第二十二条 除不可抗力等因素外，成交通知书发出后，采购人改变成交结果，或者成交供应商拒绝签订政府采购合同的，应当承担相应的法律责任。

成交供应商拒绝签订政府采购合同的，采购人可以按照本办法第三十六条第二款、第四十九条第二款规定的原则确定其他供应商作为成交供应商并签订政府采购合同，也可以重新开展采购活动。拒绝签订政府采购合同的成交供应商不得参加对该项目重新开展的采购活动。

第二十三条　在采购活动中因重大变故，采购任务取消的，采购人或者采购代理机构应当终止采购活动，通知所有参加采购活动的供应商，并将项目实施情况和采购任务取消原因报送本级财政部门。

第二十四条　采购人或者采购代理机构应当按照采购合同规定的技术、服务等要求组织对供应商履约的验收，并出具验收书。验收书应当包括每一项技术、服务等要求的履约情况。大型或者复杂的项目，应当邀请国家认可的质量检测机构参加验收。验收方成员应当在验收书上签字，并承担相应的法律责任。

第二十五条　谈判小组、询价小组成员以及与评审工作有关的人员不得泄露评审情况以及评审过程中获悉的国家秘密、商业秘密。

第二十六条　采购人、采购代理机构应当妥善保管每项采购活动的采购文件。采购文件包括采购活动记录、采购预算、谈判文件、询价通知书、响应文件、推荐供应商的意见、评审报告、成交供应商确定文件、单一来源采购协商情况记录、合同文本、验收证明、质疑答复、投诉处理决定以及其他有关文件、资料。采购文件可以电子档案方式保存。

采购活动记录至少应当包括下列内容：

（一）采购项目类别、名称；

（二）采购项目预算、资金构成和合同价格；

（三）采购方式，采用该方式的原因及相关说明材料；

（四）选择参加采购活动的供应商的方式及原因；

（五）评定成交的标准及确定成交供应商的原因；

（六）终止采购活动的，终止的原因。

第三章　竞争性谈判

第二十七条　符合下列情形之一的采购项目，可以采用竞争性谈判方式采购：

（一）招标后没有供应商投标或者没有合格标的，或者重新招标未能成立的；

（二）技术复杂或者性质特殊，不能确定详细规格或者具体要求的；

（三）非采购人所能预见的原因或者非采购人拖延造成采用招标所需时间

不能满足用户紧急需要的；

（四）因艺术品采购、专利、专有技术或者服务的时间、数量事先不能确定等原因不能事先计算出价格总额的。

公开招标的货物、服务采购项目，招标过程中提交投标文件或者经评审实质性响应招标文件要求的供应商只有两家时，采购人、采购代理机构按照本办法第四条经本级财政部门批准后可以与该两家供应商进行竞争性谈判采购，采购人、采购代理机构应当根据招标文件中的采购需求编制谈判文件，成立谈判小组，由谈判小组对谈判文件进行确认。符合本款情形的，本办法第三十三条、第三十五条中规定的供应商最低数量可以为两家。

第二十八条　符合本办法第二十七条第一款第一项情形和第二款情形，申请采用竞争性谈判采购方式时，除提交本办法第五条第一至三项规定的材料外，还应当提交下列申请材料：

（一）在省级以上财政部门指定的媒体上发布招标公告的证明材料；

（二）采购人、采购代理机构出具的对招标文件和招标过程是否有供应商质疑及质疑处理情况的说明；

（三）评标委员会或者3名以上评审专家出具的招标文件没有不合理条款的论证意见。

第二十九条　从谈判文件发出之日起至供应商提交首次响应文件截止之日止不得少于3个工作日。

提交首次响应文件截止之日前，采购人、采购代理机构或者谈判小组可以对已发出的谈判文件进行必要的澄清或者修改，澄清或者修改的内容作为谈判文件的组成部分。澄清或者修改的内容可能影响响应文件编制的，采购人、采购代理机构或者谈判小组应当在提交首次响应文件截止之日3个工作日前，以书面形式通知所有接收谈判文件的供应商，不足3个工作日的，应当顺延提交首次响应文件截止之日。

第三十条　谈判小组应当对响应文件进行评审，并根据谈判文件规定的程序、评定成交的标准等事项与实质性响应谈判文件要求的供应商进行谈判。未实质性响应谈判文件的响应文件按无效处理，谈判小组应当告知有关供应商。

第三十一条　谈判小组所有成员应当集中与单一供应商分别进行谈判，并给予所有参加谈判的供应商平等的谈判机会。

第三十二条　在谈判过程中，谈判小组可以根据谈判文件和谈判情况实质性变动采购需求中的技术、服务要求以及合同草案条款，但不得变动谈判文件中的其他内容。实质性变动的内容，须经采购人代表确认。

对谈判文件作出的实质性变动是谈判文件的有效组成部分，谈判小组应当及时以书面形式同时通知所有参加谈判的供应商。

供应商应当按照谈判文件的变动情况和谈判小组的要求重新提交响应文件，并由其法定代表人或授权代表签字或者加盖公章。由授权代表签字的，应当附法定代表人授权书。供应商为自然人的，应当由本人签字并附身份证明。

第三十三条　谈判文件能够详细列明采购标的的技术、服务要求的，谈判结束后，谈判小组应当要求所有继续参加谈判的供应商在规定时间内提交最后报价，提交最后报价的供应商不得少于3家。

谈判文件不能详细列明采购标的的技术、服务要求，需经谈判由供应商提供最终设计方案或解决方案的，谈判结束后，谈判小组应当按照少数服从多数的原则投票推荐3家以上供应商的设计方案或者解决方案，并要求其在规定时间内提交最后报价。

最后报价是供应商响应文件的有效组成部分。

第三十四条　已提交响应文件的供应商，在提交最后报价之前，可以根据谈判情况退出谈判。采购人、采购代理机构应当退还退出谈判的供应商的保证金。

第三十五条　谈判小组应当从质量和服务均能满足采购文件实质性响应要求的供应商中，按照最后报价由低到高的顺序提出3名以上成交候选人，并编写评审报告。

第三十六条　采购代理机构应当在评审结束后2个工作日内将评审报告送采购人确认。

采购人应当在收到评审报告后5个工作日内，从评审报告提出的成交候选人中，根据质量和服务均能满足采购文件实质性响应要求且最后报价最低的原则确定成交供应商，也可以书面授权谈判小组直接确定成交供应商。采购人逾期未确定成交供应商且不提出异议的，视为确定评审报告提出的最后报价最低的供应商为成交供应商。

第三十七条　出现下列情形之一的，采购人或者采购代理机构应当终止竞争性谈判采购活动，发布项目终止公告并说明原因，重新开展采购活动：

（一）因情况变化，不再符合规定的竞争性谈判采购方式适用情形的；

（二）出现影响采购公正的违法、违规行为的；

（三）在采购过程中符合竞争要求的供应商或者报价未超过采购预算的供应商不足3家的，但本办法第二十七条第二款规定的情形除外。

第四章　单一来源采购

第三十八条　属于政府采购法第三十一条第一项情形，且达到公开招标数额的货物、服务项目，拟采用单一来源采购方式的，采购人、采购代理机构在按照本办法第四条报财政部门批准之前，应当在省级以上财政部门指定媒体上公示，并将公示情况一并报财政部门。公示期不得少于5个工作日，公示内容应当包括：

（一）采购人、采购项目名称和内容；

（二）拟采购的货物或者服务的说明；

（三）采用单一来源采购方式的原因及相关说明；

（四）拟定的唯一供应商名称、地址；

（五）专业人员对相关供应商因专利、专有技术等原因具有唯一性的具体论证意见，以及专业人员的姓名、工作单位和职称；

（六）公示的期限；

（七）采购人、采购代理机构、财政部门的联系地址、联系人和联系电话。

第三十九条　任何供应商、单位或者个人对采用单一来源采购方式公示有异议的，可以在公示期内将书面意见反馈给采购人、采购代理机构，并同时抄送相关财政部门。

第四十条　采购人、采购代理机构收到对采用单一来源采购方式公示的异议后，应当在公示期满后5个工作日内，组织补充论证，论证后认为异议成立的，应当依法采取其他采购方式；论证后认为异议不成立的，应当将异议意见、论证意见与公示情况一并报相关财政部门。

采购人、采购代理机构应当将补充论证的结论告知提出异议的供应商、单位或者个人。

第四十一条　采用单一来源采购方式采购的，采购人、采购代理机构应当组织具有相关经验的专业人员与供应商商定合理的成交价格并保证采购项目质量。

第四十二条　单一来源采购人员应当编写协商情况记录，主要内容包括：

（一）依据本办法第三十八条进行公示的，公示情况说明；

（二）协商日期和地点，采购人员名单；

（三）供应商提供的采购标的成本、同类项目合同价格以及相关专利、专有技术等情况说明；

（四）合同主要条款及价格商定情况。

协商情况记录应当由采购全体人员签字认可。对记录有异议的采购人员，应当签署不同意见并说明理由。采购人员拒绝在记录上签字又不书面说明其不同意见和理由的，视为同意。

第四十三条　出现下列情形之一的，采购人或者采购代理机构应当终止采购活动，发布项目终止公告并说明原因，重新开展采购活动：

（一）因情况变化，不再符合规定的单一来源采购方式适用情形的；

（二）出现影响采购公正的违法、违规行为的；

（三）报价超过采购预算的。

第五章　询　价

第四十四条　询价采购需求中的技术、服务等要求应当完整、明确，符合相关法律、行政法规和政府采购政策的规定。

第四十五条　从询价通知书发出之日起至供应商提交响应文件截止之日止不得少于3个工作日。

提交响应文件截止之日前，采购人、采购代理机构或者询价小组可以对已发出的询价通知书进行必要的澄清或者修改，澄清或者修改的内容作为询价通知书的组成部分。澄清或者修改的内容可能影响响应文件编制的，采购人、采购代理机构或者询价小组应当在提交响应文件截止之日3个工作日前，以书面形式通知所有接收询价通知书的供应商，不足3个工作日的，应当顺延提交响应文件截止之日。

第四十六条　询价小组在询价过程中，不得改变询价通知书所确定的技术和服务等要求、评审程序、评定成交的标准和合同文本等事项。

第四十七条　参加询价采购活动的供应商，应当按照询价通知书的规定一次报出不得更改的价格。

第四十八条 询价小组应当从质量和服务均能满足采购文件实质性响应要求的供应商中，按照报价由低到高的顺序提出3名以上成交候选人，并编写评审报告。

第四十九条 采购代理机构应当在评审结束后2个工作日内将评审报告送采购人确认。

采购人应当在收到评审报告后5个工作日内，从评审报告提出的成交候选人中，根据质量和服务均能满足采购文件实质性响应要求且报价最低的原则确定成交供应商，也可以书面授权询价小组直接确定成交供应商。采购人逾期未确定成交供应商且不提出异议的，视为确定评审报告提出的最后报价最低的供应商为成交供应商。

第五十条 出现下列情形之一的，采购人或者采购代理机构应当终止询价采购活动，发布项目终止公告并说明原因，重新开展采购活动：

（一）因情况变化，不再符合规定的询价采购方式适用情形的；

（二）出现影响采购公正的违法、违规行为的；

（三）在采购过程中符合竞争要求的供应商或者报价未超过采购预算的供应商不足3家的。

第六章　法律责任

第五十一条 采购人、采购代理机构有下列情形之一的，责令限期改正，给予警告；有关法律、行政法规规定处以罚款的，并处罚款；涉嫌犯罪的，依法移送司法机关处理：

（一）未按照本办法规定在指定媒体上发布政府采购信息的；

（二）未按照本办法规定组成谈判小组、询价小组的；

（三）在询价采购过程中与供应商进行协商谈判的；

（四）未按照政府采购法和本办法规定的程序和要求确定成交候选人的；

（五）泄露评审情况以及评审过程中获悉的国家秘密、商业秘密的。

采购代理机构有前款情形之一，情节严重的，暂停其政府采购代理机构资格3至6个月；情节特别严重或者逾期不改正的，取消其政府采购代理机构资格。

第五十二条 采购人有下列情形之一的，责令限期改正，给予警告；有关法律、行政法规规定处以罚款的，并处罚款：

（一）未按照政府采购法和本办法的规定采用非招标采购方式的；

（二）未按照政府采购法和本办法的规定确定成交供应商的；

（三）未按照采购文件确定的事项签订政府采购合同，或者与成交供应商另行订立背离合同实质性内容的协议的；

（四）未按规定将政府采购合同副本报本级财政部门备案的。

第五十三条 采购人、采购代理机构有本办法第五十一条、第五十二条规定情形之一，且情节严重或者拒不改正的，其直接负责的主管人员和其他直接责任人员属于国家机关工作人员的，由任免机关或者监察机关依法给予处分，并予通报。

第五十四条 成交供应商有下列情形之一的，责令限期改正，情节严重的，列入不良行为记录名单，在1至3年内禁止参加政府采购活动，并予以通报：

（一）未按照采购文件确定的事项签订政府采购合同，或者与采购人另行订立背离合同实质性内容的协议的；

（二）成交后无正当理由不与采购人签订合同的；

（三）拒绝履行合同义务的。

第五十五条 谈判小组、询价小组成员有下列行为之一的，责令改正，给予警告；有关法律、行政法规规定处以罚款的，并处罚款；涉嫌犯罪的，依法移送司法机关处理：

（一）收受采购人、采购代理机构、供应商、其他利害关系人的财物或者其他不正当利益的；

（二）泄露评审情况以及评审过程中获悉的国家秘密、商业秘密的；

（三）明知与供应商有利害关系而不依法回避的；

（四）在评审过程中擅离职守，影响评审程序正常进行的；

（五）在评审过程中有明显不合理或者不正当倾向性的；

（六）未按照采购文件规定的评定成交的标准进行评审的。

评审专家有前款情形之一，情节严重的，取消其政府采购评审专家资格，不得再参加任何政府采购项目的评审，并在财政部门指定的政府采购信息发布媒体上予以公告。

第五十六条 有本办法第五十一条、第五十二条、第五十五条违法行为之一，并且影响或者可能影响成交结果的，应当按照下列情形分别处理：

（一）未确定成交供应商的，终止本次采购活动，依法重新开展采购活动；

（二）已确定成交供应商但采购合同尚未履行的，撤销合同，从合格的成交候选人中另行确定成交供应商，没有合格的成交候选人的，重新开展采购活动；

（三）采购合同已经履行的，给采购人、供应商造成损失的，由责任人依法承担赔偿责任。

第五十七条 政府采购当事人违反政府采购法和本办法规定，给他人造成损失的，应当依照有关民事法律规定承担民事责任。

第五十八条 任何单位或者个人非法干预、影响评审过程或者结果的，责令改正；该单位责任人或者个人属于国家机关工作人员的，由任免机关或者监察机关依法给予处分。

第五十九条 财政部门工作人员在实施监督管理过程中违法干预采购活动或者滥用职权、玩忽职守、徇私舞弊的，依法给予处分；涉嫌犯罪的，依法移送司法机关处理。

第七章 附 则

第六十条 本办法所称主管预算单位是指负有编制部门预算职责，向同级财政部门申报预算的国家机关、事业单位和团体组织。

第六十一条 各省、自治区、直辖市人民政府财政部门可以根据本办法制定具体实施办法。

第六十二条 本办法自2014年2月1日起施行。

附件四　企业投资项目事中事后监管办法

企业投资项目事中事后监管办法

第一章　总　　则

第一条　为加强对企业投资项目的事中事后监管，规范企业投资行为，维护公共利益和企业合法权益，依据《行政许可法》《行政处罚法》《企业投资项目核准和备案管理条例》等法律法规，制定本办法。

第二条　各级发展改革部门根据核准和备案职责，对企业在境内投资建设的固定资产项目（以下简称"项目"）核准和备案的事中事后监督管理，适用本办法。

第三条　项目事中事后监管是指各级发展改革部门对项目开工前是否依法取得核准批复文件或者办理备案手续，并在开工后是否按照核准批复文件或者备案内容进行建设的监督管理。

各级发展改革部门开展项目事中事后监管，应当与规划、环保、国土、建设、安全生产等主管部门的事中事后监管工作各司其职、各负其责，并加强协调配合。

第四条　各级发展改革部门对项目实施分级分类监督管理。

对已经取得核准批复文件的项目，由核准机关实施监督管理；对已经备案的项目，由备案机关实施监督管理。对项目是否依法取得核准批复文件或者办理备案手续，由项目所在地县级以上地方发展改革部门实施监督管理。

第五条　各级发展改革部门应当建立健全行政监督和监管执法程序，加强监管执法队伍建设，保障监管执法经费，依法行使监督管理职权。

对政府投资项目以及企业投资项目使用政府投资的稽察工作，按照有关规定执行。

第二章　对核准项目的监管

第六条　核准机关对本机关已核准的项目，应当对以下方面进行监督管理：

（一）是否通过全国投资项目在线审批监管平台（以下简称"在线平

台"），如实、及时报送项目开工建设、建设进度、竣工等建设实施基本信息；

（二）需要变更已核准建设地点或者对已核准建设规模、建设内容等作较大变更的，是否按规定办理变更手续；

（三）需要延期开工建设的，是否按规定办理延期开工建设手续；

（四）是否按照核准的建设地点、建设规模、建设内容等进行建设。

第七条 核准机关应当根据行业特点、监管需要和简易、可操作的原则，制定、上线核准项目报送建设实施基本信息的格式文本，并对报送的建设实施基本信息进行在线监测。

第八条 核准机关对其核准的项目，应当在项目开工后至少开展一次现场核查。

第九条 已开工核准项目未如实、及时报送建设实施基本信息的，核准机关应当责令项目单位予以纠正；拒不纠正的，给予警告。

第十条 项目未按规定办理核准批复文件、项目变更批复文件或者批复文件失效后开工建设的，核准机关应当依法责令停止建设或者责令停产，并依法处以罚款。

第十一条 项目未按照核准的建设地点、建设规模、建设内容等进行建设的，核准机关应当依法责令停止建设或者责令停产，并依法处以罚款。

对于有关部门依法认定项目建设内容属于产业政策禁止投资建设的，核准机关应当依法责令停止建设或者责令停产并恢复原状，并依法处以罚款。

第十二条 县级以上地方发展改革部门发现本行政区域内的项目列入《政府核准的投资项目目录》，但未依法办理核准批复文件、项目变更批复文件或者批复文件失效后开工建设的，应当报告对该项目有核准权限的机关，由核准机关依法责令停止建设或者责令停产，并依法处以罚款。

第三章　对备案项目的监管

第十三条 备案机关对本机关已备案的项目，应当对以下方面进行监督管理：

（一）是否通过在线平台如实、及时报送项目开工建设、建设进度、竣工等建设实施基本信息；

（二）是否属于实行核准管理的项目；

（三）是否按照备案的建设地点、建设规模、建设内容进行建设；

（四）是否属于产业政策禁止投资建设的项目。

第十四条 备案机关应当根据行业特点、监管需要和简易、可操作的原则，制定、上线备案项目报送建设实施基本信息的格式文本，并对报送的建设实施基本信息进行在线监测。

第十五条 项目自备案后2年内未开工建设或者未办理任何其他手续的，项目单位如果决定继续实施该项目，应当通过在线平台作出说明；如果不再继续实施，应当撤回已备案信息。

前款项目既未作出说明，也未撤回备案信息的，备案机关应当予以提醒。经提醒后仍未作出相应处理的，备案机关应当移除已向社会公示的备案信息，项目单位获取的备案证明文件自动失效。对其中属于故意报备不真实项目、影响投资信息准确性的，备案机关可以将项目列入异常名录，并向社会公开。

第十六条 备案机关对其备案的项目，应当根据"双随机-公开"的原则，结合投资调控实际需要，定期制定现场核查计划。对列入现场核查计划的项目，应当在项目开工后至少开展一次现场核查。列入现场核查计划的项目数量比例，由备案机关根据实际确定。

第十七条 已开工备案项目未如实、及时报送建设实施基本信息的，备案机关应当责令项目单位予以纠正；拒不纠正的，给予警告。

第十八条 项目建设与备案信息不符的，备案机关应当责令限期改正；逾期不改正的，依法处以罚款并列入失信企业名单，向社会公开。

对于有关部门依法认定项目建设内容属于产业政策禁止投资建设的，备案机关应当依法责令停止建设或者责令停产并恢复原状，并依法处以罚款。

第十九条 县级以上地方发展改革部门发现本行政区域内的已开工项目应备案但未依法备案的，应当报告对该项目有备案权限的机关，由备案机关责令其限期改正；逾期不改正的，依法处以罚款并列入失信企业名单，向社会公开。

第二十条 对本行政区域内的已开工项目，经有关部门依法认定属于产业政策禁止投资建设的，县级以上发展改革部门应当依法责令停止建设或者责令停产并恢复原状，并依法处以罚款。

第四章　监管程序和方式

第二十一条　各级发展改革部门对项目的现场核查，可以自行开展，也可以发挥工程咨询单位等机构的专业优势，以委托第三方机构的方式开展。

委托第三方机构开展现场核查的，应当建立核查机构名录，制订核查工作规范，加强对核查工作的指导和监督。委托第三方机构开展现场核查的经费由委托方承担。

第二十二条　各级发展改革部门应当依托在线平台，运用大数据、互联网、移动计算等信息技术手段，加强对各类信息的分析研判，提高发现问题线索的能力。

第二十三条　各级发展改革部门应当畅通投诉举报渠道，对投诉举报反映的问题线索及时予以处理。

第二十四条　各级发展改革部门对发现的涉嫌违法问题，应当按照法定权限和程序立案查处，并作出处理决定。

对发现的涉及其他部门职权的违法违纪线索，应当及时移送。涉嫌犯罪的，应当移送司法机关追究刑事责任。

第二十五条　各级发展改革部门对项目的行政处罚信息，应当通过在线平台进行归集，并通过在线平台和"信用中国"网站向社会公开。

对在项目事中事后监管中形成的项目异常名录和失信企业名单，应当通过在线平台与全国信用信息平台共享，通过"信用中国"网站向社会公开，并实施联合惩戒。

第二十六条　各级发展改革部门应当与规划、环保、国土、建设、安全生产等主管部门建立健全协同监管和联合执法机制，参加本级人民政府开展的综合执法工作，提高监管执法效率。

第二十七条　各级发展改革部门应当建立健全项目事中事后监管责任制和责任追究制，通过约谈、挂牌督办、上收核准权限等措施，督促下级发展改革部门落实工作责任。

第五章　法律责任

第二十八条　本办法第九条、第十七条所称的警告，均指《行政处罚法》规定的行政处罚罚种，各级发展改革部门应当依照法定程序和要求实施。

第二十九条　核准机关对未按规定办理核准手续的项目，未按照核准的建设地点、建设规模、建设内容等进行建设的项目，处以罚款的情形和幅度依照《企业投资项目核准和备案管理条例》第十八条执行。

第三十条 备案机关对未依法备案的项目，建设与备案信息不符的项目，处以罚款的情形和幅度依照《企业投资项目核准和备案管理条例》第十九条执行。

第三十一条 对属于产业政策禁止投资建设的项目，处以罚款的情形和幅度依照《企业投资项目核准和备案管理条例》第二十条执行。

第三十二条 违反本办法规定，但能够积极配合调查、认真整改纠正、主动消除或者减轻危害后果的，可以在法定幅度内减轻处罚。

第六章 附 则

第三十三条 外商投资项目事中事后监督管理另有规定的，从其规定。

第三十四条 事业单位、社会团体等非企业组织在境内投资建设的项目事中事后监督管理适用本办法，但通过预算安排的项目除外。

第三十五条 本办法由国家发展和改革委员会负责解释。

第三十六条 本办法自2018年2月4日起实施。

附件五 工程项目招投标领域营商环境专项整治工作方案

关于印发《工程项目招投标领域营商环境专项整治工作方案》的通知

发改办法规〔2019〕862号

各省、自治区、直辖市、新疆生产建设兵团发展改革委、工业和信息化主管部门、住房和城乡建设厅（建委、局）、交通运输厅（局、委）、水利厅（局）、商务厅（局）、公共资源交易平台整合牵头部门，各省、自治区、直辖市通信管理局，各地区铁路监管局、民航各地区管理局：

为认真贯彻落实《国务院办公厅关于聚焦企业关切 进一步推动优化营商环境政策落实的通知》（国办发〔2018〕104号）要求和全国深化"放管服"改革优化营商环境电视电话会议精神，消除招投标过程中对不同所有制企业设置的各类不合理限制和壁垒，维护公平竞争的市场秩序，决定在全国开展工程项目招投标领域营商环境专项整治工作。现将《工程项目招投标领域营商环境专项整治工作方案》印发给你们，请按照要求扎实开展专项整治工作。工作过程中，重要进展、经验做法及意见建议，请及时报送国家发展改革委及国务院有关部门。

国家发展改革委办公厅
工业和信息化部办公厅
住房和城乡建设部办公厅
交 通 运 输 部 办 公 厅
水 利 部 办 公 厅
商 务 部 办 公 厅
铁 路 局 综 合 司
民 航 局 综 合 司
２０１９年８月２０日

工程项目招投标领域营商环境专项整治工作方案

根据《国务院办公厅关于聚焦企业关切　进一步推动优化营商环境政策落实的通知》（国办发〔2018〕104号）部署和全国深化"放管服"改革优化营商环境电视电话会议精神，为消除招投标过程中对不同所有制企业设置的各类不合理限制和壁垒，维护公平竞争的市场秩序，国家发展和改革委员会、工业和信息化部、住房和城乡建设部、交通运输部、水利部、商务部、铁路局、民航局决定在全国开展工程项目招投标领域营商环境专项整治。为有力有序推进专项整治工作，制定本方案。

一、工作目标

坚持以习近平新时代中国特色社会主义思想为指导，全面贯彻党的十九大和十九届二中、三中全会精神，深刻学习领会习近平总书记在民营企业座谈会上的重要讲话精神，把思想和行动统一到党中央、国务院关于支持民营企业发展、平等对待外商投资企业、优化营商环境的决策部署上来，通过深入开展工程项目招投标领域营商环境专项整治，消除招投标过程中对不同所有制企业特别是民营企业、外资企业设置的各类不合理限制和壁垒，促进招标人依法履行招标采购主体责任，依法规范招标代理机构和评标专家行为，督促各级招投标行政监督部门依法履行监管职责，切实有效解决招投标活动中市场主体反映强烈的突出问题，保障不同所有制企业公平参与市场竞争。

二、整治范围和内容

（一）整治范围

本次专项整治的范围包括：各地区、各部门现行涉及工程项目招投标的部门规章、地方性法规、地方政府规章、规范性文件及其他政策文件，以及没有体现到制度文件中的实践做法；2018年6月1日至2019年11月20日期间根据《必须招标的工程项目规定》（国家发展改革委令第16号）和《必须招标的基础设施和公用事业项目范围规定》（发改法规规〔2018〕843号）依法必须进行招标的项目。

（二）整治内容

根据《招标投标法》《招标投标法实施条例》等有关规定，清理、排查、纠正在招投标法规政策文件、招标公告、投标邀请书、资格预审公告、资格预审文件、招标文件以及招投标实践操作中，对不同所有制企业设置的各类不合理限制和壁垒。重点针对以下问题：

1.违法设置的限制、排斥不同所有制企业参与招投标的规定，以及虽然没有直接限制、排斥，但实质上起到变相限制、排斥效果的规定。

2.违法限定潜在投标人或者投标人的所有制形式或者组织形式，对不同所有制投标人采取不同的资格审查标准。

3.设定企业股东背景、年平均承接项目数量或者金额、从业人员、纳税额、营业场所面积等规模条件；设置超过项目实际需要的企业注册资本、资产总额、净资产规模、营业收入、利润、授信额度等财务指标。

4.设定明显超出招标项目具体特点和实际需要的过高的资质资格、技术、商务条件或者业绩、奖项要求。

5.将国家已经明令取消的资质资格作为投标条件、加分条件、中标条件；在国家已经明令取消资质资格的领域，将其他资质资格作为投标条件、加分条件、中标条件。

6.将特定行政区域、特定行业的业绩、奖项作为投标条件、加分条件、中标条件；将政府部门、行业协会商会或者其他机构对投标人作出的荣誉奖励和慈善公益证明等作为投标条件、中标条件。

7.限定或者指定特定的专利、商标、品牌、原产地、供应商或者检验检测认证机构（法律法规有明确要求的除外）。

8.要求投标人在本地注册设立子公司、分公司、分支机构，在本地拥有一定办公面积，在本地缴纳社会保险等。

9.没有法律法规依据设定投标报名、招标文件审查等事前审批或者审核环节。

10.对仅需提供有关资质证明文件、证照、证件复印件的，要求必须提供原件；对按规定可以采用"多证合一"电子证照的，要求必须提供纸质证照。

11.在开标环节要求投标人的法定代表人必须到场，不接受经授权委托的投标人代表到场。

12.评标专家对不同所有制投标人打分畸高或畸低，且无法说明正当理由。

13.明示或暗示评标专家对不同所有制投标人采取不同的评标标准、实施不客观公正评价。

14.采用抽签、摇号等方式直接确定中标候选人。

15.限定投标保证金、履约保证金只能以现金形式提交，或者不按规定或者合同约定返还保证金。

16.简单以注册人员、业绩数量等规模条件或者特定行政区域的业绩奖项评价企业的信用等级，或者设置对不同所有制企业构成歧视的信用评价指标。

17.不落实《必须招标的工程项目规定》《必须招标的基础设施和公用事业项目范围规定》，违法干涉社会投资的房屋建筑等工程建设单位发包自主权。

18.其他对不同所有制企业设置的不合理限制和壁垒。

请各地区、各部门突出工作重点，围绕上述问题组织开展专项整治。对不属于本次专项整治重点的其他招投标违法违规行为，依法依规开展日常监管执法。

三、整治方式

本次专项整治工作重在抓落实、查问题、出成效，主要采取法规文件清理、随机抽查、重点核查等整治方式。

（一）法规文件清理

国务院有关部门对本部门制定的部门规章、规范性文件及其他政策文件进行全面自查；各地对本地区及有关部门制定的地方性法规、地方政府规章、规范性文件及其他政策文件进行全面自查。对违反竞争中性原则、限制或者排斥不同所有制企业招投标、妨碍建立统一开放竞争有序现代市场体系的制度规定，根据权限修订、废止，或者提请本级人大、政府修订或废止。在此基础上，按照《关于建立清理和规范招标投标有关规定长效机制的意见》（发改法规〔2015〕787号）要求，对经清理后保留的招投标规章和规范性文件实行目录管理并向社会公布。

（二）随机抽查

各地区、各部门按照监管职责分工，组织对整治范围内招标项目的招标公告、投标邀请书、资格预审公告、资格预审文件、招标文件等开展事中事后随机抽查，抽查项目数量由各地区、各部门结合实际自行确定，抽查比例原则上不低于整治范围内招标项目总数的20%。鼓励各地区、各部门依托各级招投标公共服务平台、公共资源交易平台、行业招投标管理平台等，运用大数据分析等现代信息技术手段，对整治范围内招标项目进行全面筛查，对招投标活动进行动态监测分析，及时发现并纠正限制、排斥不同所有制企业招投标的违法违规行为。各地区、各部门应当对随机抽查记录建立台账，存档备查。

（三）重点核查

各地区、各部门进一步畅通招投标投诉举报渠道，建立健全投诉举报接收、转办、反馈工作机制，对涉及本次整治内容的投诉举报进行重点核查。同时，针对本次专项整治开展线索征集，国务院各有关部门、地方各级招投标工作牵头部门和有关行政监督部门网站，各级招投标公共服务平台、公共资源交易平台应当在显著位置公布专项整治线索征集电子邮箱等渠道，并建立线索转交转办以及对下级单位督办机制。对于征集到的明确可查的线索，有关行政监督部门应当组织力量进行重点核查。鼓励各地区、各部门围绕本次专项整治目标，结合本地区、本行业实际，运用科学方法，创新整治方式，提升整治实效。

四、工作步骤

本次专项整治自本通知印发之日起开展，12月15日之前结束，主要工作步骤和时间节点如下。

（一）动员部署

各地区、各部门深入学习党中央、国务院关于优化营商环境、支持民营企业发展、平等对待外商投资企业的决策部署。各省级招投标工作牵头部门会同有关部门，结合实际制定印发具体实施方案，对省、市、县三级开展专项整治工作进行部署，9月20日前将实施方案抄报国家发展改革委。同时，指定1名处级干部作为联络员，8月31日前报送国家发展改革委法规司。

（二）过程推进

10月31日前，国务院有关部门完成本部门规章、规范性文件及其他政策文件清理工作，各省级招投标工作牵头部门汇总本地区法规文件清理情况，报送国家发展改革委，并于2019年底前完成法规文件修订和废止工作。同时，各省级招投标工作牵头部门对省本级开展随机抽查和重点核查的情况进行阶段性总结，10月31日前一并报送国家发展改革委。国家发展改革委将会同国务院有关部门，根据各地报送的实施方案和阶段性工作进展，对工作部署不力、社会反映强烈、整治效果不明显，特别是不按期报送材料或者报送"零报告"的地区进行重点督导；对存在严重问题的单位和个人，通报地方政府严肃问责。

（三）总结报告

各省级招投标工作牵头部门会同有关部门对本地区专项整治工作开展情况进行认真总结，形成总结报告（包括专项整治工作开展情况和主要做法、发现的主要问题和处理情况、建立的长效机制、可复制推广的典型经验、下一步工作打算以及对国家层面的意见建议等），连同省、市、县三级开展随机抽查和重点核查的情况，于12月15日前报送国家发展改革委。国家发展改革委会同国务院有关部门在各地报告基础上汇总形成总报告，呈报国务院。各地区铁路、民航领域专项整治实施方案、阶段性进展报告和总结报告由各地区铁路监管局、民航各地区管理局按上述时间节点和要求直接报送国家铁路局、国家民航局。国家铁路局、国家民航局汇总后转送国家发展改革委。

五、工作要求

（一）强化组织领导

本次专项整治工作是贯彻落实全国深化"放管服"改革优化营商环境电视电话会议精神的重要举措，各地区、各部门要强化政治站位，提高思想认识，强化组织领导，周密抓好实施。国家发展改革委会同工业和信息化部、住房城乡建设部、交通运输部、水利部、商务部、铁路局、民航局，按照职责分工，指导督促各地区、各部门落实专项整治任务。各地招投标工作牵头部门是本地区专项整治的统筹部门，要加强组织协调，形成部门合力，确保按时保质完成整治任务。各地招投标行政监督部门是本地区专项整治的责任主体，要切实担负起行业监管职责，将整治任务落实到位。各级招投标公共服务平台、公共资源交易平台要积极配合有关部门，提供信息和技术支持，协助做好专项整治工作。

（二）依法纠正查处

各地区、各部门对随机抽查、重点核查过程中发现的限制、排斥不同所有制企业招投标的违法违规行为，要依法予以处理。对尚未截止投标的项目，招标公告、投标邀请书、资格预审公告、资格预审文件、招标文件设置限制、排斥不同所有制投标人内容的，责令及时改正，取消不合理的条件限制；对已截止投标但尚未确定中标候选人的项目，视违法情节严重程度责令改正；对已经完成招标的项目，也应严肃指出违法情形，责令承诺不再发生相关违法行为。违法行为严重的，依法实施行政处罚，记入有关责任单位和责任人信用记录，通过"信用中国"网站公开。对地方各级公共资源交易中心在招投标活动中存在违法违规行为的，依法严肃处理。对地方各级招投标行政监督部门不依法履行监管职责的，进行严肃问责。

（三）加强宣传教育

各地区、各部门要通过多种途径加强宣传教育和舆论引导，充分彰显党中央、国务院持续优化营商环境、推动各种所有制企业共同发展的坚定决心，进一步增强企业发展信心，稳定市场预期，为专项整治工作营造良好舆论氛围。要大力开展行业警示教育，通过多种渠道曝光一批典型违法违规 案例，增强相关市场主体对招投标违法违规行为危害性的认识，自觉维护公平竞争市场秩序。

（四）建立长效机制

建立统一开放、竞争有序的现代市场体系是一项长期任务，各地区、各部门要在开展专项整治工作的基础上，健全管理制度，完善工作机制，加强日常监管，坚决防止违法违规行为反弹。同时，注重广泛听取招投标市场主体、行业协会等方面意见建议，加快建立健全保障不同所有制企业平等 参与市场竞争、支持不同所有制企业健康发展的长效机制，巩固专项整治成果。

附件六 关于建立健全招标投标领域 优化营商环境长效机制的通知

关于建立健全招标投标领域
优化营商环境长效机制的通知

发改法规〔2021〕240号

各省、自治区、直辖市、新疆生产建设兵团发展改革委、工业和信息化主管部门、住房和城乡建设厅（委、局）、交通运输厅（局、委）、水利厅（局）、农业农村厅（局、委）、商务厅（局）、广播电视局、能源局、招标投标指导协调工作牵头部门、公共资源交易平台整合工作牵头部门，各省、自治区、直辖市通信管理局，国家能源局各派出机构、各地区铁路监管局、民航各地区管理局、全国公共资源交易平台、中国招标投标公共服务平台：

为深入贯彻党的十九届五中全会关于坚持平等准入、公正监管、开放有序、诚信守法，形成高效规范、公平竞争的国内统一市场的决策部署，落实《优化营商环境条例》精神，进一步深化招标投标领域营商环境专项整治，切实维护公平竞争秩序，根据国务院办公厅政府职能转变办公室深化"放管服"改革优化营商环境工作安排，现就建立健全招标投标领域优化营商环境长效机制有关要求通知如下。

一、充分认识建立健全招标投标领域优化营商环境长效机制的重要性

根据国务院部署要求，2019年以来，国家发展改革委联合国务院有关部门在全国开展了工程项目招标投标领域营商环境专项整治，组织各地区、各有关部门对招标投标法规政策文件进行全面清理，广泛征集损害营商环境问题线索，大力开展随机抽查和重点核查，严肃查处破坏公平竞争的违法违规行为。通过专项整治，招标投标市场主体反映强烈的一大批突出问题得到有效解决，制度规则更加明晰，市场秩序不断规范，不同所有制企业公平竞争的市场环境进一步形成。但应当看到，与党中央、国务院要求相比，与广大市场主体期盼相比，招标投标领域营商环境仍存在薄弱环节。各地招标投标法规政策文件总量偏多，规则庞杂不一，加重市场主体的合规成本；地方保护、所有制歧视、擅自设立审核备案证明事项和办理环节、违规干预市场主体自主权等问题仍时有发生，在一些市县还比较突出；招标投标行政管理重事前审批核准备案、轻事中事后监管，监管主动性、全面性不足，一些行业领域监管职责不清，对违法违规行为震慑不够。为巩固和深化招标投标领域营商环境专项整治成果，进一步营造公平竞争的市场环境，迫切要求建立健全长效机制，久久为功，持续发力，推动招标投标领域营商环境实现根本性好转。

二、严格规范地方招标投标制度规则制定活动

各地制定有关招标投标制度规则，要严格落实《优化营商环境条例》要求，认真开展公平竞争审查、合法性审核，充分听取市场主体、行业协会商会意见，并向社会公开征求意见一般不少于30日。没有法律、法规或者国务院决定和命令依据的，规范性文件不得减损市场主体合法权益或者增加其义务，不得设置市场准入和退出条件，不得设定证明事项，不得干预市场主体正常生产经营活动。新出台制度规则前，要认真评估必要性，现有文件可以解决或者修改后可以解决有关问题的，不再出台新文件；对此前发布的文件要全面梳理，对同一事项有多个规定的，根据情况作出合并、衔接、替代、废止等处理。地方制定招标投标制度规则、公共资源交易管理服务制度规则，要建立征求本级招标投标指导协调工作牵头部门和上一级主管部门意见机制，确保符合上位法规定，维护制度规则统一。

三、加大地方招标投标制度规则清理整合力度

各省级招标投标指导协调工作牵头部门要会同各有关行政监督部门，加强对本行政区域招标投标制度规则体系的统筹规划，并强化对市县招标投标制度环境的监督指导。要从促进全国统一市场建设的高度，以问题最为突出的市县一级为重点，加大招标投标制度规则清理整合力度。除少数调整政府内部行为的文件外，要按照应减尽减、能统则统的原则，对各地市保留的招标投标制度规则类文件实行总量控制和增减挂钩，避免边清边增；各区县一律不再保留或新制定此类文件。各省级招标投标指导协调工作牵头部门和有关行政监督部门要对省、市两级经清理整合后保留的招标投标地方性法规、规章、规范性文件进行汇总，2021年11月底前，在省级公共资源交易平台、招标投标公共服务平台和省级行政监督部门网站专栏公布目录及全文（或网址链接），并动态更新，方便市场主体查阅；未列入目录的，一律不得作为行政监管依据。

四、全面推行"双随机一公开"监管模式

各地招标投标行政监督部门要在依法必须招标项目的事中事后监管方面，全面推行"双随机-公开"模式，紧盯招标公告、招标文件、资格审查、开标评标定标、异议答复、招标投标情况书面报告、招标代理等关键环节、载体，严厉打击违法违规行为。要合理确定抽查对象、比例、频次，向社会公布后执行；对问题易发多发环节以及发生过违法违规行为的主体，可采取增加抽查频次、开展专项检查等方式进行重点监管；确实不具备"双随机"条件的，可按照"双随机"理念，暂采用"单随机"工作方式。抽查检查结果通过有关行政监督部门网站及时向社会公开，接受社会监督，并同步归集至本级公共资源交易平台、招标投标公共服务平台和信用信息共享平台。要充分发挥公共资源交易平台作用，明确交易服务机构需支持配合的事项和履职方式，实现交易服务与行政监督的有效衔接。2021年6月底前各地区、各部门要完成相关制度建设，11月底前完成首批次随机抽查。

五、畅通招标投标异议、投诉渠道

各地招标投标行政监督部门要指导督促依法必须招标项目招标人在资格预审公告、资格预审文件、招标公告、招标文件中公布接收异议的联系人和联系方式，依法及时答复和处理有关主体依法提出的异议。要结合全面推行电子招标投标，2021年11月底前实现依法必须招标项目均可通过电子招标投标交易系统在线提出异议和作出答复。要进一步健全投诉处理机制，依法及时对投诉进行受理、调查和处理，并网上公开行政处罚决定；积极探索在线受理投诉并作出处理决定。各地要依据有关法律法规和各有关行政监督部门职责，以清单方式列明投诉处理职责分工，避免重复受理或相互推诿；要按照"谁主管谁监管"的原则，加快落实工业、农业农村、广播电视、能源等行业领域招标投标活动的行政监督职责，完善监管措施。鼓励探索通过地方立法建立特定部门兜底受理投诉机制，防止在确实难以协调明确监管职责的领域出现部门相互推诿。

六、建立营商环境问题线索和意见建议常态化征集机制

国家层面将加快开通招标投标领域营商环境问题线索征集平台，围绕市场隐性壁垒等损害营商环境行为进行常态化的线索征集，作为异议、投诉之外的社会监督渠道，为各地区、各部门加强事中事后监管提供指引。建立健全国家、省、市、县四级转办、督办机制，确保有效线索得到及时核查，违规文件得到及时修改废止，违法行为得到及时查处纠正。线索征集平台针对

实践中反映突出的问题，不定期发布和更新招标投标领域营商环境"负面行为清单"，明确监管重点，警示违法行为。各地招标投标指导协调工作牵头部门会同各有关行政监督部门要建立市场主体意见建议征集机制，在本级公共资源交易平台、招标投标公共服务平台开通意见建议征集栏目，广泛听取各方面意见建议，不断改进管理、提升服务。

七、落实地方主体责任

各地要充分认识招标投标领域优化营商环境的长期性、艰巨性，进一步加大工作力度，着力健全长效机制，持之以恒、常抓不懈，切实为不同所有制企业营造公平竞争的市场环境。各地招标投标指导协调工作牵头部门要加强统筹协调，各有关行政监督部门要分工负责，形成部门合力。要向下层层传导压力，对存在问题的地方，建立约谈、发函、通报机制，推动思想认识到位、责任落实到位、问题整改到位。国家发展改革委和国务院有关部门发现地方突出违法问题或工作不落实问题，将通报给当地人民政府或当地党委全面依法治省（区、市）委员会办公室，典型问题向社会公开曝光；结合全国营商环境评价，定期对各地招标投标领域营商环境开展评估。

各地区、各部门落实本通知过程中作出的整体部署、各专项部署、阶段性进展和成果，创新性做法和成效、遇到的问题和建议，请及时抄送、报告国家发展改革委和国务院有关部门。国务院各有关部门要加强对本行业、本系统招标投标领域优化营商环境工作的指导督促，及时研究解决地方工作过程中反映的问题。

国家发展改革委

工业和信息化部

住房和城乡建设部

交 通 运 输 部

水 利 部

农 业 农 村 部

商 务 部

国家广播电视总局

能 源 局

铁 路 局

民 航 局

2021年2月20日

附件七　国务院国资委关于《中央企业合规管理办法》公开征求意见的通知

为深入贯彻习近平法治思想，落实全面依法治国战略部署，进一步推动中央企业切实加强合规管理，不断提升依法合规经营管理水平，国务院国资委研究起草了《中央企业合规管理办法（公开征求意见稿）》，现向社会公开征求意见。欢迎有关单位和个人提出意见建议，并于2022年4月30日前反馈国务院国资委。公众可通过以下途径和方式提出意见建议：

2.通过信函方式将意见建议邮寄至：北京市西城区宣武门西大街26号政策法规局，邮编100053，信封请注明"合规管理办法公开征求意见"。

附件：

1.中央企业合规管理办法（公开征求意见稿）.doc

2.关于《中央企业合规管理办法（公开征求意见稿）》的起草说明.doc

国务院国资委

2022年4月1日

附件1　中央企业合规管理办法（公开征求意见稿）

中央企业合规管理办法
（公开征求意见稿）

第一章　总则

第一条【立法目的】为深入贯彻习近平法治思想，落实全面依法治国战略部署，进一步推动中央企业切实加强合规管理，着力打造法治央企，不断提升依法合规经营管理水平，有力保障深化改革、高质量发展，根据《中华人民共和国公司法》、《中华人民共和国企业国有资产法》等有关法律法规，制定本办法。

第二条【适用范围】本办法所称中央企业，是指国务院国有资产监督管理委员会（以下简称国资委）履行出资人职责的国家出资企业。

第三条【相关概念】本办法所称合规，是指中央企业及其员工的经营管理行为符合法律法规、党内法规、监管规定、行业准则和国际条约、规则、标准，以及企业章程、规章制度等要求。

本办法所称合规风险，是指中央企业及其员工因不合规行为，引发法律责任、受到相关处罚、造成经济或声誉损失以及其他负面影响的可能性及其后果。

本办法所称合规管理，是指以有效防控合规风险为目的，以提升依法合规经营管理水平为导向，以企业和员工经营管理行为为对象，开展包括制度制定、风险识别处置、合法合规性审查、合规风险应对、合规报告、合规评价、违规责任追究、合规培训等有组织、有计划的管理活动。

第四条【国资委职责】国资委负责指导监督中央企业合规管理工作，并对合规管理体系建设情况开展评价。

第五条【基本原则】中央企业应当按照以下原则建立健全合规管理体系：

（一）全面覆盖。坚持将合规要求覆盖生产经营管理各领域各环节，落实到各部门、各级子企业、分支机构和全体员工，贯穿决策、执行、监督全过程。

（二）客观公正。合规管理牵头部门独立履行职责，严格依照法律法规和企业内部规定等对企业和员工行为进行客观评价，坚持统一标准对违规行为进行处理。

（三）专业有效。制定符合监管要求的合规管理制度，建立与企业实际相适应的工作机制，并根据发展需要持续改进完善，不断提升人员队伍专业化水平，确保合规管理发挥实效。

（四）实时精准。通过信息化手段将合规要求全面融入经营管理活动，利用大数据、云计算等对重点领域、关键节点开展实时动态监测，加快提升合规管理数字化、智能化水平。

第二章　组织和职责

第六条【党委（党组）作用】党委（党组）发挥把方向、管大局、促落实的领导作用，在职责范围内积极推进合规管理工作，保障党中央关于深化法治建设、加强合规管理的重大决策部署在企业得到全面贯彻落实。

第七条【董事会职责】董事会充分发挥定战略、作决策、防风险职能，履行以下合规管理职责：

（一）审议批准企业合规管理基本制度和体系建设方案等；

（二）研究决定合规管理重大事项，审议批准合规管理年度报告；

（三）根据有关规定和程序，决定聘任或者解聘首席合规官；

（四）决定合规管理牵头部门的设置和职能；

（五）按照权限决定有关违规人员的处理事项；

（六）法律法规、公司章程等规定的其他合规管理职责。

第八条【经理层职责】经理层切实履行谋经营、抓落实、强管理职能，履行以下合规管理职责：

（一）拟订合规管理体系建设方案，经董事会批准后组织实施；

（二）拟订合规管理基本制度，批准合规管理具体制度、年度计划等；

（三）制定合规管理工作流程，确保合规要求融入业务领域；

（四）及时制止并纠正不合规的经营管理行为，按照权限对违规人员进行责任追究或提出处理建议；

（五）对重大合规风险及时采取应对措施；

（六）指导、监督和评价各部门、各子企业合规管理工作；

（七）提名首席合规官人选；

（八）法律法规、公司章程等规定的其他合规管理职责。

第九条【第一责任人职责】企业主要负责人作为推进法治建设的第一责任人，应当切实履行依法合规经营重要组织者、推动者和实践者职责，积极推动合规管理各项工作。

第十条【合规委员会职责】中央企业设立合规委员会，可以与企业法治建设领导小组或风险控制委员会等合署，履行合规管理的组织领导和统筹协调职责，定期召开会议，研究讨论合规管理重点工作，向经理层提出意见和建议。

中央企业可以根据需要设立合规委员会办公室，办公室负责人由首席合规官或合规管理牵头部门负责人担任，相关部门负责人为办公室成员。

第十一条【首席合规官职责】中央企业设立首席合规官，由总法律顾问担任并对主要负责人负责，履行以下合规管理职责：

（一）参与企业重大经营决策，提出合法合规性审核意见；

（二）领导合规管理牵头部门推进合规管理体系建设；

（三）向董事会、企业主要负责人汇报合规管理重大事项；

（四）指导业务部门合规管理工作，对合规管理职责落实情况提出意见和建议；

（五）指导子企业合规管理工作，对子企业首席合规官的任免、合规管理体系建设情况提出意见；

（六）法律法规、公司章程等规定的其他合规管理职责。

第十二条【业务部门职责】业务部门是本领域合规管理责任主体，负责日常相关工作，履行"第一道防线"职责：

（一）按照合规要求完善本领域业务管理制度和流程，制定本领域合规管理指引及有关清单；

（二）开展本领域合规风险识别和隐患排查，及时发布合规预警；

（三）对本领域内制度、文件、合同及经营管理行为等进行合法合规性审查；

（四）及时向合规管理牵头部门通报风险事项，组织或配合开展合规风险事件应对处置；

（五）做好本领域合规培训和商业伙伴合规调查等工作；

（六）组织或配合进行本领域合规评估、违规问题调查并及时整改；

（七）向合规管理牵头部门报送本领域合规管理年度计划、工作总结；

（八）公司章程等规定的其他职责。

业务部门应当设置合规管理员，由部门或处室负责人兼任，负责本部门合规风险识别、评估、处置等工作，接受合规管理牵头部门业务指导和培训。

第十三条【牵头部门职责】合规管理牵头部门组织开展日常工作，履行"第二道防线"职责：

（一）起草合规管理年度计划及工作报告、基本制度和具体制度规定等；

（二）参与企业重大事项合法合规性审查，提出意见和建议；

（三）组织开展合规风险识别和预警，组织做好重大合规风险应对；

（四）组织开展合规评价与考核，督促违规行为整改和持续改进；

（五）指导其他部门和子企业合规管理工作；

（六）受理职责范围内的违规举报，组织或参与对违规事件的调查，并提出处理建议；

（七）组织或协助业务部门、人事部门开展合规培训；

（八）公司章程等规定的其他职责。

合规管理牵头部门应当配备与企业经营规模、业务范围、风险水平相适应的专职人员，持续加强业务培训，不断提升合规管理队伍专业化水平。

境外重要子企业及重点项目应当明确合规管理牵头部门，配备合规管理人员，落实全程参与机制，强化重大决策合法合规性审核把关，切实防控境外合规风险。

第十四条【监督部门职责】纪检监察机构和审计、巡视等部门在职权范围内履行"第三道防线"职责：

（一）对企业经营管理行为进行监督，为违规行为提出整改意见；

（二）会同合规管理牵头部门、相关业务部门对合规管理工作开展全面检查或专项检查；

（三）对企业和相关部门整改落实情况进行监督检查；

（四）在职责范围内对违规事件进行调查，并结合违规事实、造成损失等追究相关部门和人员责任；

（五）对完善企业合规管理体系提出意见和建议；

（六）公司章程等规定的其他职责。

第十五条【全员合规责任】全体员工应当熟悉并遵守与本岗位职责相关的法律法规、企业内部制度和合规义务，依法合规履行岗位职责，接受合规培训，对自身行为的合法合规性承担责任。

第三章　制度建设

第十六条【建立制度体系】中央企业全面梳理本系统内合规管理制度文件，根据适用范围、效力层级等，建立以基本制度、重点领域合规指南、操作手册等为主体的分级分类合规管理制度体系。

第十七条【基本制度】中央企业应当制定合规管理基本制度，明确合规管理总体目标、机构职责、管理流程、考核监督、奖惩问责等。

涉外业务较多的中央企业可以针对特定业务领域或国别（地区）的合规要求，结合实际需要，制定相应的涉外业务合规管理办法。

第十八条【重点领域制度】在合规管理基本制度的基础上，针对合规风险较高的业务领域制定专项合规管理指南，强化重点领域合规风险防范。

第十九条【岗位职责清单】全面梳理各部门岗位合规风险，制定岗位合规职责清单，依据风险水平等进行分级管理，将合规要求纳入岗位职责。

第二十条【制度修订完善】定期对企业规章制度进行修订完善，结合法律法规修订、政策变化和监管动态等，及时将外部合规要求转化为内部规章制度。

第二十一条【宣贯与执行】定期组织对规章制度进行宣贯，对执行落实情况进行检查。

第四章　运行机制

第二十二条【合规风险识别预警】中央企业应当建立合规风险识别预警机制，全面系统梳理经营管理活动中存在的合规风险，建立合规风险库，对风险发生的可能性、影响程度、潜在后果等进行系统分析，对于典型性、普遍性和可能产生较严重后果的风险及时发布预警。

合规管理牵头部门归口管理合规风险库，组织业务部门定期更新完善。

第二十三条【合规风险应对】完善合规风险应对机制，针对发现的风险制定预案，采取有效措施及时处置。发生重大合规风险事件，合规委员会应当统筹领导，首席合规官牵头，相关部门加强协同配合，采取措施妥善应对，最大限度化解风险、降低损失。

中央企业应当定期完善应急预案，强化日常演练，不断提升重大合规风险应对处置能力。

第二十四条【合法合规性审查机制】建立健全合法合规性审查机制，将其作为经营管理行为的必经前置程序。业务部门加强对本领域日常经营管理行为的审核把关，合规管理牵头部门加大对规章制度制定、重大决策事项、重要合同签订、重大项目运营等合法合规性审查力度，必要时可以对业务部门审核结果进行复审，对严重违反法律法规或企业规章制度的一票否决。

中央企业应当建立健全合法合规性审查后评估机制，及时掌握审查意见采纳情况，不断提升工作质量。

第二十五条【问题整改】对合规风险应对及合法合规性审查中暴露的问题及时进行整改，通过健全制度机制、优化业务流程等方式，堵塞管理漏洞，形成长效机制。定期对合规整改情况进行检查，根据需要将其纳入对部门及子企业的考核。

第二十六条【合规举报】健全合规举报制度，设立违规举报平台,对外公布首席合规官及职责、举报电话、邮箱和信箱。合规管理牵头部门按照职责受理违规举报,并就举报问题进行调查和处理,涉嫌违纪违法的, 及时移交相关纪检监察机构处理。

进行调查的部门和相关人员应当对举报人的身份和举报事项严格保密,任何单位和个人不得采取任何形式对举报人进行打击报复。

第二十七条【合规报告】完善合规报告制度,发生合规风险事件,合规管理牵头部门和相关部门应当第一时间向首席合规官报告,重大合规风险事件应当在7个工作日内向国资委和有关部门报告,后续有关进展和处置情况要及时报告。

合规管理牵头部门于每年年底全面总结合规管理工作情况,年度报告经董事会审议通过后及时报送国资委。

第二十八条【协同机制】中央企业应当结合实际,积极探索构建法治框架下合规管理与法律、内部控制、风险管理的协同运作机制,加强统筹协调,提高管理效能。

第二十九条【经费保障】中央企业应当将合规管理体系建设经费纳入预算,保障相关工作有序开展。

第五章 评价与追责

第三十条【合规评价】建立合规管理评价机制,合规管理牵头部门定期对合规管理体系运行情况进行全面评价,针对重点业务合规情况可以适时开展专项评价,对合规风险和违规问题组织整改。

第三十一条【纳入考核】将合规管理情况作为法治建设重要内容,纳入对各部门和子企业负责人的年度综合考核,细化评价指标。强化考核结果运用,将合规职责履行情况作为员工考核、干部任用、评优评先等工作的重要依据。

第三十二条【违规行为记录制度】建立个人违规行为记录制度,根据行为性质、发生次数、危害程度等,将其作为个人年度考评、评优评先的依据。

第三十三条【违规追责】完善违规行为追责问责机制,进一步明确违规责任范围,细化惩处标准,针对反映的问题和线索,及时开展调查,按照有关规定严肃追究违规人员责任。对于符合企业尽职合规免责事项清单内情形的行为，可以按照相关规定免于责任追究。

相关部门和人员在合法合规性审查中，存在应当发现而未发现违规问题或发现后敷衍不追、隐匿不报、查处不力等失职渎职行为的，应当承担相应责任。

第六章　合规文化建设

第三十四条【领导专题学习】将合规管理作为法治建设重要内容纳入党委（党组）定期专题学法内容，不断提升企业领导人员合规意识，带头依法依规开展经营管理活动。

第三十五条【法治宣传教育】将合规管理作为法治宣传教育重要内容，通过制定合规手册、签订合规承诺、开展合规宣誓等方式将合规理念传达给全体员工，强化全员守法诚信、合规经营意识。

中央企业应当鼓励员工提出改进合规管理的意见和建议，对于作出重要贡献的可以给予奖励。

第三十六条【合规培训】建立制度化、常态化的合规培训机制，制定年度合规培训计划，加大对企业员工的培训力度，将合规管理作为领导干部初任、重点合规风险岗位人员业务培训、新员工入职必修内容，进一步提升干部职工合规意识。

第七章　信息化建设

第三十七条【功能设置】加快建立合规管理信息系统，将规章制度、重点领域合规指南、合规人员管理、合规案例、合规培训、违规行为记录等作为重要内容。

中央企业可以根据需要，结合重点业务领域拓展信息系统内容，不断提升合规管理信息化水平。

第三十八条【嵌入流程】全面梳理业务流程，查找经营管理合规风险点，运用信息化手段将合规要求嵌入业务流程，明确相关条件和责任主体，针对关键节点加强合法合规性审查，强化过程管控。

第三十九条【加强互联互通】加快推动合规管理信息系统与本企业其他管理信息系统、国资委国资监管信息系统互联互通，实现基本数据共通共享。加大信息系统推广应用力度，实现本企业内全覆盖。

第四十条【动态监测】充分利用大数据、云计算等技术，对重点领域、关键节点开展实时动态监测，实现合规风险即时预警，对违规行为主动截停。

第八章　附则

第四十一条【细化要求】中央企业根据本办法，结合实际修订完善本企业合规管理制度，推动子企业建立健全合规管理体系。

第四十二条【地方国资委要求】地方国有资产监督管理机构可以参照本办法，指导所出资企业加强合规管理体系建设。

第四十三条【解释权】本办法由国资委负责解释。

第四十四条【生效日期】本办法自发布之日起施行。《中央企业合规管理指引（试行）》（国资发法规〔2018〕106号）同时废止。

附件2　关于《中央企业合规管理办法（公开征求意见稿）》的起草说明

关于《中央企业合规管理办法（公开征求意见稿）》的起草说明

为深入贯彻习近平法治思想，进一步推动中央企业切实加强合规管理，不断提升依法合规经营管理水平，有力保障深化改革、高质量发展，根据《中华人民共和国公司法》、《中华人民共和国企业国有资产法》等有关法律法规，结合中央企业实际，国务院国资委研究起草了《中央企业合规管理办法（公开征求意见稿）》（以下简称《办法》）。

一、制定的必要性

习近平总书记高度重视企业合规经营，多次作出重要指示批示。落实党中央部署要求，国务院国资委把指导企业加强合规管理作为重点任务，按照"试点先行、稳步推进"的工作思路，在总结5家试点企业经验的基础上，先后印发《关于印发的通知》（国资发法规〔2018〕106号）及一系列重点领域合规管理指南，指导企业加快推进合规管理体系建设，取得积极进展和明显成效。当前，中央企业面临的内外部环境日趋复杂严峻，政府对企业经营行为的监管力度不断加大，迫切需要中央企业深入总结经验，提高工作水平，加快提升合规管理能力，为建设世界一流企业提供有力支撑保障。

二、主要内容

《办法》共八章四十四条。第一章"总则"，明确了《办法》适用范围与合规管理基本原则。第二章"组织和职责"，明确党委（党组）、董事会、经理层，以及业务部门、牵头部门、监督部门合规管理职责。第三章"制度建设"，要求企业建立健全分级分类合规管理制度体系，制定合规管理基本制度、重点领域制度和岗位职责清单，并从修订完善、宣贯与执行等方面作出工作部署。第四章"运行机制"，从合规风险识别预警、风险应对、合法合规性审查机制、问题整改、合规举报和风险报告等方面提出要求。第五章"评价与追责"，要求企业完善合规管理评价机制，将结果纳入考核，强化对违规行为的追责力度。第六章"合规文化"，从组织开展合规专题学习、加强法治宣传教育、建立常态化合规培训机制等方面，对培育合规文化提出要求。第七章"信息化建设"，要求企业加快建立合规管理信息系统，运用信息化手段将合规要求嵌入业务流程，实现对重点领域、关键节点的实时动态监测。第八章"附则"，要求中央企业和地方国有资产监督管理机构参照本办法，结合实际加快完善合规管理制度。

附录八　国家发展改革委等部门关于严格执行招标投标法规制度进一步规范招标投标主体行为的若干意见

发改法规规〔2022〕1117号

各省、自治区、直辖市、新疆生产建设兵团发展改革委、工业和信息化主管部门、公安厅（局）、住房城乡建设厅（委、局）、交通运输厅（局、委）、水利（水务）厅（局）、农业农村厅（局、委）、商务厅（局）、审计厅（局）、广播电视局、能源局、招标投标指导协调工作牵头部门、公共资源交易平台整合工作牵头部门，各省、自治区、直辖市通信管理局，审计署各特派员办事处、国家能源局各派出机构、各地区铁路监管局、民航各地区管理局，全国公共资源交易平台、中国招标投标公共服务平台：

招标投标制度是社会主义市场经济体制的重要组成部分，对于充分发挥市场在资源配置中的决定性作用，更好发挥政府作用，深化投融资体制改革，提高国有资金使用效益，预防惩治腐败具有重要意义。近年来，各地区、各部门认真执行《招标投标法》及配套法规规章，全社会依法招标投标意识不断增强，招标投标活动不断规范，在维护国家利益、社会公共利益和招标投标活动当事人合法权益方面发挥了重要作用。但是当前招标投标市场还存在不少突出问题，招标人主体责任落实不到位，各类不合理限制和隐性壁垒尚未完全消除，规避招标、虚假招标、围标串标、有关部门及领导干部插手干预等违法行为仍然易发高发，招标代理服务水平参差不齐，一些评标专家不公正、不专业，导致部分项目中标结果不符合实际需求或者实施效果不佳，制约了招标投标制度竞争择优功能的发挥。为全面贯彻党的十九大和十九届历次全会精神，按照第十九届中央纪委第六次全会、国务院第五次廉政工作会议部署，现就严格执行招标投标法规制度、进一步规范招标投标各方主体行为提出以下意见。

一、强化招标人主体责任

（一）**依法落实招标自主权。**切实保障招标人在选择招标代理机构、编制招标文件、在统一的公共资源交易平台体系内选择电子交易系统和交易场所、组建评标委员会、委派代表参加评标、确定中标人、签订合同等方面依法享有的自主权。任何单位和个人不得以任何方式为招标人指定招标代理机构，不得违法限定招标人选择招标代理机构的方式，不得强制具有自行招标能力的招标人委托招标代理机构办理招标事宜。任何单位不得设定没有法律、行政法规依据的招标文件审查等前置审批或审核环节。对实行电子招标投标的项目，取消招标文件备案或者实行网上办理。

（二）严格执行强制招标制度。依法经项目审批、核准部门确定的招标范围、招标方式、招标组织形式，未经批准不得随意变更。依法必须招标项目拟不进行招标的、依法应当公开招标的项目拟邀请招标的，必须符合法律法规规定情形并履行规定程序；除涉及国家秘密或者商业秘密的外，应当在实施采购前公示具体理由和法律法规依据。不得以支解发包、化整为零、招小送大、设定不合理的暂估价或者通过虚构涉密项目、应急项目等形式规避招标；不得以战略合作、招商引资等理由搞"明招暗定""先建后招"的虚假招标；不得通过集体决策、会议纪要、函复意见、备忘录等方式将依法必须招标项目转为采用谈判、询比、竞价或者直接采购等非招标方式。对于涉及应急抢险救灾、疫情防控等紧急情况，以及重大工程建设项目经批准增加的少量建设内容，可以按照《招标投标法》第六十六条和《招标投标法实施条例》第九条规定不进行招标，同时强化项目单位在资金使用、质量安全等方面责任。不得随意改变法定招标程序；不得采用抽签、摇号、抓阄等违规方式直接选择投标人、中标候选人或中标人。除交易平台暂不具备条件等特殊情形外，依法必须招标项目应当实行全流程电子化交易。

（三）规范招标文件编制和发布。招标人应当高质量编制招标文件，鼓励通过市场调研、专家咨询论证等方式，明确招标需求，优化招标方案；对于委托招标代理机构编制的招标文件，应当认真组织审查，确保合法合规、科学合理、符合需求；对于涉及公共利益、社会关注度较高的项目，以及技术复杂、专业性强的项目，鼓励就招标文件征求社会公众或行业意见。依法必须招标项目的招标文件，应当使用国家规定的标准文本，根据项目的具体特点与实际需要编制。招标文件中资质、业绩等投标人资格条件要求和评标标准应当以符合项目具体特点和满足实际需要为限度审慎设置，不得通过设置不合理条件排斥或者限制潜在投标人。依法必须招标项目不得提出注册地址、所有制性质、市场占有率、特定行政区域或者特定行业业绩、取得非强制资质认证、设立本地分支机构、本地缴纳税收社保等要求，不得套用特定生产供应者的条件设定投标人资格、技术、商务条件。简化投标文件形式要求，一般不得将装订、纸张、明显的文字错误等列为否决投标情形。鼓励参照《公平竞争审查制度实施细则》，建立依法必须招标项目招标文件公平竞争审查机制。鼓励建立依法必须招标项目招标文件公示或公开制度。严禁设置投标报名等没有法律法规依据的前置环节。

（四）规范招标人代表条件和行为。招标人应当选派或者委托责任心强、熟悉业务、公道正派的人员作为招标人代表参加评标，并遵守利益冲突回避原则。严禁招标人代表私下接触投标人、潜在投标人、评标专家或相关利害关系人；严禁在评标过程中发表带有倾向性、误导性的言论或者暗示性的意见建议，干扰或影响其他评标委员会成员公正独立评标。招标人代表发现其他评标委员会成员不按照招标文件规定的评标标准和方法评标的，应当及时提醒、劝阻并向有关招标投标行政监督部门（以下简称行政监督部门）报告。

（五）加强评标报告审查。招标人应当在中标候选人公示前认真审查评标委员会提交的书面评标报告，发现异常情形的，依照法定程序进行复核，确认存在问题的，依照法定程序予以纠正。重点关注评标委员会是否按照招标文件规定的评标标准和方法进行评标；是否存在对客观评审因素评分不一致，或者评分畸高、畸低现象；是否对可能低于成本或者影响履约的异常低价投标和严重不平衡报价进行分析研判；是否依法通知投标人进行澄清、说明；是否存在随意否决投标的情况。加大评标情况公开力度，积极推进评分情况向社会公开、投标文件被否决原因向投标人公开。

（六）畅通异议渠道。招标人是异议处理的责任主体，应当畅通异议渠道，在招标公告和公示信息中公布受理异议的联系人和联系方式，在法定时限内答复和处理异议，积极引导招标投标活动当事人和利害关系人按照法定程序维护自身权益。实行电子招标投标的，应当支持系统在线提出异议、跟踪处理进程、接收异议答复。不得故意拖延、敷衍，无故回避实质性答复，或者在作出答复前继续进行招标投标活动。

（七）落实合同履约管理责任。招标人应当高度重视合同履约管理，健全管理机制，落实管理责任。依法必须招标项目的招标人应当按照《公共资源交易领域基层政务公开标准指引》要求，及时主动公开合同订立信息，并积极推进合同履行及变更信息公开。加强对依法必须招标项目合同订立、履行及变更的行政监督，强化信用管理，防止"阴阳合同""低中高结"等违法违规行为发生，及时依法查处违法违规行为。

（八）**加强招标档案管理。**招标人应当按照有关规定加强招标档案管理，及时收集、整理、归档招标投标交易和合同履行过程中产生的各种文件资料和信息数据，并采取有效措施确保档案的完整和安全，不得篡改、损毁、伪造或者擅自销毁招标档案。加快推进招标档案电子化、数字化。招标人未按照规定进行归档，篡改、损毁、伪造、擅自销毁招标档案，或者在依法开展的监督检查中不如实提供招标档案的，由行政监督部门责令改正。

（九）**强化内部控制管理。**招标人应当建立健全招标投标事项集体研究、合法合规性审查等议事决策机制，积极发挥内部监督作用；对招标投标事项管理集中的部门和岗位实行分事行权、分岗设权、分级授权，强化内部控制。依法必须招标项目应当在组织招标前，按照权责匹配原则落实主要负责人和相关负责人。鼓励招标人建立招标项目绩效评价机制和招标采购专业化队伍，加大对招标项目管理人员的问责问效力度，将招标投标活动合法合规性、交易结果和履约绩效与履职评定、奖励惩处挂钩。

二、坚决打击遏制违法投标和不诚信履约行为

（十）**严格规范投标和履约行为。**投标人应当严格遵守有关法律法规和行业标准规范，依法诚信参加投标，自觉维护公平竞争秩序。不得通过受让、租借或者挂靠资质投标；不得伪造、变造资质、资格证书或者其他许可证件，提供虚假业绩、奖项、项目负责人等材料，或者以其他方式弄虚作假投标；不得与招标人、招标代理机构或其他投标人串通投标；不得与评标委员会成员私下接触，或向招标人、招标代理机构、交易平台运行服务机构、评标委员会成员、行政监督部门人员等行贿谋取中标；不得恶意提出异议、投诉或者举报，干扰正常招标投标活动。中标人不得无正当理由不与招标人订立合同，在签订合同时向招标人提出附加条件，不按照招标文件要求提交履约保证金或履约保函，或者将中标项目转包、违法分包。

（十一）**加大违法投标行为打击力度。**密切关注中标率异常低、不以中标为目的的投标的"陪标专业户"。重点关注投标人之间存在关联关系、不同投标人高级管理人员之间存在交叉任职、人员混用或者亲属关系、经常性"抱团"投标等围标串标高风险迹象。严厉打击操纵投标或出借资质等行为导致中标率异常高的"标王"及其背后的违法犯罪团伙。经查实存在违法行为的，行政监督部门严格依法实施行政处罚，并按照规定纳入信用记录；对其中负有责任的领导人员和直接责任人员，需要给予党纪、政务处分或组织处理的，移交有关机关、单位依规依纪依法处理；涉嫌犯罪的，及时向有关机关移送。不得以行政约谈、内部处理等代替行政处罚，不得以行政处罚代替刑事处罚。

三、加强评标专家管理

（十二）严肃评标纪律。评标专家应当认真、公正、诚实、廉洁、勤勉地履行专家职责，按时参加评标，严格遵守评标纪律。评标专家与投标人有利害关系的，应当主动提出回避；不得对其他评标委员会成员的独立评审施加不当影响；不得私下接触投标人，不得收受投标人、中介人、其他利害关系人的财物或者其他好处，不得接受任何单位或者个人明示或者暗示提出的倾向或者排斥特定投标人的要求；不得透露评标委员会成员身份和评标项目；不得透露对投标文件的评审和比较、中标候选人的推荐情况、在评标过程中知悉的国家秘密和商业秘密以及与评标有关的其他情况；不得故意拖延评标时间，或者敷衍塞责随意评标；不得在合法的评标劳务费之外额外索取、接受报酬或者其他好处；严禁组建或者加入可能影响公正评标的微信群、QQ群等网络通讯群组。招标人、招标代理机构、投标人发现评标专家有违法行为的，应当及时向行政监督部门报告。行政监督部门对评标专家违法行为应当依法严肃查处，并通报评标专家库管理单位、评标专家所在单位和入库审查单位，不得简单以暂停或者取消评标专家资格代替行政处罚；暂停或者取消评标专家资格的决定应当公开，强化社会监督；涉嫌犯罪的，及时向有关机关移送。

（十三）提高评标质量。评标委员会成员应当遵循公平、公正、科学、择优的原则，认真研究招标文件，根据招标文件规定的评标标准和方法，对投标文件进行系统地评审和比较。评标过程中发现问题的，应当及时向招标人提出处理建议；发现招标文件内容违反有关强制性规定或者招标文件存在歧义、重大缺陷导致评标无法进行时，应当停止评标并向招标人说明情况；发现投标文件中含义不明确、对同类问题表述不一致、有明显文字和计算错误、投标报价可能低于成本影响履约的，应当先请投标人作必要的澄清、说明，不得直接否决投标；有效投标不足三个的，应当对投标是否明显缺乏竞争和是否需要否决全部投标进行充分论证，并在评标报告中记载论证过程和结果；发现违法行为的，以及评标过程和结果受到非法影响或者干预的，应当及时向行政监督部门报告。招标人既要重视发挥评标专家的专业和经验优势，又要通过科学设置评标标准和方法，引导专家在专业技术范围内规范行使自由裁量权；根据招标项目实际需要，合理设置专家抽取专业，并保证充足的评标时间。积极探索完善智能辅助评标等机制，减轻专家不必要的工作量。鼓励有条件的地方和单位探索招标人按照工作价值灵活确定评标劳务费支付标准的新机制。

（十四）**强化评标专家动态管理**。充分依托省级人民政府组建的综合评标专家库和国务院有关部门组建的评标专家库，建立健全对评标专家的入库审查、岗前培训、继续教育、考核评价和廉洁教育等管理制度。加强专家库及评标专家信息保密管理，除依法配合有关部门调查外，任何单位和个人不得泄露相关信息。严格规范评标专家抽取工作，做到全程留痕、可追溯。评标专家库管理单位应当建立评标专家动态考核机制，将专家依法客观公正履职情况作为主要考核内容，根据考核情况及时清退不合格专家。

（十五）**严格规范和优化评标组织方式**。积极推广网络远程异地评标，打破本地评标专家"小圈子"，推动优质专家资源跨省市、跨行业互联共享。评标场所应当封闭运行，配备专门装置设备，严禁评标期间评标委员会成员与外界的一切非正常接触和联系，实现所有人员的语言、行为、活动轨迹全过程可跟踪、可回溯。有关部门应当规范隔夜评标管理，落实行政监督责任；评标场所应当为隔夜评标提供便利条件，做好配套服务保障。

四、规范招标代理服务行为

（十六）**切实规范招标代理行为**。招标代理机构及其从业人员应当依法依规、诚信自律经营，严禁采取行贿、提供回扣或者输送不正当利益等非法手段承揽业务；对于招标人、投标人、评标专家等提出的违法要求应当坚决抵制、及时劝阻，不得背离职业道德无原则附和；不得泄露应当保密的与招标投标活动有关的情况和资料；不得以营利为目的收取高额的招标文件等资料费用；招标代理活动结束后，及时向招标人提交全套招标档案资料，不得篡改、损毁、伪造或擅自销毁；不得与招标人、投标人、评标专家、交易平台运行服务机构等串通损害国家利益、社会公共利益和招标投标活动当事人合法权益。

（十七）**加强招标代理机构及从业人员管理**。行政监督部门应当加强对在本地区执业的招标代理机构及从业人员的动态监管，将招标代理行为作为

"双随机、一公开"监管的重点内容，纳入跨部门联合抽查范围，对参与围标串标等扰乱市场秩序的行为严格依法实施行政处罚，并按照规定纳入信用记录。加强招标代理行业自律建设，鼓励行业协会完善招标代理服务标准规范，开展招标代理机构信用评价和从业人员专业技术能力评价，为招标人选择招标代理机构提供参考，推动提升招标代理服务能力。

五、进一步落实监督管理职责

（十八）**健全监管机制**。各地行政监督部门要按照职责分工，畅通投诉渠道，依法处理招标投标违法行为投诉，投诉处理结果反馈当事人的同时按规定向社会公开，接受社会监督；合理利用信访举报及时发现违法问题线索，鼓励建立内部举报人制度，对举报严重违法行为和提供重要线索的有功人员予以奖励和保护；建立投诉举报案件定期统计分析制度，聚焦突出问题，开展专项整治。积极适应招标投标全流程电子化新形势，加快推进"互联网＋监管"，充分依托行政监督平台在线获取交易信息、履行监管职责；不断探索完善智慧监管手段，及时预警、发现和查证违法行为；加强电子招标投标信息的防伪溯源监督管理，防止招标投标电子文件伪造、篡改、破坏等风险发生。健全各行政监督部门协同监管和信息共享机制，监管执法过程中涉及其他部门职责的，及时移交有关部门处理或联合处理，着力解决多头处理、职责交叉、不同行业间行政处罚裁量权标准不一致等问题，提高执法水平和效率。指导公共资源交易平台坚持公共服务定位，健全内部控制机制，切实守住廉洁和安全底线，自觉接受行政监督，并积极配合支持行政监督部门履行职责。加强对行政监督部门及其工作人员的监督约束，严禁以规范和监管之名行违规审批、插手干预、地方保护、行业垄断之实。

（十九）**加大监管力度**。各地行政监督部门要进一步深化"放管服"改革，切实将监管重心从事前审批核准向事中事后全程监管转移。全面推行"双随机一公开"监管，提升监管主动性和覆盖面。坚决克服监管执法中的地方保护、行业保护，以零容忍态度打击招标投标违法行为，对影响恶劣的案件依法从严从重处罚并通报曝光。招标人发生违法行为的，依法严肃追究负有责任的主管人员和直接责任人员的法律责任，不得以他人插手干预招标投标活动为由减轻或免除责任。与公安机关建立有效的协调联动机制，加大对围标串标等违法犯罪行为的打击力度。加强与纪检监察机关、审计机关协作配合，按照规定做好招标投标领域违规违纪违法问题线索移交，对收到的问题线索认真核查处理。加强地方监管执法力量建设，鼓励监管体制改革创新，推动人财物更多投入到监管一线，加强监管的技术保障和资源保障。

（二十）健全信用体系。加快推进招标投标领域信用体系建设，构建以信用为基础、衔接标前标中标后各环节的新型监管机制。严格执行具有一定社会影响的行政处罚决定依法公开的规定，并及时推送至全国信用信息共享平台和公共资源交易平台，同步通过"信用中国"网站依法公示。坚持行政监督、社会监督和行业自律相结合，科学建立招标投标市场主体信用评价指标和标准，推动信用信息在招标投标活动中的合理规范应用。对违法失信主体依法依规实施失信惩戒，情节严重的依法实施市场禁入措施。

各地招标投标指导协调工作牵头部门和行政监督部门要进一步强化政治站位，认真履职尽责，推动招标投标法规制度切实执行，大力营造公开、公平、公正和诚实信用的市场环境。国家发展改革委会同国务院有关部门加强对各地招标投标工作的指导协调和典型经验复制推广，适时开展专项督查检查，对监管职责不履行、责任落实不到位的地方和单位，视情进行督办、通报、向有关方面提出问责建议。

本意见自2022年9月1日起施行，有效期至2027年8月31日。

国家发展改革委
工业和信息化部
公　　安　　部
住房和城乡建设部
交　通　运　输　部
水　　利　　部
农　业　农　村　部
商　　务　　部
审　　计　　署
广　电　总　局
国　家　能　源　局
国　家　铁　路　局
民　　航　　局
2022年7月18日

参考文献

[1]中国石油天然气股份有限公司.销售项目后评价[M].北京：石油工业出版社，2014.

[2]李三喜，刘建荣，郭军.物资采购审计精要与案例分析[M].北京：中国市场出版社，
2006.

[3]白如银.国有企业招标投标法律合规实务与监督管理指南[M].北京：中国法治出版社，
2022.

[4]姚光业.投资项目后评价机制研究[M].北京：经济科学出版社，2002.

[5]国家开发投资公司研究中心和北京中天恒管理咨询有限公司.企业投资项目后评价指标
体系与实证案例[M].北京：中国市场出版社，2013.

[6]中国大唐集团公司.火电项目后评价工作手册[M].北京：中国电力出版社，2009.

[7]国家发展改革委，建设部.建设项目经济评价方法与参数[M].北京：中国计划出版社，
2006.

[8]姜伟新，张三立.投资项目后评价[M].北京.中国石化出版社，2001.

[9]王昭罡，胡鹏，于海东.建设工程审计管理理论与实践[M].北京：中国石化出版社，
2020.

[10]何芳，傅旗康.房地产项目后评价理论与实务[M].北京：清华大学出版社，2014.

[11]高志刚.采购审计：采购招标监督管理[M].北京：经济科学出版社，2016.

[12]潘斌.政府采购绩效评价模式创新研究[M].湘潭：湘潭大学出版社，2008.

[13]王治.地方政府采购绩效综合评价研究[M].武汉：湖北人民出版社，2015.

[14]何芙蓉.层次分析法在施工招投标中的应用研究[D].成都：西南交通大学，2014.

[15]高汝江，谷欣，焦立国.层次分析法在招标项目后评价中的应用[J].黑龙江水专学报，
2005，32（4）：1-3.

[16]胡可，任建美，杨洪宾.基于模糊层次分析法的招标采购代理机构服务工作监管与考评
研究[J].西昌学院学报，2021，35（3）：3-6.

[17]李毅军.企业招标采购项目后评价及其应用[J].中国三峡集团公司实践交流，2016，43
（4）：47-49.

[18]蒲子峰.浅议标后评价的实施及其意义[J].滁州市公共资源交易中心，2016（4）：
19-20.

[19]陈飞.基于模糊综合评价的采购项目化管理后评价研究[D].西安：西安科技大学工程，

2018.

[20]谷辽海. 法治下的政府采购[M].北京：群众出版社，2005.

[21]全国招标师职业水平考试大纲[M].北京：中国计划出版社，2009.

[22]孙佳乐. 电子招投标方式下的行政监督管理研究[D].长春：吉林建筑大学，2017.

[23]刘鑫. 电子招投标系统建设的重点和未来趋势[J].科技与创新，2020(22)：72-73.

[24]郭毅. 市场营销学原理[M].北京：电子工业出版社，2008.

[25]刘海桑. 政府采购、工程招标、投标与评标1200问[M].北京：机械工业出版社，2016.

[26]潘彬. 政府采购绩效评价与治理对策研究[D].长沙：中南大学,2007.

[27]高国民. 工程货物招标采供后评估研究[J].建筑经济，2015，36(1)：52-55.

[28]李毅军. 企业招标采购项目后评价及其应用[J].招标采购管理，2016(3)：47-49.

[29]孙强,刘攀,陈尚聪. 招标采购及合同管理后评价助力企业管理提升[J].招标采购管理，2021(10)：34-36.